少数民族学生教育管理服务工作实务

天津市少数民族学生教育管理服务工作室 编

SHAOSHUMINZU XUESHENG JIAOYU GUANLI FUWU GONGZUO SHIWU

图书在版编目（CIP）数据

少数民族学生教育管理服务工作实务 / 天津市少数民族学生教育管理服务工作室编 . -- 天津 : 天津大学出版社 , 2022.9

ISBN 978-7-5618-7300-7

Ⅰ . ①少… Ⅱ . ①天… Ⅲ . ①少数民族 - 大学生 - 教育管理-研究-中国 Ⅳ . ① G649.2

中国版本图书馆 CIP 数据核字 (2022) 第 159698号

出版发行	天津大学出版社
地　　址	天津市卫津路 92 号天津大学内（邮编：300072）
电　　话	发行部：022-27403647
网　　址	publish.tju.edu.cn
印　　刷	北京虎彩文化传播有限公司
经　　销	全国各地新华书店
开　　本	787mm × 1092mm　1/16
印　　张	18.5
字　　数	396千
版　　次	2022 年 9月第 1 版
印　　次	2022 年 9月第 1 次
定　　价	59.00 元

目 录

浅谈高校少数民族学生社团的作用

布沙热木·喀哈尔
天津工业大学

一、少数民族学生社团的作用

在少数民族学生思想政治教育和日常管理工作中，队伍建设的作用很大。高校除了需要建立由少数民族专职辅导员和学院负责少数民族工作的辅导员组成的管理服务队伍之外，还需要建立以少数民族学生干部、学生骨干为核心的学生社团。少数民族学生社团不仅具备其他社团要具备的功能，还具备了引导少数民族学生的特殊功能。少数民族社团的作用主要体现在以下几个方面。

(1) 协助作用。因为少数民族学生较多，且分散在各学院，高校少数民族工作室无法更有效地开展工作。少数民族学生社团作为由来自不同专业的学生组成的小团队，对工作室开展工作起到一定的协助作用。

(2) 平台作用。社团是校园文化的重要运行者和载体，它是一个能够让学生展现自己能力的平台。少数民族学生由于地域差别、生活习惯、语言表达能力方面的一些原因不太会表达，不够自信，缺少展示自我的舞台和机会。少数民族学生社团可以通过组织活动，激发学生的积极性和主动性，充分利用学生的兴趣爱好与特长，在他们自己感兴趣的范围内培养他们的能力。如：社团内设立与辩论、演讲、写作、书法有关的文化和旅游部；协调、组织民族文化节、文艺活动等的文艺部；协助少数民族工作室组织宣传实践活动、志愿活动等的实践部等几个重要部门。少数民族学生社团根据学生实际情况与需求分配任务，一方面可以提高社团的工作效率，另一方面少数民族学生在组织活动或者参与活动过程中与学校其他社团成员互相学习、锻炼，从而提高组织协调能力和处事能力。

(3) 榜样作用。少数民族学生社团不仅是一个高素质、积极上进的少数民族学生聚集的交流阵地，更是一个培养少数民族学生骨干的平台，换句话说，通过社团可以有效地加强少数民族学生骨干队伍建设。在社团建设中，可注重选拔，将不同专业、不同民族的学生招进来，通过思想政治教育，提升他们的思想觉悟，通过实践培他们的养素质与能力，全面提高他们的综合素质，充分发挥他们在少数民族学生中的榜样带头作用。

(4) 学习作用。虽然少数民族学生多才多艺，但是在校园生活中他们相对来说比较含蓄，不怎么合群，也不怎么愿意表现自己。因为少数民族学生多来自民族地区，民族地区的经济发展与内地相比有一定的差距，教育条件较落后，刚入学的少数民族学生甚至在数学和英语等课程上跟不上班里其他同学的进度；有的学生受少数民族语言的影响，语言表达能力比较差，导致学生心理上有失落感和自卑感。少数民族社团为学生提供同样的机会和平台，因为他们大部分是少数民族学生，相处过程中不会有太大的压力，也不会因语言表达不够清晰而产生自卑心理。学生会主动跟其他民族学生交流、交往，互相学习，营造一个比较舒适的学习氛围。

（5）宣传作用。少数民族学生社团作为一个平台，在校园文化中通过一些民族特色活动（如民族文化节、服装秀、民族趣味运动会）、民族团结活动（座谈会、交流会、民族团结展示活动、民族团结一家亲活动）等宣传、传承中华民族传统文化，促进汉族学生和少数民族学生之间的交流、交往、交融，从而增强各民族学生你中有我、我中有你的中华民族共同体意识。

二、少数民族学生社团建设过程中需要解决的问题

（1）社团构架要科学，管理体系要完整，各部门责任要明确，与学校相关部门，如学生工作部、党委统战部、保卫部、党委宣传部、校团委联动合作，保证社团的工作质量和效率。

（2）社团虽然是由少数民族学生组成和运行的，但是必须要由有少数民族学生管理经验的老师来指导和管理。这样一来会造成这些老师的工作压力过大，导致管理教师紧缺。

（3）必须要有完整的工作体系和工作规划。

（4）应制订长期的学生骨干培养计划，通过思想政治教育和实践活动，加强少数民族学生的思想引领，把培养少数民族学生干部工作引向常态化。培养学生骨干，一方面提高他们的思想觉悟，另一方面加强他们的管理和组织能力，抓好学生干部和学生骨干两个关键，发挥其带头作用，提高各民族学生的凝聚力。

（5）少数民族学生对参加活动缺乏积极性和主动性，课外活动的参与度不高，这对开展工作造成一些困难，在实践活动、志愿活动、课题研究、社会实践等一些实践性的活动中，少数民族学生不太愿意积极报名或者独自承担这份责任，其实校内很多实践活动他们也能参加，但是因为不够自信、怕完成不了任务而退缩。实践活动、演讲等可以考验学生的综合素质，在这些活动中学生完全可以把专业知识运用到实践当中，提高思考能力和研究能力。这些问题需要在日常工作、生活中通过谈心谈话方式，鼓励学生克服心理压力和障碍，激发学生的主动性。

（6）在社团建设过程中要加强少数民族学生社团的师生工作队伍建设，重视学生

选拔。由于社团工作涉及文体劳各个方面，选拔学生时必须得摸清学生思想、学习、心理等方面的情况，鼓励综合素质更高、条件更好的学生来参选。一是因为他们在社团工作过程中，影响力比较大，容易带动学生；二是因为社团部长、干事要计划、组织活动，要有很强的语言表达能力、写作能力、组织协调能力和把其他成员凝聚起来的能力，所以选拔时要谨慎。

(7) 通过社团建设培养学生，通过活动为学生提供互相了解、互相学习的机会和平台。社团不仅是表现自己的舞台，更是一个各民族学生互相学习的平台。指导老师在工作中可以鼓励学生跟其他社团成员交流经验，定期召开培训会、座谈会，增加少数民族学生面对面交流学习的机会。工作过程中挖掘表现好、思想觉悟较高的学生并推荐入党，在社团和班级发挥学生干部、学生党员的示范作用。

(8) 社团管理体系要完整，工作分配要明确。管理方面要从学校层面和管理教师层面严抓，通过审批制度来确保社团各项活动正常举行。虽然社团的所有活动都在校内进行，但是因为其具有特殊性，需要学校、工作室、社团联合管理。

(9) 社团各项经费问题需要跟学校相关部门和少数民族工作室进行协调。此外，为了让社团的活动能够正常举行，社团要有一个完整的财务管理体系。

三、结语

社团建设不仅能丰富学生的校园生活，还可以培养政治觉悟高、立场坚定、有能力、具有责任感和使命感的少数民族学生骨干和学生干部。社团建设过程中相关部门和指导老师责任重大，一方面在思想上要加强对学生的正面引导，完善培养和管理方案，鼓励学生思考、创新，加大社团的宣传力度；另一方面，需要通过理论、实践促进少数民族学生的全面发展。在学习、生活、思想上精准帮扶学生，提高他们的专业技能；培养骨干学生，充分发挥社团成员在少数民族学生中的带头作用，提高管理与服务能力；打造专门品牌，提升社团各项活动的质量。

总之，少数民族学生社团作为优秀学生团队，在提高学生综合素质，促进各民族学生在校园生活中的交往、交流、交融，加强铸牢中华民族共同体意识方面有很大的作用。

参考文献

[1]张亚君.高校少数民族学生社团的功能作用[J].边疆经济与文化，2008(10):169-170.

[2]刘莹.试论加强高校少数民族学生社团建设的必要性[J].新西部(理论版)，2013(21):160-161.

[3]王雁羚,依火拉达,王欢.习近平关于文化建设的思想视角下高校少数民族社团建设

路径分析[J].时代报告,2019(9):66-68.

[4]李丹,李全胜.浅谈学生社团对新疆少数民族大学生思想政治教育发挥的作用[J].科技资讯,2010(28):174.

新时代高校少数民族学生骨干培养的必要性
——以预科班为例

伊帕尔古丽·穆合塔尔
天津工业大学

一、培养少数民族学生骨干的重要性

本文通过分析高校少数民族学生中普遍存在的问题，以预科班学生为例，提出少数民族学生骨干培养的必要性。较高的政治素质和一定的理论水平，影响、教育和带动少数民族大学生不断地向着优秀学生的方向发展。此外，学生骨干在协助辅导员工作的同时，应充分发挥自身的先进性,不断激发自主学习的动力,达到自我管理、自我教育的目的，并且锻炼个人组织能力和领导力。

二、目前高校少数民族学生存在的问题

1.学习环境、资源受到限制

少数民族学生多来自民族地区，民族地区教育相对落后、信息渠道不畅、学生的知识面相对较窄，学生整体素质提高需要花费更多的时间和精力。少数民族预科班的学生进入内地高校受惠于国家的民族政策，弥补了学生基础教育中的短板,缩短了与高等教育对学生培养需求之间的差距，可以发挥更好的适应性过渡功能。

2.学习水平参差不齐、文化环境适应能力欠佳

首先，少数民族预科班学生构成多样、知识水平和能力素质很不均衡。以我校2020级预科班为例，其中就英语课程而言，新疆籍双语班学生在高中期间仅仅学过基础的英语，有些甚至在高考前未接触过英语课程，到了大学直接接触大学英语，对于基础弱甚至零基础的学生而言，英语犹如“天书”。班级里的民考汉学生以及蒙古族学生英语水平却相当不错，因此，表现出了明显的学习能力的差异。其次，预科班是由多民族学生组成的，以我校2020级预科班为例，他们涉及6个不同民族，来自不同的地区，其基本素质、民族文化、生活环境等方面具有一定差异。新生来到内地求学，远离家乡和亲人，在学业压力和生活习惯等多重因素的影响下不能较好地融入大学生活。这在一定程度上也会对他们适应大学生活造成困扰。

三、学生骨干在少数民族教育管理中的作用

以我校 2020 级预科班为例，为了维护正常的教学秩序,提高教学质量,建立良好的校风和学风,我校采取了学生处领导负责制、双班主任负责制以及 3 名成绩优秀、热心学生工作、有管理发展潜质的高年级优秀学生骨干带班制的多重管理办法。作为朋辈，他们生活习惯相似、思想认知相仿、知识构成相近，既可以充分把握学生的思想脉搏，又能够把学校的政策制度、管理理念等贯彻到学生中去，可以充分发挥优秀学生骨干的桥梁作用,并根据管理规章制度,从制度创建进行规范管理，正确引导学生，进而达到全程育人、全方位育人的目的。

（一）做时代的先行者

一是率先垂范，在思想政治教育上先行。少数民族学生的思想政治教育是预科阶段的首要任务，应全面把握少数民族预科学生的思想动态和价值取向，有针对性地开展入学教育。考虑到预科学制短，班级凝聚力弱，长期开展教学和管理只靠班主任的力量是不够的。学生骨干与新生属于朋辈群体,易于沟通,能够在班级学习、工作等各方面做一个“先行者”，起到模范带头作用，自觉提高自身修养，并积极引导少数民族预科学生顺利完成角色转换，配合辅导员精心设计新生适应教育系列活动，帮助他们“扣好人生第一粒扣子”，融入集体，扩大交往活动范围，从而铸牢中华民族共同体意识，团结广大少数民族青年学生跟党走,自觉维护祖国的统一和民族的团结。

二是言传身教，在行为习惯的养成上先行。作为刚脱离高中生活进入大学的新生而言,学生的自制力是比较差的,学生骨干政治素质高、品行端正、团结友爱。榜样作为一个有对比度的强刺激性物，具有典型性和引导性，他们能够在行为习惯的养成上为全班学生树立生动现实的榜样，潜移默化地激发学生奋发进取。从预科开始在新生的学习习惯、生活习惯的培养上及时给予适当正确的指导，组织新生认真学习《学生手册》的规章制度。独立开设符合民族学生水平的基础英语和数学的辅导小组，有针对性地提升双语学生的学习成绩。定期召开班团会,指导学生制订近期学习计划和职业生涯规划，培养学习兴趣，引导学生做有信念、有纪律、有品行、有作为的“四有”青年。

（二）做主流思想的引领者

一是做好班级班风的引导者。班风学风建设是学校开展教育、管理和服务工作的有力抓手和重要力量,学生骨干应结合各自角色优势,充分发挥引导作用,要善于利用学生的不同特点、各种特长、能力,帮助他们了解自己所读的专业和自己未来努力的方向,为同学们进入本科阶段学习做好铺垫。利用各类主题活动等，有效培养预科学生的集体荣誉感和归属感，帮助少数民族预科学生绽放青春的光彩，使其自信地融入学校的氛围。

二是做好班级舆论的引导者。一个优秀的班集体,需要正确健康的舆论导向。有一支

素质过硬的优秀学生骨干队伍,就能把握班级的舆论导向,带动学生积极上进,对学生进行自律管理。密切关注学生的思想动态，尤其是对家庭经济情况比较困难、性格比较内向、心理上有困惑的同学，要多加留意，多跟他们交流、沟通,了解他们的实际困难，提倡和支持正确的言论,批评和抵制不良的言论,使班集体中每一个学生都遵守正确的行为标准。

三是做好的新生班委的引领者。班委是辅导员和学生之间的桥梁。再优秀的辅导员也不能代替班级日常管理者,都需要通过班委来有效管理班级事务，而少数民族预科生初入大学，少数民族班委往往主动性不强，缺乏责任感和创新意识，高年级优秀骨干可以指导班委做好班级管理和服务，发挥班干部带头示范作用,树立典型,培养一批思想好、能力强、有全局观和责任感的班委，帮助同学们解决学习生活中遇到的困难,处理好同学与老师之间的关系,协助辅导员做好班级的管理工作。总之，学生干部作为学生骨干，不仅在大学生的自我教育中具有示范带头作用，而且在大学生的自我管理中具有重要的引导和落实作用。

（三）做社会主义核心价值观的践行人

实现新时代大学生自主管理必须加强学生骨干队伍建设，这是由学生骨干的主要职责和在学生管理中的重要身份决定的。学生骨干是学生成长成才的先行者，是学生健康生活的引领者，是学生管理的主导者，是学生成长的主心骨，在大学生中是引领班风、带动学风、服务同学、自主管理的主力军。

那么，如何养成知行合一、用心做事、作风务实的人格品质，真正成为社会主义核心价值观的践行人。需要从以下三个方面着手。

一是自我教育，提升骨干工作技能。实现大学生骨干的自我加压、自我教育、自我提高，更好地认识自己、丰富自己、发展自己。参加学生工作的初衷，归根结底就是为了自我学习和提高。因此，他们在协助辅导员进行思想政治教育的同时也在不断进行自我教育，大学生自我教育是与大学生思想政治教育既紧密相连又相对独立的教育过程。应不断提升自身专业能力、管理能力、新媒体运用能力。

二是平台育人，加大骨干培养力度。学生骨干从事学生工作，协助辅导员管理服务学生的同时，学校也会加强对学生骨干队伍的思想引领，并不断完善制度保障，努力为骨干队伍搭建实践平台。在众多学生中识别、选拔出本身优秀或具有优秀潜质的学生进行培养,以点带面，充分发挥其优秀个人的集群效应和先锋模范作用，从而激发普通同学的积极性,帮助普通同学积极进取，不断成长。

三是完善体制,形成骨干培养机制。首先,少数民族学生骨干发展工作是一项系统工程，需要学校党委以及党委组织部门、学生工作部（处）、院(系)、共青团、学生会组织等相互配合、分工协作才能完成。因此要加强少数民族学生骨干发展工作,必须形成学校统一领导，院领导小组负责，基层部门积极落实的领导体制和工作机制。为了让学生骨干更有动力做好本职工作，应制定有效的激励机制，积极为表现突出的学生骨干争取“优秀学生干部”“优秀团干部”等荣誉称号；同时，向学生处、团委等校级部门积极推荐优秀骨干，完善体制，形成骨干培养机制。

对于高校学生干部而言，在一定程度上他们主要是作为学校思想政治教育工作的执行者,同时也是学生自我教育的促进者。

四、结语

少数民族学生教育管理工作是我国高等教育的一个重要组成部分，不仅有一般高等教育的共性，又有自己的特性[注]。少数民族学生个性鲜明，可塑性较强，我们要提高少数民族学生教育管理服务工作的科学化、制度化、专业化水平，充分利用优秀学生骨干的力量，促进少数民族预科学生在内地高校中更好地交往、交流、交融，以实现全面发展。让学生明白当骨干不仅仅是一种荣誉，更多的是一种责任、一种义务。少数民族学生骨干为少数民族学生树立了标杆和榜样,成为少数民族学生学习、生活的模范,进而带动学风的好转，为高校创造了良好的育人环境。

注：吐送尼沙・艾力.内地高校新疆少数民族学生教育管理探析[J].宁波大学学报(教育科学版),2011,33(6):92-94.

新媒体时代少数民族学生爱国主义教育的路径探究

曹莲娜
南开大学

2019 年 9 月 27 日，习近平总书记在全国民族团结进步表彰大会上强调，要“不断增强各族群众对伟大祖国、中华民族、中华文化、中国共产党、中国特色社会主义的认同”。这为铸牢中华民族共同体意识，加强少数民族学生爱国主义教育提出了要求，指明了方向。随着互联网事业的快速发展，新媒体广泛而深入地影响着少数民族学生的学习、生活甚至价值观念的形成，为开展少数民族学生爱国主义教育带来了新的机遇与挑战，在新媒体时代开展适应新媒体环境、符合新时代要求、贴近少数民族学生生活的爱国主义教育尤为重要。

一、新媒体时代少数民族学生爱国主义教育的必要性

新媒体时代，以微博、微信、短视频平台等为主的新媒体平台成为少数民族学生获取信息和互动交流的主要渠道，对少数民族学生的思想和行为产生不同程度的影响，所以在新媒体环境下做好少数民族学生爱国主义教育是思想政治教育的重要内容和做好民族团结工作的重要方法。

（一）爱国主义教育是新媒体时代高校思想政治教育的重要内容

高校担负着“立德树人”的根本任务，爱国主义教育是高校思想政治教育的永恒主题，做好爱国主义教育，让少数民族学生明白爱国主义是爱党、爱国、爱社会主义的高度统一，将自己的思想和行动在爱国力行中不断深化是非常重要的。在新媒体时代，各种社会思想和思潮可以畅通无阻地在新媒体上迅速传播，西方发达国家利用在科技领域和互联网领域的优势，推行文化霸权主义，通过新媒体大力输出意识形态，输出其文化产品和价值观，这些不断冲击着社会主流意识形态，让少数民族学生很难分辨和判断。这更需要高校在思想政治教育中增强“四个意识”、坚定“四个自信”、做好“两个维护”，把爱国主义教育作为思想政治教育的重要内容，充分运用新媒体的方式加强爱国主义教育，让少数民族学生厚植爱国主义情怀，忠于国家，忠于人民，把自身的发展与爱国的实践相结合。

（二）爱国主义教育是新媒体时代做好民族团结工作的重要方法

高校是各种思想和思潮碰撞交汇的地方，各种社会思潮裹挟着所谓的“自由、平等、民主”潜移默化地影响着少数民族学生的价值判断，为高校做好民族团结工作带来了严峻挑战。在新媒体时代，高校思想政治教育面临着严峻的挑战，西方国家利用新媒体不断地抢占高校思想文化阵地，境外“三股势力”妄图通过新媒体方式侵蚀少数民族学生的思想，制造民族分裂，动摇少数民族学生的理想信念，扰乱高校的舆论环境。有些学生在此影响下，甚至出现了不分是非、颠倒黑白的思想行为。这就需要大力加强少数民族学生爱国主义教育，弘扬爱国主义的社会主流意识形态，运用好新媒体加强课程思政和学科思政建设，铸牢中华民族共同体意识，让爱国主义教育适应新形势发展需要，让爱国主义精神在少数民族学生心中扎根，为做好民族团结工作凝心聚力。

二、新媒体时代少数民族学生爱国主义教育的机遇与挑战

新媒体具有虚拟性、隐蔽性、开放性等特点，新媒体技术的蓬勃发展拓宽了爱国主义教育的渠道，增强了少数民族学生爱国主义教育的实效性，为加强爱国主义教育带来了新的机遇。但是另一方面，在复杂的新媒体环境下，部分少数民族学生存在中华民族共同体意识较弱和爱国情感的非理性表达现象，为少数民族学生爱国主义教育带来了挑战。

（一）新媒体时代少数民族学生爱国主义教育的机遇

1.新媒体拓宽了少数民族学生爱国主义教育的渠道

爱国主义贯穿在中华民族的历史发展过程中，新时代爱国主义教育具有鲜明的历史性和时代性特点，蕴含着丰富的教育资源。新媒体的开放性让信息获取十分便捷，呈现出跨文化、跨地域、跨时间等特点，尤其是随着网络教学技术手段的成熟，线上线下混合式教学逐渐成为高校思政教育的新前沿。在新媒体时代，需要充分拓展爱国主义教育的平台和路径，让爱国主义教育能够以更加贴近少数民族学生生活习惯和学习习惯的方式传递相关的教育内容，不断增强爱国主义教育资源和内容供给的丰富性和时效性，使爱国主义教育从平面走向立体、从静态变为动态，从而形成广阔的教育平台。

2.新媒体增强了少数民族学生爱国主义教育的实效性

在新媒体时代，虚拟现实、增强现实、混合现实等新技术、新产品为爱国主义教育提供了有效的技术保证，能够在沉浸式的爱国主义教育中加强少数民族学生的获得感和体验感。同时，新媒体带来的轻松化、碎片化、虚拟化的传播方式能够有效地拉近教育者与受教育者之间的情感距离，更加贴合学生的兴趣点和接受习惯。在新媒体时代，网络文学、动漫、有声读物、网络游戏、手机游戏、短视频等平台是少数民族学生接受信

息的主要渠道，通过制作富有爱国主义气息的新媒体内容，可以提高爱国主义教育对少数民族学生心理需求的契合度，提升爱国主义教育的实效性。

（二）新媒体时代少数民族学生爱国主义教育的挑战

1.新媒体时代存在少数民族学生易受纷乱信息干扰的现象

随着互联网的不断发展，新媒体为少数民族学生提供了“无屏障”的交流平台，拉近了不同国家、不同民族、不同地域的个体之间的距离，呈现出一体化发展趋势。但是在国际竞争的复杂局势中，西方运用新媒体鼓吹“世界主义”理论，消解国家精神、民族文化和历史认同感，贬低爱国主义，质疑中华民族共同体的存在价值，淡化少数民族学生的爱国主义情怀，削弱中华民族共同体意识，灌输“普世价值”的社会思潮。

2.新媒体时代存在少数民族学生爱国情感的非理性表达现象

在新媒体时代，信息传播具有虚拟性和隐蔽性的特点，每个人都可以自由地发表观点，部分少数民族学生心智尚未成熟，辨别能力较差，容易受到非理性爱国主义思潮的影响。一方面，新媒体时代存在狭隘的爱国主义，将爱国和爱党、爱社会主义割裂开来，错误地宣扬党和政府是代表着某一部分人和阶级的利益，煽动少数民族学生的非理性爱国情绪。另一方面，新媒体时代存在部分打着爱国旗号的反动言论，通过新媒体发布破坏国家统一和民族团结的言论，少数民族学生容易关注相关事件，受到反动言论的蛊惑。

三、新媒体时代少数民族学生爱国主义教育的实践路径

在新媒体时代，发挥新媒体在爱国主义教育中的积极作用，创新开展少数民族学生爱国主义教育是一项重要的工程，需要立足新媒体环境下的机遇与挑战，以少数民族学生为本，切实寻找适合的新媒体爱国主义教育实践路径。

（一）加强爱国主义教育网络内容建设

在新媒体时代，加强少数民族学生爱国主义教育的核心在于内容建设，利用新媒体手段开展爱国主义教育，不是单纯地把教育内容复制、粘贴到新媒体平台上，而是依据新媒体的传播特点和少数民族学生使用新媒体的行为习惯，充分挖掘爱国主义精神实质，运用学生喜闻乐见的短视频、微电影、网络文章等手段，制作推介饱含爱国主义教育的内容，让爱国主义教育的主旋律充盈新媒体空间。一方面，将现有的爱国主义教育资源赋予新媒体特性，拓展传播途径和渠道，丰富爱国主义教育资源的传播方式，增强传播力度，及时迅速地让少数民族学生接受爱国主义教育。另一方面，充分发挥少数民族学生的主体性作用，打造丰富多彩的校园文化环境，让爱国主义融入学生的日常生活中，让学生喜欢的爱国主义教育内容与他们热爱的新媒体传播方式相结合，制造更多贴近实际、贴近学生、充满新意的爱国主义教育内容。南开大学共有 2700 余名少数民族师生，

在每年的“民族团结月”文化活动中，少数民族学生通过创作新媒体文化产品、《我和我的祖国》歌曲 MV 和开展“寻找最懂民族知识石榴籽”线上问答活动等，活跃了校园文化生活，增进了民族团结，丰富了爱国主义教育的“第二课堂”，使爱国主义更加深入少数民族学生的内心。

（二）加强少数民族学生网络舆论引导

当今网络空间治理讲究合法和有序，少数民族学生面对网络舆论有时不能很好地分辨，这需要加强高校意识形态工作，铸牢中华民族共同体意识，运用新媒体手段加强少数民族学生网络舆论引导，同时加强对少数民族学生的法律法规教育，让爱国主义教育真正地入脑入心。首先，要适应新媒体时代的传播形势，引导少数民族学生将爱国心、强国志、报国行融入自己的思想和行动中，面对网络舆论和社会思潮可以理性发声，理直气壮地讲爱国，不轻易被各种思潮所左右。其次，在新媒体时代，要让少数民族学生学会用文明的语言、合理的诉求和理性的方法发表自己的观点和看法，强化高校新媒体内容建设，有效开展主流意识形态宣传教育，营造风清气正的高校网络舆论氛围。最后，应加强对少数民族学生的法律法规教育，对于民族团结和网络安全等内容进行集中宣讲，并聘请相关专家进行形势政策和热点事件的解读，加强少数民族学生依法依规使用新媒体的能力，提高学生自觉抵御损害国家利益等错误言行的能力，明确新时代所面对的风险和挑战，让少数民族学生能够主动为国家和社会承担责任，为促进民族团结贡献力量，为加强爱国主义教育奠定基础。

（三）建设懂网、用网的爱国主义教育队伍

习近平总书记在全国高校思想政治工作会议上强调：“要运用新媒体新技术使工作活起来，推动思想政治工作传统优势同信息技术高度融合，增强时代感和吸引力。”为此，高校教师必须加强学网、懂网和用网的能力，将爱国主义教育贯穿在育人过程的始终，运用新媒体增强少数民族学生爱国主义教育的针对性和亲和力，让学生充分认识到爱国主义的本质内容。首先，加强思政课教师队伍运用新媒体开展爱国主义教育的能力，加强思政课主渠道建设，拓展爱国主义教育的内容。同时充分掌握少数民族学生的特点和学习需求，采取互动式、启发式、交流式的教学方式，在教育灌输和潜移默化中，引导少数民族学生树立中华民族共同体意识、增进爱国情感。其次，加强辅导员队伍运用新媒体开展少数民族学生教育管理的能力。辅导员是日常接触学生最多的群体，可以更好地了解学生所思所想，在日常管理中潜移默化地达到育人目的。辅导员可以通过新媒体关注少数民族学生关心的热点问题，并创新运用网络语言、网络文化和网络交流方式加强爱国主义教育。2015 年 4 月，北京邮电大学辅导员艾克热木・艾尔肯成立了“艾克热木正能量工作室”，并建立微信公众平台展示民族团结优秀个人的故事，讲述各民族

师生之间互敬互重的感人事迹，做好少数民族学生爱国主义教育，获评全国高校辅导员年度人物。最后，建设一支少数民族学生新媒体队伍，发动党员、学生骨干、学生代表等优秀少数民族学生的力量，针对身边发生的热点难点问题主动发声，用网络语言积极主动回应学生关切，加强正面引导，凝聚共识。同时积极发现身边的爱国事件、人物和话题，通过新媒体平台和话语宣传爱国正能量，打造爱国主义教育内容，加强爱国主义自我教育。

参考文献

[1]中共中央国务院.新时代爱国主义教育实施纲要[N].人民日报,2019-11-13(6).

[2]徐曼,侯雅馨.新媒介环境下思想政治教育功能探析[J].思想政治教育研究,2018(4):52-54.

[3]翁良殊,屈晓婷.厚植新时代大学生爱国主义情怀的三重维度[J].思想理论教育导刊,2019(5):125-128.

[4]李芳.高校加强中华民族共同体教育的基本问题探析[J].民族教育研究,2020(4):33-39.

疫情防控常态化背景下高校少数民族毕业生精准帮扶对策研究

代龙飞　　刘维爽
南开大学

新型冠状病毒感染疫情（以下简称疫情）对国内就业市场产生了重要影响。在疫情防控常态化背景下，高校就业工作面临着更大的挑战。国家也作出了“稳就业”“保就业”的重要部署。少数民族毕业生作为高校毕业生中的重点群体，他们的就业问题不仅是对高校的人才培养成果的考验，也关乎着国家的发展与稳定。对照近 10 年国家针对少数民族毕业生的就业政策，分析疫情防控常态化背景下高校少数民族毕业生的就业难点，可以看出高校在少数民族毕业生精准帮扶方面仍然有较大的空间。

一、近 10 年国家针对少数民族毕业生的就业政策

2011 年，教育部第一次提出“高校就业困难少数民族毕业生”这个概念，指出要努力提高少数民族毕业生就业工作水平，各高校和省级部门要“以高度的政治责任感”，重点开展各种形式的帮扶。充分证明了国家对少数民族毕业生就业工作的重视程度大大提高。

2012 年，国务院发文进一步指出了提高少数民族毕业生就业能力的途径和方式，“充分利用现有资源”，包括搭建寒暑假锻炼平台、加强见习、实习和实训等。

2013 年，国务院鼓励少数民族毕业生拓宽求职渠道，鼓励其自主创业，并且细化了承担对口支援任务的内地高校、用人单位在促进少数民族毕业生就业工作中应承担的工作，“承担对口支援西藏、青海、新疆任务的中央企业要结合援助项目建设，积极吸纳当地高校毕业生就业”，进一步推进了少数民族毕业生就业工作。

2014 年，中共中央国务院提出了对少数民族毕业生就业工作的明确指示，“做好少数民族高校毕业生就业工作，引导他们到基层就业、自主创业”，首次提出引导少数民族毕业生到基层就业。

2017 年，教育部重新强调要做好高校毕业生中重点群体的就业创业工作，并详细列出了施策方式，包括“开展个性化辅导、组织专场招聘、优先推荐岗位、发放求职补助”等，保障少数民族毕业生在内的重点群体毕业生平稳就业，“一个不能少，一个不能掉队”。同

时提到要与人力资源和社会保障部门加强信息的对接与合作。

2020 年，教育部指出“各地各高校要加强台账管理，面向离校未就业的建档立卡贫困家庭毕业生、52 个未摘帽贫困县生源毕业生、湖北籍毕业生、少数民族毕业生、残疾毕业生等重点群体，建立重点帮扶台账，明确记录毕业生基本情况、就业意向、帮扶状态等信息，实时关注就业进展……要认真落实重点群体求职创业补贴等帮扶政策，确保政策性补贴及时发放。”这是疫情暴发后教育部首次在文件中对少数民族毕业生就业困难群体的帮扶措施提出明确要求。

2021 年，为加强天津市高校毕业生就业工作，天津市规定“各高校要加强重点群体就业帮扶，开展低收入家庭毕业生、少数民族、残疾等重点群体毕业生就业创业能力培训；全面掌握重点群体毕业生情况，建立就业帮扶工作台账”。通过“一人一档”“一人一策”动态管理的方式，帮助有就业意愿的重点群体毕业生包括少数民族毕业生尽快就业。

二、疫情防控常态化背景下高校少数民族毕业生就业难点

（一）学生自身职业规划与就业准备不充分

1.专业知识基础薄弱

高等教育不同于初等教育，学业难度提高，对学生的学习自主性要求较高。少数民族学生由于自身学习基础薄弱，面临的学业困难更大。专业学习水平在一定程度上体现了求职者的学习能力，更是专业对口岗位的重点考察内容，而专业成绩的不理想无疑降低了少数民族学生的求职竞争力。

2.就业基本能力较弱

近年来，党和国家不断提高少数民族地区教育水平，但少数民族地区与内地之间基础教育的差距依然存在，少数民族学生在高校强大的竞争环境中，知识和能力的不足被放大，加之专业学习基础薄弱带来的压力，没有充分的时间进行校内学生工作与校外实习实践的锻炼。而在智联招聘发布的《2020 年大学生就业力报告》中显示，这部分经历恰恰是毕业生成功就业的重要因素。此类经历的缺失，也加大了少数民族学生在文字表达、语言沟通、团队协作等综合能力上的竞争差距。特别是离开家乡所在地的少数民族学生，还要适应生活习惯、气候环境的差异，进而忽视了对自身的生涯规划，尤其是职业发展规划欠缺，缺乏对简历、面试等求职基础技能的学习与提升。

3.职业规划目标单一

受疫情影响，高校毕业生对求职稳定性的需求增大，倾向于国家公务员、事业单位等所谓“体制内”工作。一方面，“稳定型”工作的竞争比例不断升高，2021 年国家公

务员的考试报名人数较 2020 年同比增加 11 万。另一方面，少数民族毕业生对民营企业、初创型企业等企业的忽视，再一次缩小了选择范围。再者，少数民族毕业生多依赖于熟悉的环境，在就业地域选择上集中在毕业院校或家乡所在地，对其他省市考虑较少，这就导致就业范围再次缩小。此外，少数民族学生中家庭经济困难的学生较多，他们对风险较大的创新创业领域多持保留或观望态度，也较少选择参加高校的创新创业培训，对自由职业、自主创业等灵活就业形式认可度较低。

（二）高校就业指导精准度不足

近年来，高校就业指导有意识地加强对重点群体的指导与帮扶。虽然“重点群体”在全体毕业生群体中进行了分层分类，但在具体施策时，重点群体内的类别划分、人数体量、指导内容仍较为宽泛，缺少针对少数民族毕业生群体的针对性调研，有碍于个性化指导的实效性。

1.就业指导课程体系缺少针对性设计

目前，高校对少数民族学生的学业指导针对性逐步加强，尤其是对高等数学、公共英语等公共必修课，但在生涯、就业、创业等课程体系中，无论必修还是选修的模式，都以全体学生为教学对象展开。教学内容以生涯发展理论、技能讲解为主，实践性相对较少，而针对少数民族学生特点与需求的专项指导鲜少涉及，更欠缺对教学效果的实效性反馈跟进。

2.生涯咨询与就业指导专业师资配备不足

少数民族毕业生就业工作如此重要，更需要高校就业指导工作具备专业性。这里的专业性既强调生涯咨询、求职技巧的培训，也注重对少数民族区域历史、民族习俗的知识储备，只有掌握了这些知识，才能更加有效地与少数民族学生及其家长进行沟通，对其进行指导与建议。虽然，按照教育部要求，各高校逐步配齐了少数民族专职辅导员，但是他们对少数民族毕业生的就业指导工作实效性提升所起的作用较小。一是在少数民族专职辅导员的选拔标准中，职业生涯咨询、就业指导专业性不是必要条件；二是专职辅导员工作内容多而庞杂，难以做到对少数民族毕业生进行个体化就业指导，精准帮扶更无从谈起。

3.少数民族专项就业渠道有限

大部分少数民族学生在求职过程中，时间进程迟缓，易错过求职黄金期。除主观因素外，客观就业信息渠道不畅通，增大了少数民族毕业生的求职难度。以“24365 校园招聘服务”为例，虽然“分区域就业大市场”中，“一带一路区域”“新疆青海”等区域对少数民族学生有一定的参考性，但整体“就业大市场”栏目下分行业、分区域、生态就业、灵活就业四类市场中没有对少数民族学生的招聘专栏。需要注意的是，这里的专项就业不是强调群体的特殊性，而是基于群体特点的精准性，包括但不限于地域、民俗、历史、能力等。此外，从激发学生求职主动性的角度，人岗适配的就业信息渠道越广、针对性越强，少数民族毕业生的求职自信心就越强。

（三）疫情防控常态化背景下就业市场变动增大

一是在行业上，相较于对教育、IT、金融等服务行业的影响，疫情对实体经济的影响较为明显。而此前实体经济稳定性恰是少数民族毕业生就业的保障，疫情带来了行业就业形势的变化，必然会影响少数民族学生就业选择。二是在地域上，长三角和珠三角地区的就业形势依旧优于其他区域，这与少数民族学生“返乡就业”的择业预期有出入，例如淮安、惠州、威海等二线城市此前并不在少数民族学生的就业区域选择中。三是在招聘方式上，由于疫情防控的需要，线下集中招聘减少，转为云端招聘。但网络招聘的高效性、互动性、多元化，放大了少数民族学生在网络求职中的主动性低、对云面试适应性低的不足。

三、高校少数民族毕业生就业指导精准帮扶对策

基于高校少数民族毕业生就业工作的特点与难点，做好高校少数民族毕业生就业指导工作的关键在于“精准帮扶”，提高就业指导的针对性与实效性。

1.强化思想引领，树立正确的就业观

立德树人是学校发展的第一要务，应对高校少数民族毕业生的就业难题，首先要从思想上入手，帮助学生转变思想认识，引导学生树立正确的就业观。将“就业思政”工作摆在突出重要的位置，引导学生把个人理想融入国家和民族事业，鼓励其到西部、基层就业，到国家重点行业、领域就业。引导少数民族学生扩大求职选择范围，将“被动等待”变为“主动迎战”。其次，注重心理疏导，面对疫情防控常态化背景下就业市场的变化，保持良好的心理素质。

2.加强对少数民族学生群体的针对性就业指导

按照本、研各层次、各年级不同特点，对少数民族学生进行专业认知、自我认知、生涯规划、就业技能培训、生涯咨询等多维度的培养，进而提升其综合素质与就业能力。一是继续加强学业指导的针对性，保证学业合格，才能提高就业核心竞争力，反之学业无法完成，何谈毕业就业。二是高校依据每年就业质量报告数据，推进少数民族学生就业指导类课程改革。以第一课堂教学目标为切入点，为少数民族学生搭建学习平台，提供实习实践、创新创业的锻炼机会，提升少数民族学生综合能力，特别是在文字与语言表达、团队合作等方面的竞争力。三是配备专业师资，对少数民族学生整体加强生涯指导与就业帮扶，通过学习生涯规划知识，加强自我认知，调整就业预期；提升求职技能，

增强人岗适配度。

3.加强少数民族就业困难学生群体精准识别与个性化指导

虽然少数民族学生群体存在就业困难的普遍性，但个体之间也存在差异性。尤其是进入大三、研二等准毕业年级后，应针对高校少数民族学生再进行分层分类，细化对就业困难学生的分类标准，针对学生的实际困难进行精准帮扶。具体而言，一是建立“一人一策”动态管理；二是依托辅导员，尤其是少数民族专职辅导员落实“一对一”生涯咨询，在少数民族研究生的就业指导中发挥研究生导师的作用；三是充分发掘优质社会资源，直接搭建少数民族毕业生与就业市场的沟通桥梁，促进少数民族毕业生实习实践。

值得注意的是，沟通在少数民族就业困难学生精准帮扶工作中起到了重要作用。一线就业干部应多采用“勤沟通、补短板、多推荐”的工作模式，主动建立“一对一”沟通桥梁，配合朋辈帮扶，保证常追踪、常联系、常沟通。

4.拓宽少数民族学生求职应聘渠道

在疫情防控常态化背景下，招聘由线下转到云端，面对就业信息的多元化，除了高校就业网站、微信公众号等原有就业信息发布平台外，高校不能被动“等、靠、要”，而要结合本学校少数民族学生特点，配备专员、主动出击，有针对性地联络、梳理、汇总重点省域、行业面向少数民族毕业生的招聘信息。在联络沟通中，“一出一进”结合开展，搭建校企沟通合作平台，及时消除用人单位由于“不了解”造成的用人“顾虑”。在平台建设中，除组织专场招聘会外，还应引入“智慧就业”概念，结合职业测评、就业意向调研等数据，利用全媒体平台“用户信息”大数据技术进行精准推送，实现精准匹配。

参考文献

[1]陈婷婷.少数民族毕业生就业创业政策及其演变历程（2000—2015年）[J].内蒙古师范大学学报(教育科学版)，2016，29（9）：75-78.

[2]郭琳.少数民族大学生就业价值取向特点及引导[J].新西部（理论版），2017（3）：105-106.

[3]王本成.内地高校新疆籍少数民族学生就业能力提升路径研究[J].湖北师范大学学报（哲学社会科学版），2018（03）：140-143.

[4]刘军.内地高校新疆少数民族毕业生初次就业现状及存在问题探析——以陕西省为例[J].中国大学生就业，2018（18）：38-42.

[5]巩晶骐.内地高校少数民族毕业生就业困境与路径探索——基于就业指导的案例分析[J].新西部，2020（16）：85-89.

通过假期教育加强和改进少数民族学生思想政治教育的新途径

高珊
南开大学

当前，各高校正积极转变教育理念、改变教育方法及探索教育平台，丰富校园文化活动，围绕少数民族学生日常事务和就业创业，进行理论研究和实践探索。但是，如何调动和整合社会资源参与少数民族育人工作，仍然是高校面临的现实问题。实践表明，积极开展假期教育，可以扩大少数民族学生思想政治教育的时间性与空间性，打开高校与社会共同育人的新局面。

一、高校开展假期教育的重要意义

1.假期教育可以推动高校联合社会共同培育少数民族人才局面的形成

培育人才不仅是高校的责任，也是全社会的责任和义务。开展假期教育可以推动社会力量自觉承担育人责任，为少数民族学生参与社会活动、接受社会教育、融入社会环境创造有利条件，提供环境支持和平台支持，同时推动少数民族学生思想政治教育更加面向社会需求、满足社会期待，实现少数民族学生思想政治教育和社会需求的完美对接。南开大学自 2005 年起启动向新生布置暑假义工作业的项目，得到了家长和社会的认同与支持，为学生融入社会、到社会中锻炼提供了契机，将学校与社会有效地连接起来，激发了社会参与学生思想政治教育的热情。

2.假期教育可以促进少数民族学生思想政治教育理念的创新

中西高等教育史上，大学教育理念学说有两派，即技术内核派和人文内核派。技术内核派强调高校有为社会制造文化工具、技术工具的“加工厂”“培训机构”的功能，而忽视高校创造精神文化的使命，导致社会的“道德和政治生活滑到最低点”[1]。之后兴起的人文内核派则强调对生命价值的关注，其代表人物纽曼认为，大学教育发挥其开展社会教育的作用，充实并约束时代思潮，而少数民族学生是大学教育发挥这一作用的群体[2]。受纽曼教育思想的影响，西方国家转而重视少数民族学生开展社会实践获得的价值和作用。

改革开放以来，我国高校也在学生思想政治教育的过程中愈加重视社会实践教育，引导学生在学习专业知识的同时，培养动手能力，增强社会责任感，成为全面发展的人才。在当前的学时安排下，学生的寒暑假、周末和公共假日占到全年的一半，这为高校开展假期教育提供了时间上的可能，有助于学生牢固树立“大学有假期，人生无假期”的思想意识，学会处理好学期与假期的互动关系。

3.假期教育可以引导少数民族学生主动思考人生发展规划

假期教导可以帮助少数民族学生树立自我规划意识，全面合理规划人生。帮助少数民族学生主动寻求多种锻炼平台，全面提升自身能力。美国著名的心理学家和职业专家赫伍德•斐格勒（Howard Figler）认为，个人能力分为知识技能、自我管理技能和可迁移技能。知识技能主要通过专业学习获得，自我管理技能主要通过自我约束提升，而可迁移能力的培养往往在课堂之外，主要从日常生活活动中获得并不断得到改善。这个理论的启示意义是，高校必须全面创新少数民族学生课外生活管理，拓展社会平台，为少数民族学生能力的培养创造空间，引导少数民族学生树立能力培养的主体意识。

二、国内外高校假期教育的现状

1.国外全社会参与假期教育的现状

经过长期的探索，多数欧美国家的高校都将假期作为全社会培育人才的良好时机，形成了新的大学教育模式。诸如：南非教育部门规定中学生在升大学之前必须做满 400 个小时的义工，否则不可以上大学；法国各地的工厂与企业假期都会为学生提供见习场所；德国大学录取新生的标准是新生必须利用假期来获得社交能力、打工经验及社区服务经历等三方面的成绩；美国的少数民族学生中有 60%以上的人参加过各种义务服务活动。这些做法都值得我国高校借鉴。

2.国内高校假期教育体系缺失的原因

目前，我国假期教育的社会环境和教育机制尚未形成，这源于高校、社会、少数民族学生及其家庭等各方面的原因。

当前，教育还存在着偏重单向传授知识和理论教学、忽视实践教学与专业技能培养等方面的问题，这在很大程度上影响了高校教育质量和少数民族学生的全面成长成才。很多高校没有把假期教育纳入整体教育教学规划内，对假期教育缺乏足够的重视和利用，很少组织少数民族学生开展假期社会实践活动，对少数民族学生假期社会实践也缺乏应有的指导，使得社会实践活动主要取决于少数民族学生的个人意愿及行动力。同时，出于对少数民族学生在假期里人身安全的担心，个别高校甚至对开展假期教育活动采取规避态度，这在一定程度上也制约了假期教育的开展。

从社会视角来说，也存在着全社会对履行教育责任的认识不到位、行动欠自觉的问题，这严重制约了少数民族学生假期教育的开展，既阻碍了人们积极参与高校教育、营造社会教育环境，也阻碍了高校拓宽教育空间、巩固教育成果，还阻碍了学生素质的全面发展。每逢假期，KTV、网吧、饭店等娱乐聚会场所将学生列为首要的消费群体，就是社会制约高校开展假期教育的鲜活明证。

此外，制约高校假期教育的因素还存在于少数民族学生及其家长方面。不少少数民族学生家长对引导子女利用假期参与社会实践，在社会中去受教育、长才干、做贡献还缺乏正确的认识，有些家长将假期理解为少数民族学生“休息”和娱乐的时间，有的家长甚至阻止少数民族学生参加社会实践。在这种消极社会心理的暗示下，不少少数民族学生在社会实践过程中，常常会遇到不被社会所接受、很难找到实践单位等问题，导致社会实践进展艰难、参与社会实践的少数民族学生人数少，少数民族学生丧失原有的热情与勇气，使得社会实践有始无终或收益甚小。因此，这种社会心理暗示必须有效修正，才能为少数民族学生参与假期教育创造条件。

三、高校开展假期教育的途径

1.重视假期教育，发挥高校引领作用

要发掘假期教育资源，拓展假期教育空间，搭建假期教育平台。从时间性和空间性两个维度来看，高校开展假期教育是可行的。从时间性上来看，高校一般都会开设选修课，以培养学生多方面的兴趣，提高学生综合素质和能力。一般来说，学生每年有两个假期，共12周的闲暇时间，这是高校开展假期教育、组织少数民族学生开展社会实践的绝佳时机。

帮助少数民族学生树立时间管理观念。高校可以在日常教育教学中，通过各种形式和渠道引导少数民族学生树立时间观念，学会时间管理。这是培养少数民族学生参与假期教育活动的前提和基础。通过多种途径增强少数民族学生参与假期教育的意识。高校要从“全方位、全过程”的育人理念出发，根据少数民族学生在不同年级有不同关注点的实际出发，采取给少数民族学生布置假期作业的办法，以打通假期与学期之间，学校与家庭、社会之间的空间联系，创造性地开展假期教育。高校可以通过给少数民族学生布置入学前寒假作业、暑假作业、“十一”假期作业等方式，培养少数民族学生参与假期教育的意识和行动能力，多主题创设少数民族学生假期教育内容。

从空间性上来说，如今，高校教育越来越重视利用假期，积极开展少数民族学生暑期“三下乡”活动，这是高校开展假期教育的好形式、好方法，也表明只要经过努力，是可以拓展假期教育空间的。

2.加强校园网络建设，拓展信息交流平台

关注少数民族学生假期教育，要充分发挥社会媒体的力量，用媒体引导社会舆论，为假期教育的顺利开展保驾护航。与此同时，学校应加快网络媒体建设，为少数民族学生学习提供更多渠道和事例材料，丰富少数民族学生假期教育内容，使网上学习更加健康、充实、有意义；基于现代化的移动通信平台和网络环境，打造无障碍的互动交流平台，打破假期中学生物理地域上的限制，形成多个讨论区，实现对社会热点问题和自身发展的深入交流。初入社会的少数民族学生，分析和判断问题局限于个人视角，社会认识程度尚浅，辨析社会现象的能力有限，家长对少数民族学生的假期时间安排，应当给予指导和帮助，教师和家长可以通过短信等网络平台引导学生。

3.改善假期教育环境，发挥校外资源的监督作用

政府应加大对企业家的价值观教育，鼓励企业主动承担社会责任，为少数民族学生假期教育提供一个良好的环境，将对少数民族学生的社会实践教育作为企业的规定动作。加大社区教育，特别是对无暇顾及学生或家长能力不足以对学生进行教育的家庭，鼓励社区为少数民族学生提供机会，吸引少数民族学生假期积极参与社区建设。

参考文献

[1] 罗伯特·M·赫尔钦.美国高等教育[M].杭州:浙江教育出版社,2001:25.

[2] 约翰·亨利·纽曼.《大学的理想》[M].杭州:浙江人民教育出版社,200:43.

[3] 王广红.理工科少数民族学生课余生活状况及成因分析[J].广西青年干部学院学报,2002(4):40-41.

[4] 史宏协.少数民族学生休闲教育与精神成人[J].中国青年研究,2005(3):75-77.

[5] 王贵春.从大学生就业难谈高校教育改革[J].人力资源开发,2009(11):11-12.

“四史”教育对铸牢少数民族大学生中华民族共同体意识的价值意蕴

高雨桐
南开大学

自党的十八大以来，以习近平同志为核心的党中央在长期实践中总结形成了以“铸牢中华民族共同体意识”为核心的民族工作创新理论，在多个场合中多次强调要培育、铸牢中华民族共同体意识。少数民族大学生是民族地区的优秀青年代表，同时也是未来民族地区发展所依靠的重要人才力量。培育和铸牢少数民族大学生中华民族共同体意识，是新时代高校加强少数民族思想政治工作的有力抓手，也是做好少数民族大学生思政教育的有效途径。

我国是一个统一的多民族国家，中华民族共同体正是在各族人民长久以来相生相伴的历史发展之中孕育而生的。历史是最好的中华民族共同体意识的教科书，党史、新中国史、改革开放史与社会主义发展史（简称“四史”）是中国共产党为人民谋幸福、为民族谋复兴、为世界谋大同的实践史，是中国共产党一百年来领导团结中国各族人民取得伟大成就的奋斗史。加强少数民族大学生的“四史”学习教育，其根本在于培养少数民族大学生“爱党、爱国、爱社会主义”的共同体意识，深刻体悟“中国共产党为什么能、马克思主义为什么行、中国特色社会主义为什么好”，坚定“对伟大祖国、中华民族、中华文化、中国共产党、中国特色社会主义的认同”，铸牢中华民族共同体意识。

一、“四史”教育与中华民族共同体意识的内在耦合

习近平总书记将铸牢中华民族共同体意识的核心内容概括总结为“对伟大祖国、中华民族、中华文化、中国共产党、中国特色社会主义的认同”。在“四史”长河中，中华民族大家庭中的每一个民族都为中华民族共同体的形成、发展与繁荣贡献了无数的汗水与智慧。可以说，中华民族共同体意识就是中华民族历史的结晶与升华。“历史教育是中华民族共同体意识的基本衔接面”。“四史”中蕴藏着中华各族人民宝贵且丰富的共同历史记忆、共同历史情感、共同历史责任，这与中华民族共同体意识的“五个认同”构成了牢固的内在耦合。

加强党史教育有助于少数民族大学生坚定对党的领导和认同。“中国共产党人的初心和使命，就是为中国人民谋幸福，为中华民族谋复兴”。纵观中国共产党百年历史，

实现中华民族伟大复兴这一主线始终贯穿其中。从团结领导各族人民共同抵御外敌入侵，推翻旧中国“三座大山”，实现了民族独立和人民解放，领导中国各族人民“站起来”，到以经济建设为中心，以“对口支援”“西部大开发”等工作推动民族地区经济社会发展，实现各民族共同繁荣，领导中国各族人民“富起来”，到“各民族手挽着手、肩并着肩，共同努力奋斗”，共享改革发展成果，实现脱贫攻坚全面胜利，领导中国各族人民“强起来”，复兴之路上各族人民永远紧紧相依、命运与共。加强党史教育，讲好中国共产党人百年来真抓实干、务实为民，团结领导中国各族人民勠力同心、接续奋斗的党史故事，方能让少数民族大学生更加深入了解党的初心使命，更加深彻体悟党的民族方针政策，不断坚定对党的崇敬爱戴之心，认同追随之情。

加强新中国史教育、改革开放史教育有助于少数民族大学生树立正确的祖国观、历史观、民族观，坚定历史认同、民族认同和文化认同。习近平总书记在全国教育大会上指出，要在厚植爱国主义情怀上下功夫，让爱国主义精神在学生心中牢牢扎根。近些年来，随着互联网和新媒体的快速发展，仍有不少历史虚无主义传播者借助微信、微博等平台歪曲历史，对少数民族大学生进行误导、诱导，使之受到迷惑，产生动摇。新形势下加强新中国史、改革开放史教育，是守好少数民族学生意识形态责任区的客观需要，是教育引导少数民族学生坚定正确历史观的必然要求。中华人民共和国成立以来，中国各族人民齐心协力，干革命、搞建设、抓改革，战洪水、抗地震、控疫情，办奥运、修高铁、治贫困，谱写了各族人民共享改革发展成果、共步迈进全面小康的壮丽篇章。加强新中国史、改革开放史教育，讲好新中国发展取得的历史成就，方能让少数民族大学生更加明晰国家的繁荣富强来之不易，改革开放发展不易，进而增强四个意识，坚定四个自信，自觉为实现中华民族的伟大复兴持续奋斗。

加强社会主义发展史教育有助于少数民族大学生掌握社会主义发展规律，强化历史思维，坚定走中国特色社会主义道路。习近平总书记在新进中央委员会的委员、候补委员学习贯彻党的十八大精神研讨班上，以六个时间段梳理了社会主义五百年的历史。在五百年的时间里，社会主义经历了从空想到科学，从理论到实践，从一国实践到多国发展的过程。回顾五百年的历史，既能看到东欧巨变、苏联解体的曲折历程，也能把握中国共产党领导团结各族人民走向社会主义，探索开辟中国特色社会主义道路的历史必然性。加强社会主义发展史教育，厘清中国共产党和中国特色社会主义的关系，理解中国特色社会主义发展在世界社会主义发展中不可或缺的重要地位，方能让少数民族大学生更加坚定理想信念，强化使命担当。

二、少数民族大学生“四史”教育的现实困境

近年来，随着民族地区经济水平的发展和教育水平的提高，进入内地普通高校深造

学习的少数民族大学生数量不断增加，高校少数民族学生思想政治教育工作的重要性和必要性日益凸显。“四史”教育作为新时代高校思政教育的重要内容，其在少数民族大学生群体中的深入开展仍存在一些问题亟待解决。

首先，少数民族大学生多来自少数民族聚居区，地区环境相对复杂闭塞，受其成长环境影响，普遍存在汉语理解表达能力较弱，文化基础较差，基本历史素养较低等问题。相比之下，本民族历史传统、社会文化和宗教意识对少数民族大学生影响较为明显，本民族意识较为强烈，特殊的生活习惯、思维方式和价值观念致使其不易融入以汉族学生为中心的校园文化圈。在大学校园环境和多元文化的冲击之下，少数民族大学生容易出现被边缘化的问题，从而失去学习内驱力。

其次，长期以来，境外敌对势力、不法分子、极端民族主义者等通过各种手段，在文化领域、意识形态领域等宣扬历史虚无主义，借助新媒体平台发表虚构扭曲的历史内容，企图混淆视听。少数民族大学生思想观念尚未成熟，历史知识储备不足，缺乏足够的辨别力和客观性，特别容易受到历史虚无主义的蒙蔽、欺骗，导致理想信念出现动摇，甚至被不法分子利用，成为历史虚无主义的二次传播者。

此外，高校目前开展的“四史”学习教育，多围绕广大学生的普遍诉求和发展特点，而忽视了部分少数民族大学生历史知识基础薄弱、历史观念容易动摇等特殊性问题，缺少与民族地区发展历史和发展实际的紧密结合。在这样的教育背景下，部分少数民族大学生容易在“四史”学习教育中处在较为被动的位置，难以产生共情共鸣，致使“四史”教育效果难以深入人心。

三、中华民族共同体下加强少数民族大学生“四史”教育的实践路径

2021 年 3 月 5 日，习近平总书记在参加第十三届全国人民代表大会第四次会议内蒙古代表团审议时强调，“要在各族干部群众中深入开展中华民族共同体意识教育，特别是要从青少年教育抓起，引导广大干部群众全面理解党的民族政策，树立正确的国家观、历史观、民族观、文化观、宗教观”。“欲知大道，必先为史”，做好少数民族大学生“四史”教育，要根据少数民族大学生群体的特点，把握少数民族大学生教育规律，以“三化”实现少数民族大学生思想政治教育的多维浸润，提升“四史”学习教育的针对性和有效性。

（一）提升“四史”教育精准化，实现中华民族共同体意识的情感认同

做好少数民族大学生的“四史”学习教育，要契合少数民族大学生的实际需求，根据他们的特点因人施策，以“四史”中的民族史教育为切入点，通过与民族地区发展史、民族政策俱进史、民族文化变迁史等内容相结合，阐明中国共产党贯彻新发展理念，铸牢中华民族共同体意识的历史逻辑。在中国共产党的领导下，各族人民患难与共，相互

扶持，共同创造了许多感人至深的历史记忆，这些都是“四史”教育的宝贵资源。无论是抗战时期民族地区民众参军入伍，支援作战，还是改革开放以来援藏、援疆等干部扎根边疆，帮扶脱贫，都深深地刻画在“四史”漫长而动人的画卷之中。重现与少数民族大学生息息相关的“四史”记忆，深挖其中所承载的珍贵情感，用“四史”晓之以理，能够进一步加深少数民族大学生对中华民族共同体的情感认同，将中华民族的中国心、民族情融入骨血，镌刻在心。

（二）打造“四史”教育互动化，实现中华民族共同体意识的价值认同

学生是高校思想政治教育的主体，开展“四史”教育最重要的是尊重学生的主体地位。正所谓以史为鉴，可以知兴替，加强“四史”教育可以使学生把握历史发展规律，学会用历史思维思考问题。做好少数民族大学生的“四史”教育，需要化被动为主动，打造“互动化”学习。民族地区蕴藏着丰富的“四史”教育资源，鼓励少数民族大学生深挖家乡的“四史”资源，讲述家乡的“四史”故事，一方面能够增强学习“四史”的亲切感和体验感，另一方面也能加强少数民族大学生与汉族同学的交流学习，增强获得感和自豪感。特别是少数民族大学生骨干，作为少数民族大学生群体中的模范榜样，有着较强的积极性和影响力，由他们带头宣讲“四史”，可以更好地发挥他们的骨干作用。将少数民族大学生纳入“四史”教育的宣讲骨干团队中，打造学生互动式“四史”教育，能够更深一层加强少数民族大学生对中华民族共同体的价值认同，做到同频共振，同情共行。

（三）推进“四史”教育常态化，实现中华民族共同体意识的实践认同

通过加强“四史”教育以铸牢少数民族大学生的中华民族共同体意识，其最终落脚点在于少数民族大学生能够做到知行合一，以实际行动践行和维护中华民族共同体。为此，高校需持续推进少数民族大学生“四史”学习教育，营造浸润式学习氛围和环境。在信息技术高速发展的时代，新媒体平台成为高校加强“四史”学习教育的有力载体和有效渠道。面对互联网中良莠不齐的各类信息，搭建少数民族大学生“四史”教育网络平台，既能够帮助少数民族大学生明辨真伪以正视听，营造良好的学习教育环境，也能够为少数民族大学生提供实践和发声的平台，鼓励和吸引更多的少数民族大学生参与到平台的选题、编辑和制作过程之中，知行合一，加深对“四史”教育的学习和理解。

参考文献

[1] 习近平.决胜全面建成小康社会 夺取新时代中国特色社会主义伟大胜利——在中国共产党第十九次全国代表大会上的报告[N].人民日报,2017-10-28.

[2] 中共中央办公厅、国务院办公厅.关于全面深入持久开展民族团结进步创建工作

铸牢中华民族共同体意识的意见[N].光明日报,2019-10-24.

[3] 习近平.在全国民族团结进步表彰大会上的讲话[N].人民日报,2019-09-28.

[4] 汪洋.在新疆考察时的讲话[N].人民日报,2020-06-13.

[5] 习近平.中华民族一家亲同心共筑中国梦[N].人民日报,2015-10-1.

[6] 习近平在全国高校思想政治工作会议上强调 把思想政治工作贯穿教育教学全过程 开创我国高等教育事业发展新局面[N].人民日报,2016-12-09(01).

[7] 中共中央宣传部编.习近平新时代中国特色社会主义思想学习纲要[M].北京:学习出版社,人民出版社,2019.

“三全育人”视域下高校少数民族学生学业指导路径探究

马婧
南开大学

在全国民族团结进步表彰大会上，习近平总书记强调“实现中华民族伟大复兴，需要各民族手挽着手、肩并着肩，共同努力奋斗”[1]。党的十九大报告指出“建设教育强国是中华民族伟大复兴的基础工程，必须把教育事业放在优先位置，加快教育现代化，办好人民满意的教育”[2]。近些年来，随着党和国家对少数民族教育的扶持力度不断增加，愈来愈多的少数民族学生有机会进入内地高校进行学习和深造，学成毕业后“家燕归巢”，返乡扎根一线服务家乡建设，在推动区域均衡发展和助力民族繁荣中发挥了重要的作用。

立德树人、为国育才是高校教育教学的首要目标。提升少数民族学生的文化知识水平和技能掌握水平是少数民族人才培养的坚实基础。然而，受地理环境、发展经历等因素的影响，少数民族学生与汉族学生在语言文化、思维方式和日常的生活习惯上存在着一定的差异性，在学业上体现最为明显的就是文化基础薄弱，以及学习能力普遍弱于汉族学生，学业成绩普遍不佳[3]。为了进一步提升少数民族学生的学业水平，促进民族间的交流，提升各民族间的向心力和凝聚力。南开大学化学学院自 2015 年起就一直致力于构建提升学生学业水平的“1+2+3”学业指导体系，以线上线下多方合力协同的模式，全程推进不同主题的学业指导教育，将党的方针政策和“三全育人”的教育理念融入高校学生学业指导的整个过程中，按照“一体两翼三平台”的布局发挥作用。其中，“1”是指一个需求群体，“2”是指两个线下帮扶团队，“3”是指三个线上指导平台。

一、“1+2+3”学业指导体系的探索背景

我国是多民族国家，民族团结是中华各民族共同繁荣的重要基础，高校少数民族学生作为大学生群体的一个特殊且重要的组成部分，在促进民族团结事业中发挥着极其重要的作用。因此，把握少数民族学生在思想动态、学习现状、生活习惯、人际关系、思维认知等方面的特点，对少数民族学生开展有针对性、时效性的学业指导和教育管理，对少数民族学生的长远健康发展具有重要意义。结合国内外相关理论研究及调研，本文将少数民族学生学业困难的原因大致划分为学业因素、个人特质和环境因素三个维度。

（一）求知欲望强烈，学习刻苦，文化基础薄弱

当前，内地高校中的少数民族学生多数来自较为偏远的地区，家中的经济收入较为单一且不固定，家中人口较多，多数学生家庭经济困难。受家庭的影响，少数民族学生都非常珍惜得来不易的求学机会。进入高校，这部分学生也多自立自强，学习刻苦，勤勉向上，希望以出色的成绩回报家庭的付出，改变家乡的落后面貌，实现自身价值。但在进入大学后，少数民族学生与汉族学生学习同等难度的课程，在课堂学习中经常会因为学业基础差、语言不通、抓不住学习重点、未有效掌握学习方法等原因，出现跟不上课堂上的讲解节奏，难以理解老师的讲解内容等现象，导致课堂学习效果差，学习成绩处于落后水平[4]。虽然，当前不少高校已为少数民族学生接受高等教育提供了相应的扶持，但面对激烈的学业竞争，他们也常会感到力不从心，久而久之会对自身的学习能力产生怀疑。

（二）心理素质不强，性格内向，不擅长交往交流

文化的差异、经济的悬殊、生活习惯的特殊性及语言沟通的不便，致使少数民族学生往往容易局限在小范围内活动，甚至常常脱离班级、脱离同学。与汉族学生相比，少数民族学生在沟通交流、心理素质、自信心及自控能力方面有待提升。在遇到学业困难时，少数民族学生羞于向他人主动请教，这样的恶性循环在客观上导致成绩提升困难，进而又引发新的负面情绪，例如绝望、愤怒等。由于错误的归因，负面情绪不仅会进一步影响学生的学业，甚至还会导致学生情绪的失控，出现情绪宣泄的暴力行为或沉迷于游戏的逃避行为，以抵消自己在学业上产生的自卑、焦虑、抵触情绪，为校园的管理埋下安全隐患。

（三）综合竞争力低，就业压力大，缺乏生涯引导

少数民族学生多来自贫困地区的家庭，为了缓解家庭的经济压力，学生对自己未来的就业格外关注，而能否顺利毕业是决定就业的先决条件。在当前高校中，少数民族学生在入学之前，很难对自己的性格和专业特长作出客观评价，加之学业基础差，对本专业的发展趋势缺乏了解，极易出现对学业缺乏信心，对未来的发展迷茫的情况。即使一部分少数民族学生对毕业后的发展充满了期待，但由于客观的学习现状及缺乏较好的自主学习和自我约束能力，学习成绩不佳，有些甚至达不到高校的毕业条件，而究其原因，缺乏与自己人生发展目标相关的大学学业安排与筹划，使得一切都成为空谈，无法落实到现实发展中。在实际学习中，高校的专业教师、辅导员、朋辈的同学对少数民族学生的学业水平具有决定性的影响作用。而少数民族学生对学业帮扶的需求更甚，对学业帮扶指导的参与积极性更高。这也对内地高校少数民族学生的教育管理工作提出了新的要求。

二、“1+2+3”学业指导体系内涵与实践路径

针对上述问题，南开大学化学学院于 2015 年开始结合教育学、心理学和管理学等专业知识，为满足少数民族学生、贫困专项计划学生等群体成长需要，专门设计了“1+2+3”学业指导体系，经过 6 年的实践和完善，现已形成一套集科学性、专业性、开放性于一体的适合理科学院的学业指导模式，并在学生的学业指导中收效显著。“1+2+3”学业指导体系如图 1 所示。

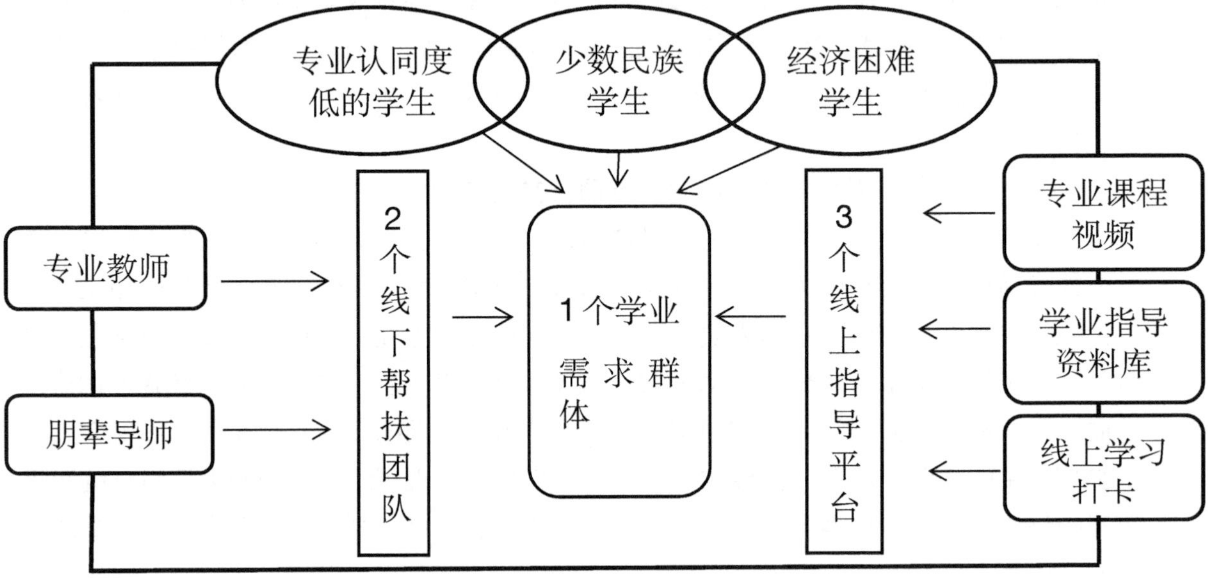

图 1 “1+2+3”学业指导体系

（一）聚焦“1”个学业需求群体，纵深推进精准帮扶

“1”个学业需求群体主要为少数民族学生、经济困难学生及专业认同度较低的学生，通常少数民族学生会同时满足以上两个及以上特征。此前一项针对性调查表明，大部分学生会在不同程度上面临学业困扰，进而影响到学习信心，长期下去可能产生心理问题。特别是从事化学、生物、医学、药物等实验型学科学习的学生，入学后不仅面临着适应新环境的问题，还承担着基础知识学习和实验技能提升的双重学业压力。随着学业内容难度的递增，学生对学业的畏难情绪越来越严重，对学业的信心逐渐减弱，对大学的学业感到迷茫和困惑。为此，每年在新生入校后，学院辅导员都会根据录取信息，第一时间精准锁定少数民族学生等主要帮扶群体，并对学生的家庭经济情况、报考志愿、日常出勤及课堂测试情况进行全方位排查，悉心摸清底数，针对不同学生存在的问题，区别不同情况，细化台账，实行“一人一案”“一人一策”精确归类管理，实现学业指

导和学业预警关口前移、激励监督前移和考核评价前移[5]。之后，再以每个自然月为时间段，对学生的近况进行实时更新，强化信息动态研判，实现精准分类指导。

（二）整合“2”个线下帮扶团队，引导学生自我服务

大学教育发展到今天，除了需要不断完善课堂教育师资，还迫切需要一支专注于学生学业发展指导的专业队伍。“2”个线下帮扶团队有效整合了专业教师和朋辈学生两类有生力量。由专业班导师、专业课教师及科研骨干组成的专业教师团队，主要负责在学生现实成长和自我突破的关键阶段，为学生提供温暖的陪伴和专业的支持，帮助学生在价值观、知识、能力 3 个层面进行提升[6]。其指导的具体途径包括：通过讲述老一辈化学人的爱国情怀担当，帮助学生树立专业报国理想，强化学生专业认同教育；通过调查问卷、讲座等形式收集、整理并反馈学生遇到的疑点、难点问题，有针对性地进行基础课程后答疑，学科难点再解析，帮助学生反思自身学习过程，支持教师不断调整和改进教学；通过开设学术沙龙、分享科研动态，进行研究方向指导，引导学生科研实践。与此同时，专业教师将实验室开放的时间关口前移，平台的搭建促使少数民族学生在大一便可以进入实验室进行科研训练，激发学生参与科研工作的兴趣，培养学生的动手能力，探索个人专业兴趣及发展方向。

朋辈导师团队由从高年级遴选出的学业优秀个人组成。与专业教师相比，朋辈群体年龄相近，爱好行为相仿，彼此间感染力强，在帮扶中具有时间和空间的双重优势，对学业指导具有极大的促进作用。每年学院会在院内发布导师招募通告，符合条件的学生自愿报名参与。学院考核通过后，导师个人简介、擅长科目会在微信平台推出，供报名参与辅导的学生自愿选导，按需组建班级。每学年，朋辈导师都会结合少数民族学生“一人一档”的资料，在第二课堂进行学业能力水平测验和需求调研，根据少数民族学生的共性和个性问题开展课程设计和辅导，举办“成长计划”精品课程讲解，实现知识点 360 度全覆盖讲解。每学期，朋辈导师都会对学生开展一对一咨询指导，帮助少数民族学生结合自己的性格特点、兴趣爱好及个人能力制订符合自身特点的学习计划，组织少数民族学生进行周期性集体自习，在学期期中及期末等关键时间点，帮助他们有针对性地备考，提高他们的自主学习、批判思维和沟通协调等能力，促进他们不断自我认识和自我成长。

（三）打造“3”个线上指导平台，促进指导因势而新

为适应新时代大学生特点，学院充分发挥新媒体作用，以网络平台服务营造良好学风，建设微课、网课和网络资料库，在学生喜闻乐见的新媒体平台上共享学习资源，因时而进，不断发掘学业指导新载体，搭建学业指导新平台。一是录制并推出专业课程指导视频，跟进特殊群体学生课后复习，每学期学业导师会将自己整理归纳的学习方法，

结合课本知识点和典型例题，按照章节拍摄成辅导视频，按照新生的课堂进度在线推送，助力学生深层次、全方位消化课堂内容，拓展知识面，当前已在线上推送专业课辅导视频、学科相关介绍近 100 期，累计点击量 31,000 次；二是建立学业指导资料库，方便学生随需随取，每学年会在百度网盘、年级 QQ 群存储、分享和更新学习课件、复习资料，供学生随时学习查找；三是建立线上学习打卡制度和学生自我监督机制，由朋辈导师统一组织开设学习交流监督 QQ 群，组织少数民族学生进行线上学习打卡，督促学生完成学习计划，并积极在线上开展告别“手机君”、各科优秀笔记评比等活动，引导学生端正学习态度，营造良好学风氛围[7]。“成长计划”为依托的线下指导体系如图 2 所示。

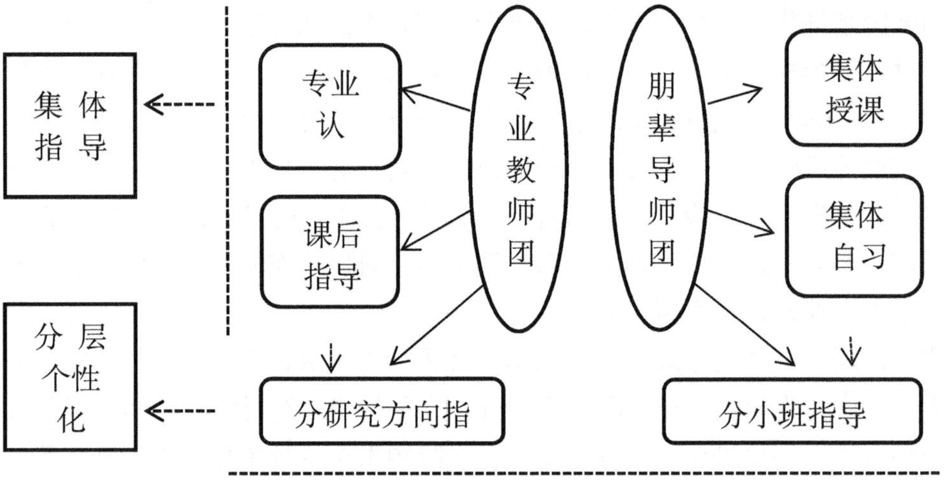

图 2 以“成长计划”为依托的线下指导体系

三、“1+2+3”学业指导体系的现实意义

（一）构建了“三全育人”以立德树人为根本的学业指导体系

坚持将学生的发展摆在首要位置，以少数民族学生从本科入学至博士毕业各个阶段所面临的学习和发展问题为切入点，依托网络新媒体平台优势，将学院学业指导的关口前移至入学前。充分利用好入学前教育、新生入学教育及学业考核等各个关键时期，因势利导，通过一对一咨询、开设专业选择讲座等方式，帮助学生加深对所学专业、行业知识和国家发展需求的认识，勇敢承担起民族繁荣和复兴的时代使命。此外，学院也以学业规划为契机，通过历届杰出师生的事迹，以及其精神蕴含着的理想信念、道德品格、价值观念、行为方式等培养学生的价值观念，帮助学生明确人生发展目标，合理规划学业。当前，“1+2+3”学业指导体系的具体做法已在校内很多学院得到推广，如外国语学院面向少数民族学生开设“朋辈力量”英语辅导站；材料科学与工程学院开展“参观实验室”新生专业教育活动等。

（二）构建了“自下而上”以学生能动性为主导的学业指导体系

“1+2+3”学业指导体系是以学院为试点进行的自下而上的新探索。整个指导体系在顶层设计的基础上，从前期的需求调研，到中间专业教师、朋辈学生导师资源的整合，再到分班、备课和授课，课后的视频编制、学习资料库的建立和维护以及学业指导效果的评估、改进，全部由学生自主实施和完成。该指导体系既是学生学习自主性、自发性、积极性的集中体现，也是变“牵引式”学业指导为“推动式”学业指导的探索革新。学业指导体系在助力学生学业发展的同时，也为更多学生提供了实现自我价值的平台，在创新人才培养、服务学生方面发挥了应有的作用，其中优秀朋辈导师投身学业指导的事迹还得到了人民日报等主流媒体的报道，可见在此学业指导体系中，学生“三自”功能发挥充分，双重育人成果显著。

（三）构建了“分层分类”以学生需求为导向的学业指导体系

以学生需求为导向，坚持一二课堂协同发展，同频共振。以学生自发参与学业指导活动为契机，通过调查问卷、讲座等形式收集学生最为关切且普遍存在的学习问题，邀请专业任课教师进行课后难点解析、学习方法指导。通过指导学生不清楚的知识难点，任课教师可以第一时间获得第一手的教研资料和学习成果反馈，帮助专业教师不断调整和改进课堂教学内容和教授方式。由学生朋辈导师组成的教研室，立足于小班内不同学生需求，更符合学生实际，其思维活跃并更能把握学生的个性化需求，两个帮扶团队有机配合，有效促进了课程教学改革，使第二课堂学业指导项目对第一课堂的教学形成有效助力。

四、“1+2+3”学业指导体系的完善方向

加强学校各部门资源整合，实行校院两级学业指导联动，实现教学管理和学生管理相结合，不断完善学业指导保障制度，充分利用学校已有学业指导资源，形成齐抓共管的合力模式，将学业指导列为学生发展工作重点之一，不断加强在校大学生，特别是少数民族学生等特殊群体学生的学业指导力度。

建立校院两级学术指导委员会，保障学业指导人员充足。加强课程体系建设，优化学业指导人员选拔机制，建立教师、学生学业指导人员专项奖励制度，或者考虑将学业指导计入教学或志愿者时长，给予荣誉奖励，大力储备导师团队人才。在人员充足的情况下，进一步完善线上专业学业指导平台、线上学业咨询模式，多与少数民族学生交流，实时解决学业问题。

在学业指导中注入更多的人文关怀，例如不断调整奖助学金政策，提高奖助学金发放的精准性。高校可以通过引入社会资源，通过企业捐助冠名的形式增加奖学金的种类，

加大对少数民族学生学业进步的奖励，扩大对少数民族学生奖学金的覆盖范围，或者建立少数民族学生学业进步专项奖学金，让更多的少数民族学生能够得到资助，实现学有所暖，学有所安。

参考文献

[1] 习近平.在全国民族团结进步表彰大会上的讲话[N].人民日报，2019-09-28.

[2] 习近平.决胜全面建成小康社会，夺取新时代中国特色社会主义伟大胜利——在中国共产党第十九次全国代表大会上的报告[N].人民日报，2017-10-19.

[3] 谢晨.高校少数民族学生教育管理工作路径研究[J].中国民族博览,2020(22):83-85.

[4] 殷俊.董高瑞.高职院校少数民族贫困学生资助育人管理研究[J].市场周刊,2020,33(10):116-118.

[5] 蒋妍,刘人元,孟祥岩. 高校辅导员开展少数民族学生精准辅导工作的路径探讨[J].教育教学论坛,2020(29):13-15.

巧做“加减乘除”运算，服务少数民族学生创业

宋燕
南开大学

在全国民族团结进步表彰大会上，习近平总书记发表重要讲话，他指出，“中华民族是一个大家庭，一家人都要过上好日子。没有民族地区的全面小康和现代化，就没有全国的全面小康和现代化。”近些年来，随着党和国家对少数民族教育的扶持力度不断增加，愈来愈多的少数民族学生进入内地高校进行学习和深造，学成毕业后返乡扎根一线服务家乡建设，在推动区域均衡发展和助力民族繁荣中发挥了重要的作用。在“大众创业、万众创新”的良好氛围中，为进一步提升少数民族学生的创业实力，需要做好这类学生的创业教育和服务工作，提升少数民族地区的经济水平，促进民族间的交流，增强各民族间团结的向心力和凝聚力。因此，在不断优化创新创业环境和氛围的基础上，需要做好创业工作的“加减乘除”运算，为创业的少数民族学生提供精准教育和服务。

一、国内高校创业教育如火如荼，但针对少数民族学生的创业教育和服务较少

高校是人才培养的基地，创业型人才更是现在高校首先要关注和培养的人才。我国经济发展进入新常态，传统行业已经不能完全带动就业，要想促进经济的稳定增长，只有通过创业带动就业，通过创业拉动市场经济。增长驱动力正从要素驱动、投资驱动向创新驱动转变，推进创新创业是党中央、国务院立足当前、着眼长远作出的重大战略部署。习近平总书记、李克强总理对此高度重视，多次提出重要指示批示。在中国共产党第十八届中央委员会第四次全体会议的报告中，李克强总理指出：“要推动大众创业、万众创新。这既可以扩大就业、增加居民收入，又有利于促进社会纵向流动和公平正义。”国务院办公厅印发了《关于发展众创空间推进大众创新创业的指导意见》，部署推进大众创业、万众创新工作，并在公共服务、财政支持、融资机制等方面予以支持。这些政策的到来，也使得高校在努力思考如何推进高校创业型人才教育，如何形成完善的创业人才培养模式和途径。因此，各类创业课程、创业集训、创业大赛应运而生。

但针对少数民族学生的创业教育和服务较少，可以说还处于萌芽阶段，而在就业形势日益严峻的今天,加强少数民族学生创业教育和服务显得尤为重要。

二、巧做“加减乘除”运算，为少数民族学生提供精准创业教育和服务

（一）充分了解，全面评估

在全面了解学生创业的想法、进程、目标之前，一定要对学生的经历和经济状况有所了解。当前，内地高校中的少数民族学生多数来自较为偏远的地区，家中的经济收入较为单一且不固定，家中赡养人口较多，多数学生家庭经济困难。在此基础上才能对学生本身和创业项目进行更加全面的评估，帮助学生分析创业的可行性。如果学生只有单纯的想法，还没有项目、团队、导师和资金等，可以告诉学生先以学业为重，通过参加创业课程、大咖讲座和创新竞赛来汇聚创意、酝酿项目。如果学生有较成熟的项目和想法，那么可以从学生的需求入手开展有针对性的服务。

（二）讲好政策，善做“加”法

用好线上、线下平台宣讲政策。如建立少数民族学生创业服务线上平台，为创业大学生提供政策咨询、技能培训等服务；充分利用校内外优质的创业导师资源，为创业爱好者搭建交流微群组——“创客微部落”，一个地区组建一个群，每一个群里都配备优质创业导师，学生可以通过扫码加入，随时随地与导师交流；挖掘校友企业资源，凝聚实习见习岗位，优先推荐少数民族学生参加；制作一张图读懂《让创业、房补、申请变得如此简单》微信推送文章，创办《你了解“津十条”吗？》微刊，帮助解读天津市政府下发的《发展众创空间推进大众创新创业的政策措施》等文件精神。用精准体贴的服务增“加”政策宣传解读，引领少数民族创业学生。

（三）助推落地，勤做“减”法

积极助推优惠政策落地。高校可在整合国家和省级人力资源和社会保障部门、教育部门就业政策的基础上，下发服务本校学生的大学生自主创业工作意见，让服务学生创业工作实现政策上的科学化、制度化和规范化；联合校内各相关部门举办创业大赛和训练营等活动，并专门设立少数民族学生赛道，如打造创业政策解读墙、开设创业房租补贴和“无息”小额贷款，办理申办窗口。用精准扎实的服务“减”化政策落实过程中的复杂程序，贴近少数民族创业学生。

（四）提升技能，巧做“乘”法

举办各种培训，提升硬实力。举办少数民族学生创业训练营，主要设立学、练、秀、评、立 5 个主题模块，将办赛宗旨从传统的注重“比赛”转变为注重“培训”和“落地”。选手们可通过不同的活动环节学习创业知识和技能，在创业挑战赛、微信路演等环节展示自我风采。将“学习与实践”有机结合，以学带练，以练助学，在关注项目的同时，培养选手的个人能力，通过“个人素质+创业技能+创业项目”综合考评的方式，全方位考量项目潜力。由创业导师全程跟踪辅导创业者，通过“授之于渔”的教学过程使导师

与创业者建立深度的人际关系，将创业经验与创业资源有效对接。用精准细致的服务让学生创业技能“乘”数倍增长，助力少数民族创业学生。

（五）强化质量，多做“除”法

整合政府和社会资源广搭平台。搭建少数民族学生创业资金帮扶平台，为学生创业项目争取“无抵押、无利息”小额贷款，解决大学生创业者启动资金匮乏的问题。为在校学生创办企业申请期限 2 年、每天最高 60 元的房租补贴和 8 万～10 万元一年期的小额“无抵押、无担保、无利息”贷款。通过筛选优秀创业项目和政府配套扶持相结合的模式，对这些项目进行长期扶持帮助，为创业者对接政府资源。用精准个性的服务“除”去繁冗复杂的环节，帮扶少数民族创业学生。

三、高校辅导员在少数民族学生创业中发挥着不可替代的作用

学生创业是学生展现价值、实现梦想的有效途径，是响应国家“大众创业、万众创新”号召的积极举动，应该得到学生辅导员的支持和帮助。学生在创业过程中必然会遇到思想认识、政策法规、兼顾学业、能力培养等方面的问题和困难，特别是少数民族学生还可能遇到人际交往、学业压力等困难。辅导员作为高校教师的重要组成部分，是学生的人生导师和知心朋友，工作在学生思想政治教育和日常管理的第一线，在大学生创业教育和指导工作中扮演着不可或缺的角色，辅导员是创业学生的启蒙老师，是创业教育的指导者，是创业活动的组织者；辅导员应该发挥自身优势，“从生活中来，到生活中去”——做大学生创业的启蒙老师，“扬帆起航，引领方向”——做大学生创业的护航使者，“广建平台，沟通无间”——做大学生创业的坚实桥梁。辅导员多方采取有效方法，对学生创业活动正确引领，分类指导，搭建平台，提供帮助，促进学生创业活动蓬勃有序开展。

（一）广搭平台，培养“高大尚”少数民族学生

高即平台高。从引进针对本学科的创新比赛入手，在学生中推行年度竞赛，辅导员不断培育完善这项赛事，尽力搭建学生创新平台；利用好拔尖学生班国际、国内游学让学生开眼界、“涨姿势”，为学生创新打下坚实基础。

大即格局大。辅导员将创业教育融入学生的日常管理教育中，通过交流分享会、先进事迹报告会、案例展等形式，抓住企业注册、合同签署、技能培训等关键环节，开展诚信教育，培养团队精神，增强法治观念。

尚是氛围尚。通过“导师有约”、博士生创新论坛等，邀请成功创业的校友回校宣讲，在学生中营造良好的创新创业氛围。引导学生关注国家发展战略，瞄准社会重大需求，充分发挥专业特长，积极服务经济社会发展。

（二）走进学生，争做“小青新”创业服务者

小即满足学生细小需求。辅导员应满足创业学生真正的小需求、在意其真实的小感受。辅导员要及时了解学生的想法，给予肯定并鼓励学生创业，帮助学生申请到工位，并推荐学生参加创业训练营和创业大赛，对接资源。

青即以青年学生为主体。辅导员用保姆式服务助力少数民族学生创业，重视学生在创业过程遇到的困难和问题，并积极地寻求解决途径，将措施落细、落小、落实。辅导员要在入学之初开展创业教育、项目培育上搭建服务平台、项目落地时联系社会组织中发挥作用。

新是不断更新知识储备。对有关创业相关政策、知识，辅导员必须自己先学，然后再手把手地教学生。在指导学生的实践中辅导员要不断提高自身理论素养，更新知识储备，做好自己的“供给侧”改革。

参考文献

[1] 习近平.在全国民族团结进步表彰大会上的讲话[N].人民日报，2019-9-28.

[2] 郭芳燕.我国创新创业教育研究文献综述[J].创新与创业教育,2020.11(2): 44-52.

[3] 陈国喜.民族院校大学生创新创业教育现状及引导[J].当代教研论丛,2019 (11):34.

[4] 匡晓蕾，樊宏霞，薛强.民族地区高校创新创业教育影响因素实证分析——以内蒙古地区为例[J].内蒙古财经大学学报,2020,18(1):70-73.

“双螺旋结构”下，探究高校少数民族学生一体化管理思维

苏比伊努尔·阿卜杜拉　麦尔旦·吐拉江
南开大学

一、高校少数民族学生管理工作改革与“双螺旋结构”间的内在关系

“双螺旋结构”的两条链彼此互补，一条确定,另一条也确定。从这个角度考虑，本文提出在管理制度结构升级以及管理制度结构改革过程中把控“双螺旋结构”风险的能力，是高校少数民族学生管理和人才培养改革侧重的核心要素。“双螺旋结构”可以理解为物质和精神。所谓“改革”是互相补益、互相扶持，两手抓、两手都要硬的双螺旋动态和发展过程。而发展是较为稳定的架构，只有改革与发展在“双螺旋结构”中一起走，才能保证整体节奏是上升的状态。

管理制度结构升级以及管理制度结构改革过程中把控“双螺旋结构”风险的能力，与“双螺旋结构”模式看似是两个泾渭分明的概念，但两者之间的关系是高度融合的，都由决策权、组织架构、信息传导和激励机制 4 个基本链接要素构成。虽然在管理制度结构升级与“双螺旋结构”模式调整中,也可能会出现“排斥反应”，但这种“排斥”是结构、范式、人员、知识中的一个或几个发生的异常反应。

“双螺旋结构”比较好地反映了两者之间的相互联系与作用机制。首先，改革与“双螺旋结构”中存在大量的学习和创新活动,学习作为实施新战略所必需的新的共有价值观和行为方式,为保持和稳定少数民族制度管理结构与“双螺旋结构”间的动态平衡提供保障。其次，少数民族制度管理结构与“双螺旋结构”模式之间突出了知识作为管理与创新之间的重要纽带，作为一种特殊的社会行为,战略管理的关键在于对知识的管理。最后，“双螺旋结构”强调的是动态适应和管理创新,随着信息化、全球化进程的进一步加快，需要我们在适应外部环境变化的同时通过各种途径增强自身的竞争力，面对重要性日益凸显的高校少数民族学生管理工作，要想使得全线各点有效运转，使少数民族学生在国家安全发展战略以及国内建设中有效发挥作用，需要在“双螺旋结构”模式下树立创新意识和“双螺旋结构”逻辑思维，进而推动各项少数民族学生管理工作改革真正落地实施。

二、高校少数民族学生管理工作改革与“双螺旋结构”间的表现形式

“双螺旋结构”的表现形式一：做到能够保障锐意创新进取与系统把握全局的同步上升发展。把握住问题内在的规律，准确洞悉问题的核心所在，科学把握规律，主动求变，在把握规律的基础上实现少数民族学生制度管理创新；在把握各个问题之间的客观联系的基础上，全局性地看待各个问题之间的联系和所构成的整体环境，注重少数民族学生管理改革创新的系统性、整体性及协同性。

“双螺旋结构”的表现形式二：做到能够保障坚持从少数民族学生管理问题实际出发与谋战略主动的同步上升发展。坚持从少数民族学生成长环境、文化背景出发，实事求是；积极构建“一核思维，多轮驱动”的全方位管理体系，帮助少数民族学生增强理解世界的自信与能力和树立正确的世界观、价值观与人生观。

“双螺旋结构”的表现形式三：做到能够保障坚持管理目标初心与推进改革创新的同步上升发展。坚定思政管理工作的信念，根据少数民族学生的特殊性和新时期管理工作的新要求，创新管理理念，真正以少数民族学生一体化管理思维科学分析，抓住关键，把握主要矛盾，有效管理。

“双螺旋结构”的表现形式四：做到能够保障革故鼎新与少数民族学生管理方式的同步上升发展。主动打破特殊要素制约，明确现存瓶颈并加以改善，推行“一线工作法”，坚持“办实事、解难题”，大力实施“双轮驱动、螺旋式上升、新媒体科技创新、少数民族学生校园成长生活和谐发展”四大管理战略，着力创建和谐团结的健康校园。

三、“一体化管理思维意识”在高校少数民族学生思想政治教育中的重要性

在高校少数民族学生思想政治管理教育中需要内外兼修，优化队伍，面向多元，进一步加强管理全局意识，化散为整，推动个体的“一体化”。所谓“一体化”是指整体协调运作，把分散运作、互不协同的组织关联起来，形成强大的组织力量，以实现组织管理目标。而“一体化管理思维”是创新型管理方式和思政行为规范，在秉承严格的行为规则的基础上，明确管理职责，一方面可以帮助少数民族学生探索自己本身的价值，提升个体自律意识，激发潜能，营造更多的发展空间；另一方面可以帮助高校少数民族学生面对新环境、新挑战，正视不足。

“一体化管理思维意识”，作为一种无形信息结构和客观存在，能够在人的本能反应和潜意识支配行为过程中形成文化——包括人性化、意识化、信息化、智能化。并在意识、思维、心理反应中体现出它的存在价值，通过情感和智慧的外化来体现它的能量，通过提取有价值的材料，不断地深化认识，并可以移入个体头脑并穿越群体头脑，从而在社会“公共大脑”里调控和支配社会行为，以便进行干预和了解，而不会在必要时手

足无措。这在潜移默化的过程中对于少数民族学生自觉主动树立正确知识价值观、知识融合观和知识创造观可以起到重要作用。

四、高校少数民族学生学风建设在“双螺旋结构”中双管齐下的意义

部分少数民族学生由于中学时期所处的人文环境、家庭教育环境与汉族地区具有较大的差异，故而进入大学后，开始出现不自觉、不自知、不适应、缺课、迟到早退、考试舞弊、整日游戏等不良现象，缺乏自主学习的动力源，随着学习积极性的降低，人生价值观发生倾斜。因此，着力回应高校少数民族学生学风建设以及“双螺旋结构”过程中帮助学生搞清“何为学”“为何学”“如何学”“如何学有所为”四大问题，对于新形势下建设良好的少数民族学生学风具有重要意义。

(1) 何为学。在学科专业认知层面，深刻把握少数民族学生的优势、痛点和难点，结合少数民族学生群体特殊性的培养要求和实际特点，为学生提供深入透析学科专业的渠道和资源，深化专业认知，帮助少数民族学生未来在学科专业内持续发展。少数民族本科教育在“厚基础，宽口径”的原则下，学生培养模式和理念发生着深刻的变革，应做好大学规划和选择，把握重要时间节点，共同赋能少数民族学生的学风建设和全面发展。

(2) 为何学。立足学科实际，构筑“学习专业指导、生涯辅导助力、学习专属服务、学习专注引领、学习专项帮扶”的“五学”共襄学业辅导体系，从而实现少数民族学生由“要我学”到“我要学”的转变，提升少数民族学生自主学习的内在动力。以“青年教师谈培养”微论坛为标杆打造一二课堂协同育人示范项目，围绕学生精准灌输思政教育和理念培育，帮助少数民族学生实现人生理想，投身祖国建设。

(3) 如何学。注重凝聚多方力量，建设三个共同体——师生共同体、朋辈共同体、校友共同体，搭建少数民族学生广泛参与学术的重要平台。联动朋辈育人，开设“对话青年”“优博有约”线上栏目，帮助少数民族学生解答疑惑；借助校庆联动校友育人，邀请校友参加求职训练营，开设“师兄师姐说职场”活动，面向实践出口促进专业能力提升。每年面向新生开设“大学生生涯规划与就业指导”公选课，邀请校友、企业、朋辈力量进课堂，通过讲授、实践、分享、模拟面试等形式，让少数民族学生更有参与感。依托专业赛道，构建一体化的专业竞赛育人路径，为少数民族学生参加竞赛提供坚实的保障，在自主实践中，使得少数民族学生的创新思维得到有效提升。加强实践育人，促进师生同学、同研、同行、同讲的“四同”社会实践蓬勃开展。

(4) 如何学有所为。少数民族思政管理教育需将爱国主义融入育人全过程，让爱国主义从朴素的感情转化为深刻的理性认知再内化为理想信念，在少数民族学生心目中，

将科研报国、实践报国的志向理念紧密融合。汇聚“榜样力量”主题荣誉宣传系列活动，搭建少数民族学生荣誉展示平台、荣誉故事宣讲平台、荣誉精神传承平台，引导少数民族学生在国家、社会和学校的支持下，成为有担当的新时代少数民族青年人才。

五、培根铸魂凝心聚力，进一步加强少数民族学生教育管理的可实施性举措

面对少数民族学生文化背景组成的复杂性，坚守育人底线和正确的培育方向，以整体性的视角，多方面协同创新管理办法，紧紧围绕立德树人的根本任务进一步加强少数民族学生教育管理，多措并举有效加强各民族师生“三交”，充分利用校内外多种资源，把民族团结教育浸入教育全过程，实现课堂教学、社会实践、志愿服务、主题教育一体化，促进对“两个共同”“五个认同”“三个离不开”等的认同，深化“三爱四史”感染式教育。

坚守政治底色，牢固育人意识。高校培育出来的少数民族人才，必须是忠诚于祖国、忠诚于党、忠诚于社会主义道路的。教师将培育和树立社会主义核心价值观作为少数民族学生管理的一大方向，在少数民族学生中牢固树立国家意识、公民意识和中华民族共同体意识；秉持民族团结精神，树典型，立榜样，激励少数民族学生奋勇拼搏；通过开展高等数学、公共英语等学业帮扶打卡活动，在行动中精准灌输中华民族一家亲的思想认同。

深化“三爱”团结情怀，据实制定管理方法。帮助少数民族学生清理思想残渣，做好少数民族学生“台账”管理，强化“三入”方法，建立健全激励与约束机制，防范隐患漏洞。充分运用新媒体技术铸牢中华民族共同体意识的新平台，使得管理服务一体化，在行动中通过思想洗涤铸魂育人。从“思想教育”维度出发，充分发挥少数民族学生骨干表率作用、少数民族学生党员模范作用以及校内外多种优秀人力资源的带动作用，把政治标准放在更加突出的位置，加强少数民族学生入党推优工作，为学生思想发展搭建平台，同时启动优秀的少数民族学生社团、党团支部力量，深化少数民族学生对国家的认同。

加强班级少数民族学生骨干队伍建设。帮助少数民族学生消除“破罐子破碎”的心理、克服浮躁心理，提高理性思考问题的能力。第一要树立起少数民族学生骨干的模范带头形象，带头参加课外科技、社会实践、课题研究，以点带面。通过党课、团课、座谈会以及“国防教育”“法律知识讲坛”讲座等形式；以文学交流、艺术沟通、班级文化建设等为主题，发挥少数民族学生干部示范作用。第二要发挥少数民族学生干部的帮扶作用，要让少数民族学生党员、班委积极主动地在班级中营造自觉学习的氛围，对自制能力较弱的同学进行有效的监督和一对一帮扶，全方位、多角度做好少数民族学生干

部思政引领。

加强少数民族学生“双导师队伍”建设。将学业班导师制度和企业校友班导师制度相结合，共同赋能高校学风建设和学生全面发展。导师积极引导学生参与课题研究、科技竞赛，增强学术研究意识和科研能力。针对学生所处的不同年级，阶段性开展与之适应的就业辅导，增强学生的就业意识与紧迫感。根据培养计划并结合学生实际，指导学生制订科学的专业学习计划，引导学生树立正确的学习目标。注重帮助学生近景目标及远景目标的确立和实现，以“双导师”的学识风范教育学生。

参考文献

[1] 陈秉公.论思想政治教育的“一体化二重性”范式——兼论思想政治教育研究从“二元论”思维向“二重性”思维转换[J].教学与研究,2016(8):50-58.

[2] 胡宝国.内地高校少数民族学生教育管理工作的内涵、挑战及对策分析[J].思想理论教育,2015(7):99-102.

[3] 陈勇,陈蕾,陈旻.立德树人:当代大学生思想政治教育的根本任务[J].思想理论教育导刊,2013(4):9-14.

[4] 刘丽玉,杨韶刚.高校少数民族学生教育管理模式探析——基于广州大学城内新疆少数民族学生的调研[J].广东第二师范学院学报,2013,33(1):20-24.

[5] 马立新.新疆少数民族大学生思想行为特点及教育对策[J].东北师大学报(哲学社会科学版),2012(5):260-262.

高校少数民族学生发展性资助育人模式探究

唐琳　王晓娟　季芳
南开大学

李克强总理在2021年《政府工作报告》中指出，发展更加公平更高质量的教育，在教育公平上迈出更大步伐。随着高等教育的不断发展，越来越多的少数民族学生进入内地学习，这已成为实现教育公平的重要途径；高校针对少数民族学生开展全方位的资助工作，也成为教育精准扶贫的重要环节。

高校少数民族学生的教育和管理，对高校“立德树人”这一根本任务提出了更高要求。构建高校少数民族学生发展性的资助育人体系，是保障少数民族学生顺利完成学业、实现成长成才的重要途径。

一、发展性资助育人的内涵

为促进教育公平和社会公正，使所有学生都有平等地接受高等教育的机会，我国高校的学生资助政策从1989年开始不断发展与完善，至2007年国家建立了较为完善的高校学生资助体系。随着改革的不断深化，新形势下高校学生资助政策由单纯的“助困解困”向更加注重“育人”的功能转化，特别是在精准扶贫政策下，高校对家庭经济困难学生的资助也成为摆脱贫困、促进社会公平和加强人才培养的重要一环。在构建新型学生资助模式的背景下，资助不仅仅是经济上的救济，更是学生自我发展的基本途径。

近年来，学者们越来越关注“发展性资助”模式。杜坤林提出“要积极推行‘发展型资助’，实现‘帮困扶志、助学立人’的价值旨归”。他认为，高校学生资助工作弱化了对学生的心理、能力、思想等方面的关注和教育，“发展型资助”的目标不仅仅是帮助家庭经济困难学生解决经济问题，更要关心学生的健康成长，努力提高经济困难学生的综合素质和能力。黄建美结合工作实际积极探索“以促进学生全面发展为中心，以经济资助为基础、制度建设为支撑、文化培育为保障、能力培养为核心的四基点”多维资助育人模式，提出培育感恩文化、责任文化、诚信文化和励志文化，提升学生的自我认知能力、学习能力和创新能力。2017年，为进一步贯彻落实全国高校思想政治工作会议精神，教育部发布了《高校思想政治工作质量提升工程实施纲要》。新形势下高校学生资助工作更加强调“育人功能”，提出“要构建物质帮助、道德浸润、能力拓展、精神激励有效融合的资助育人长效机制，形成‘解困—育人—成才—回馈’的良性循环”。

因此，发展性的资助育人是以经济资助为基础，更加关注“人”的发展的一种资助模式。在经济资助解决上学难问题的同时，注重疏解学生的心理困惑、人际交往障碍，提升个人综合素质和能力，树立远大理想抱负，促进个人成长成才。

二、高校少数民族学生的主要特点

高校少数民族学生大多来自较为偏远的地区，经济发展落后，基础教育水平较低，呈现出区别于其他学生的明显特点。

首先，家庭经济较为困难。少数民族学生大多来自新疆、西藏、广西、贵州等西部地区，经济发展和基础教育水平较低，家庭经济来源以务农、打工为主，家庭人口较多，赡养老人、供养孩子上学等问题突出，教育、医疗支出较大，导致家庭经济普遍困难。

其次，学习基础较为薄弱。少数民族学生在家乡接受的基础教育水平较低，进入高校后普遍在英语、数学、计算机等基础课程上能力不足，专业学习能力不占优势，普遍存在学业困难。

再次，人际交往较为受限。少数民族学生由于大多长期生活在偏远地区，在心理上会产生自卑心理，在人际交往过程中产生距离感、落差感，较少参与到高校的学生活动中。此外由于语言、生活习惯的特殊性，少数民族学生常常会更愿意与同民族的学生交往，不同民族学生之间的互动较少。

最后，就业出路较为单一。毕业后大多数少数民族学生会回到家乡就业，且倾向于到较为稳定的行业就业，加之自身的就业能力和综合素质的限制，毕业生就业出路较为单一。

三、高校少数民族学生资助存在的问题

（一）重“经济资助”，“育人”功能不足

高校学生资助不同于社会救济的原因就在于高校学生资助的育人功能，高校学生资助不仅仅是提供经济帮扶，更重要的是通过资助提升学生的综合素质与能力。《高校思想政治工作质量提升工程实施纲要》将“资助育人”作为十大思政工程之一，提出要把“扶困”与“扶智”、“扶困”与“扶志”结合起来，着力培养受助学生自立自强、诚实守信、知恩感恩、勇于担当的良好品质。

高校少数民族学生的资助大多是通过助学金、助学贷款的形式体现的，但勤工助学岗位面向少数民族学生招聘不够，为少数民族学生提供锻炼的岗位和机会较少，因此在少数民族学生的学业发展、就业指导，以及培养诚信意识、奋斗与奉献精神等方面存在不足，高校少数民族学生资助的育人功能还有待进一步提升。

（二）资助缺乏精准性和个性化

在精准扶贫的大背景下，“精准”一词逐渐成为资助的新理念与新思想，教育部原部长陈宝生曾指出，要发挥资助在脱贫攻坚中的重要作用。高校学生资助政策解决了经济困难家庭因教育致贫和因贫无法接受高等教育的现状，对精准扶贫工作具有重大贡献。

在高校少数民族学生资助工作的运行过程中发现，大部分经济困难的学生是可以被学校认定为家庭经济困难学生的，每年会得到一定额度的助学金资助，但是缺乏对少数民族学生经济情况的动态跟踪与资助类型的差异化管理。在资助政策执行过程中没有做到精准施策，缺少对每一位少数民族学生建立个性化资助档案的环节，没有根据每一位学生的实际情况与具体需求制定适合的资助方式。

四、高校少数民族学生发展性资助育人模式

高校少数民族学生的资助工作，应进一步加强资助的精准性和个性化，在充分了解少数民族学生特点的基础上，发挥资助“育人”功能，实现“助困”“筑能”“铸人”的三维育人模式。

（一）让〝助困〞成为少数民族学生成长成才的基石

“助困”是高校少数民族学生管理的基础，是少数民族学生顺利完成学业的关键。这里的“困”不仅仅是经济上的困难，还包括学业上、心理上的困难，发展性资助就是要在缓解学生经济压力的基础上，帮助学生解决学业和心理的双重困难。

在经济上，实行更加精准的动态跟踪帮扶措施，为每一位学生建立资助档案，定期调研、了解学生经济状况以及资助需求；拓宽资助渠道，动员校友、社会机构的力量，促进少数民族学生的学业资助；定向开放面向少数民族学生的勤工助学岗位，在缓解学生生活经济压力的同时，为学生创造成长的新途径。

在学业上，畅通学生与专业教师的沟通渠道，为少数民族学生提供专业上的学业指导；建立少数民族学生“一对一”联系制度，选派优秀学生作为少数民族学生的联系人，在学业上起到督促、帮扶的作用；实施辅导员定期谈心谈话制度，针对学习方法、学习习惯等问题开展团体与个体辅导。

在心理上，构建“学校—学院—班级—宿舍”四级联控机制，通过学校心理测评、心理咨询，学院辅导员谈心谈话、宿舍走访等形式，全方位关注少数民族学生的心理状况。定期联系班级心理委员与宿舍心理安全员，在生活中给予少数民族学生关怀，及时疏解学习与生活压力。

（二）让〝筑能〞成为少数民族学生成长成才的依靠

“助困”是少数民族学生资助工作最基本的要求，发展性资助更加关注提升少数民

族学生的综合能力，以适应各种变化的环境，激发少数民族学生的内生动力。

提升人际沟通能力，举办“演说训练营”“口才与演讲”等工作坊，动员少数民族学生加入校院各类学生组织，在学生活动的组织中广泛结交朋友、提升人际沟通能力。

提升求职就业能力。组织“求职训练营”“模拟招聘大赛”等活动，动员少数民族学生参加，提升求职就业经验与能力；通过“求职励行金”“专场就业咨询”等方式，帮助少数民族学生树立求职目标、制定行动方案、开展求职行动。

（三）让〝铸人〞成为少数民族学生成长成才的动力

高校少数民族学生更要有大理想、大格局，秉公尽能，方能成才。高校少数民族学生的发展性资助更应关注学生的内在精神动力，培养学生树立远大理想抱负，引导学生脚踏实地实现人生理想。

在高校少数民族学生资助工作中，注重提升学生的内在精神动力。各项资助以“学习勤奋刻苦”为必要条件，引导学生认识到大学生的主责主业；以助学贷款、勤工助学岗位为契机，培养学生的规则意识、感恩意识、诚信意识、创新创业精神、自强奋斗精神、社会责任感。

加强思想政治教育，在重要节日、纪念日开展系列活动，深化仪式教育；实施“筑梦计划”，加强择业观教育，引导少数民族学生树立远大志向，培养学生回馈社会、增进民族团结意识。

参考文献

[1] 杜坤林. 从保障型资助到发展型资助：高校助学工作范式转换及其实践 [J]. 中国高教研究，2012(5).

[2] 黄建美，邹树梁. 高校资助育人创新视角：构建多维资助模式的路径探析 [J]. 中国高教研究，2012(4):81-85.

[3] 杨晓慧. 关于新时期高校学生精准资助工作的思考[J].中国高等教育，2016(9):22-25.

[4] 周丽华. 少数民族贫困大学生发展困境与高校资助育人对策研究 [J]. 学校党建与思想教育，2016(6):44-46.

文化认同视域下的少数民族大学生思政教育进路探索

田佳佳
南开大学

在高校，做好少数民族大学生教育工作具有重要的时代意义，是做好新时代民族工作的重要推手。少数民族大学生绝大部分将成长为家乡社会发展的建设者，并为当地的民族团结和各民族共同繁荣贡献力量。因此，做好对这支少数民族发展后备军的教育培养，成为高校少数民族工作的重要课题，而在所有的教育工作序列之中，加强少数民族学生思想政治教育占据最为基础和首要的地位，在学生成长发展过程中居于核心位置。

近年来，国内各高校持续加强对少数民族学生教育培养工作的重视，在思想政治教育、学业帮扶、就业指导、心理关怀等方面进行了众多有益尝试；同时，针对少数民族学生思政教育工作的研究，也在学生总体特点、教育方法论、学生培养举措和管理制度创新等方面百花齐放。基于此，笔者结合自身开展少数民族学生教育工作的实际，并对23名来自四个学院的新疆籍、西藏籍少数民族本科生进行访谈调研，从引导学生形成认同感，增强“文化自信”的角度进行切入，以“文化认同”为视域，分析现阶段思政教育的新思路。

一、少数民族学生教育中的文化认同概念及“交织点”

文化认同，是指人在某一共同体中长期生活所形成的对本集体中最具意义的事物的认识，在人类历史上，常常表现为图腾标志、传统仪式或精神内涵等。对这一概念的深入理解，应当关注其主体的变化，以动态的视角进行阐释。举例而言，一名生活在藏族聚居区的藏族学生，自其出生至来到大学校园读书这一过程中，始终处在中华民族这一大的共同体中，受到中华民族文化的洗礼，形成对中华民族文化的整体认同；但同时，学生少年时生活的少数民族地区也会具备区域特色的文化特性，学生同样具备对本民族或宗教影响下的文化认同，而当学生离开家乡，在内地高中班进行学习直至进入大学校园，又会因生活区域的改变，形成新的区域文化认同，这些文化都会在学生的学识、性格、价值观中留下印记，形成个体文化特征。

得益于民族地区义务教育的建设和改革，少数民族大学生对于“中华文化是民族文化的集大成”具备较高认同度，对中华民族精神的爱国主义核心同样具备较强的认同感。在少数民族学生调研中，95.65%的学生在“中国是统一的多民族、多文化国家”一论断中选择了“十分认同”，86.95%的学生在“我的命运和前程与国家和民族的发展紧密联结”一论断中选择了“十分认同”。但是，在对中华文化和中华民族精神的整体认同之下，文化认同的纵深仍然存在部分问题。43.48%的学生在“我能够准确描述中华民族传统文化的内核，并找到本民族与中华文化的结合点”中选择了“不太清楚”，65.22%的学生在“我能够清楚知道，自己可以通过做些什么来为国家和社会作出贡献”中选择了“不太清楚”。

上述结果表明，少数民族学生在大学前的阶段，已经获得了对中华民族文化认同的基础性、全局性了解，但对于其走向社会后所需的文化认同的深刻性、明确性了解仍然处于模糊的边缘状态。从“懵懂”到“明晰”的过度，正是少数民族学生文化认同概念动态的“交织点”，而解决这一点的关键力量，就在于高校思想政治教育，而其中容易忽视的关键点，正是学生在高校生活期间形成的文化认同新阶段——校园文化认同。

二、现阶段高校少数民族学生文化认同教育举措及突破口

现阶段，青年人处于观念塑造的特殊成长时期，互联网时代的信息爆炸更易导致高校学生思想动态处于较为剧烈的波动之中，少数民族大学生受到民族地域影响、宗教影响及民族文化影响，思想动态波动的可能性和剧烈程度尤甚。而校园文化正在这之中发挥凝聚力，基于此，高校应在少数民族工作方面提高重视程度，从学生教育管理的各方面开展工作。以南开大学为例，调研中，少数民族学生在“校园活动中的哪些活动对你塑造中华民族文化自信最有触动”一问中，按照重要性占比由高到低排序为“思政课程＞党团活动＞资助政策＞文体活动”。思政课程在校园活动中得分最高，首访学生表示，在思政课堂上，由水平高深、讲述活泼的教师所带来的课程内容，能够帮助自己快速了解国家发展的大政方针，能够通过对国家所取得的成就及对现阶段问题的正视，获得对国家未来的信心和力量。而党团活动、资助政策、文体活动等得分较首位相差较多，在校园文化认同提升方面具备较大的发展潜力。

值得注意的是，“党团活动”一项，在汉族学生的文化认同感增加方面表现突出，但在少数民族学生教育方面却不尽人意。受访学生中，共青团员人数占比 86.96%，略低于其所在学院本科生共青团员人数占比；而入党申请人数占比仅 13.04%，远低于所在学院本科生入党申请人数占比。究其原因，可能存在宗教习俗、家庭传统方面的影响，但根本上，仍然是少数民族学生对中国共产党的认同尚未上升到自觉的高度，这说明，党团教育在引导少数民族学生向党组织靠拢方面，还需进一步强化力量，应进一步挖掘思

想根源，加大对少数民族学生的关注和培养，并寻求可行方案。

三、文化认同视域下少数民族大学生思政教育新思路

要想让少数民族大学生做好从校园到社会的文化认同衔接，校园文化认同在其中发挥着关键的过渡作用；而校园文化认同的形成，其根本就在于学生要形成对校园的归属感和抱持感。归属感，意为使校园文化成为学生的“第二本能”，学生以身为校园的一员而自豪，从而自然能够遵守校园各方面的规则，并能够主动为建设校园贡献力量；而抱持感，则意味着两个层次，在被动层次上，学生能够信任和依靠学校，遇到困难愿意向学校寻求解决途径，在主动层次上，学生则能够以校园文化的精华为自身发展的目标和动力，向被凝练出的意向目标奋斗。为了达成这一效果，高校少数民族大学生思政教育需要重视以下两方面。

态度上，重视特殊性研究。现阶段，随着少数民族工作进程深入，部分思想政治工作者的理论层次仍停留在概论层面，对少数民族学生的特殊性了解仍然是点状的和泛泛的，缺少系统性的理论架构。比如，部分工作者对少数民族大学生的家庭情况了解，停留在家庭经济情况调查表的数据内容上，而对学生家乡所在地的贫困程度、边陲开发程度、教育质量和社会环境了解较少，则可能存在片面的理解。这一影响，轻则可能无法真正触及学生思想动态需求的根源，重则可能会忽视学生受到境外势力或者极端分子意识形态渗透的危机。因此，强化对少数民族学生群体特殊性的研究，应当居于整体工作的基础性地位。

方法上，重视特殊化手段。目前高校少数民族工作皆能够做到“一人一档”，对学生个体能够做到精准帮扶。但针对个体的教育措施，还需要真正“触及灵魂”，从学生的日常生活、学业就业等层面，深入到学生的情感之中，使其自身激发出成才报国的价值信念。前文中，笔者提到党团活动在少数民族学生教育管理中处于可突破的机遇窗口，而更紧迫的现实需求是，党团活动在少数民族学生群体中应该与其格外关注的时事热点相结合，形成针对少数民族学生群体的“实招”。比如说，少数民族学生由于成长过程中所接触到的党团教育水准较低于其他学生，导致他们对于党团活动的认识水平和参与程度不够。故而组织者可在党团活动中及时加入能够吸引该群体关注的元素，如近期中印冲突牺牲烈士的事迹学习教育，组织者就应具备较高的工作敏感度，将少数民族学生置于教育活动较为核心的位置，将党团教育与他们对家乡的情感和对边陲生活的真实体会植入场景中，使学生获得真情实感的触动。在工作实际中，笔者 2020 年全年对所带的 6 名少数民族男生重点进行与党团活动融合的军事、国防教育，取得初步成效，3 名学生于 2021 年春季应征入伍，在思想动态上实现了新的突破。

参考文献:

[1] 郑晓云.文化认同论[M].北京:中国社会科学出版社,1992.

[2] 国家民委研究室.新时代民族理论政策问答[M].北京:民族出版社.2019.

[3] 张军桥,张超凡.培育内地高校少数民族学生的健康心态——积极心理学视角下的思考[J].中国民族教育,2021(2):50-51.

[4] 尹学朋,王国宁.公民认同需求梯度化:铸牢少数民族学生中华民族共同体意识实现路径[J].广西民族研究,2020(6):24-30.

高校少数民族学生心理适应性教育路径探究

王晓娟　唐琳　季芳
南开大学

国家对少数民族教育事业高度重视，走进内地高校的少数民族大学生数量逐步增加。在以汉族学生为主的高校中，少数民族大学生因语言、文化、生活、风俗等的差异，体现出了一些特殊性。远离父母亲朋以及陌生的地域文化与校园环境，带给初入大学少数民族新生的，除了短暂的新鲜感，还有诸多需要积极适应的方面。他们在与其他大学生一起学习、生活的过程中，普遍存在心理适应期，无论是因环境改变而带来的文化与饮食上的不适、还是因为面对新环境新同学而产生的孤独感等心理上的不适抑或亟待建立的良好人际关系以及亟须适应大学的自主学习的形式等，所有这些均会在不同程度上给少数民族大学生带来影响，如果这些不适无法及时有效解决与调整，将会不利于其身心健康发展。

心理适应性是指当一个人所处的外部环境发生变化时，能够通过自我调节系统作出能动反应，从而使得自己的心理活动和行为方式能更加符合环境变化和自身发展的要求，使主体与环境达到新的平衡的过程。若个体能够快速适应新环境、能灵活应变去处理复杂危急的特殊情况，则说明该个体的心理适应性较高。心理适应状况差往往源自个体不能正确理性地看待外界客观事物以及正确对待自身所造成的各种心理不平衡。目前高校少数民族学生的心理适应状况还很不尽如人意，学生们对所在院校心理健康教育的认可度也相对较低，因此，少数民族大学生的心理适应问题已经成为高等院校加强大学生教育管理的重要课题之一。

针对高等院校少数民族学生的心理适应性问题，如果积极创新思路加强和改进教育水平，为其提供相应的心理适应性指导，则能促使其在高校中的课堂学习、日常生活、人际交往等多个方面快速地提高外部适应性，帮助他们顺利融入全新的大学生活。此外，良好的心理适应度也有助于促进此学生群体未来获得更好的发展。

一、探究高校少数民族学生心理适应性教育路径的意义

教育部思政司 2018 年 7 月印发的《高等学校学生心理健康教育指导纲要》中明确指出：“心理健康教育是提高大学生心理素质、促进其身心健康和谐发展的教育，是高校人才培养体系的重要组成部分，也是高校思想政治工作的重要内容，高校要加强心理

健康知识的普及和传播，充分挖掘学生心理潜能，培养积极心理品质，促进学生身心和谐发展。”

对于高校少数民族大学生来说，以健康向上的心态良好快速地适应高校学生生活，非常有助于应对因角色和环境的双重变化导致生理、心理和社会关系可能都会出现问题的情况；对于高校思想政治教育工作来说，少数民族大学生适应性教育是其中最基础的环节。从广度和深度两个方面对学生开展适应性教育，不仅能帮助少数民族大学生快速融入高校环境，甚至会影响其未来人生规划。心理适应性教育是少数民族大学新生融入大学校园的最基本的内在需求，是高校少数民族学生教育中必不可少的环节，也是促进其健康成长和综合发展的现实需要，不仅有助于提高其心理素质，也有助于增强其社会适应能力和抗逆力，同时也是化解当前少数民族大学生适应不良问题的根本举措，更关系到民族团结以及为少数民族地区培养高素质全能型人才的大局。

二、简析高校少数民族大学生心理适应不良的现状

从众多新生适应性相关的研究结论可以看出，总体上新生的适应水平较高。有研究显示：相比于大学中的汉族学生，少数民族学生更容易出现抑郁、焦虑症状。相比于外地生源学生，本地学生的心理适应能力更强；农村学生相对于城市和城镇学生来说适应性相对较低。因此对于来自外地的农村生源少数民族学生，我们要给予特别的关注。另有研究将高等院校少数民族学生的不良心理适应情况分为：因社会文化适应困难而产生焦虑感、因人际交往困扰及思乡情绪而产生孤立感、因角色转换和适应障碍而产生沮丧感以及抑郁等危机情况。

少数民族大学生中心理适应不良现象产生的原因包括但不限于学业问题、经济问题、就业问题、人际交往问题、环境与文化适应问题、亲子关系问题、情感挫折、人格特质等诸多因素，且会有一种或多种因素交织存在。因处在不同阶段不同时间节点所经历的重要事件等的影响，心理适应不良的表现也有一定的规律性和突发性。例如：初入学后的环境与文化适应问题、日常宿舍矛盾下的人际关系问题、毕业年级“就业”与“论文”的双重压力问题、家庭重大变故或者遭遇大额网络电信诈骗后突发性问题等。

首先，不同原因导致的不同类别的心理适应不良有着不同的表现，因此我们很难准确判断并精准找到一种全面的解决办法。其次，有些问题在潜伏期或问题初期不易被甄别，而且不同问题发展进程不一，最佳帮扶时机很难被发现或者被掌握，甚至根本就不能及时准确地发现问题所在。最后，有些问题需要较强的心理专业医学用专业的办法才能解决，需要深入了解民族文化与宗教文化才能处理，但目前学生骨干、学生本人以及高校思想政治教育工作者的心理基础知识均储备不足；心理咨询师、辅导员及就业干部

等对民族文化宗教文化的认识尚浅。

三、加强与改进高校少数民族学生心理适应性教育的路径

构成思想政治教育过程的基本要素有 4 个：教育者（主体）、受教育者（客体）、教育内容和方法（介体）、社会环境及其所提供的教育支撑条件（环体）。对于少数民族大学生心理适应性教育也可从 4 个方面入手，探究其教育路径。

（一）提升思政教育队伍的心理适应性教育的整体水平

提高思想认识，关注心理适应性教育的重要程度。教育部曾对一万余名大学生进行调研，结果发现学生对心理健康教育形式及内容的需求呈现多元化，但现有心理健康教育大多未能满足其需求；多项研究表明少数民族大学生心理适应性亟待提升，而辅导员作为少数民族大学生成长路上的知心朋友和引路人，需承担起心理适应性教育的重担。

学习知识技能，提升心理适应性教育的专业程度。《高等学校辅导员职业能力标准（暂行）》中指出，心理学基础知识是辅导员必备的职业基础知识，因此辅导员要了解心理学和心理健康教育相关理论与技巧。此外，对于少数民族学生的特殊性，辅导员还需主动了解民族文化、宗教习俗等，以更好地了解学生所思所想及所面临的问题困境。

及时发现问题，提高心理适应性教育的有效程度。高度重视心理测评工作，认真开展心理普查，引导学生积极重视此项工作。通过综合评估少数民族大学生的心理健康水平，发现有重大心理问题的学生，便于及时进行心理干预和治疗。初期摸底后。还需要结合学生的日常表现、行为方式、思维状态以及人际关系等多方面进行判断和动态观察。全面了解学生心态特征，有效地与学生进行交流沟通，促进学生成长。

此外，辅导员还要培养良好的工作习惯，时刻注重隐私保护。重要电子文档设置密码，重要纸质文档不随意放在办公桌上；当离开办公室时，要将微信、QQ 或者邮箱等实时退出……保证学生信息的安全，才能加强学生对辅导员的信任，某些敏感信息一旦不小心被其他同学看到，可能会对该学生尤其是心理脆弱、敏感的学生造成严重影响。

（二）加强少数民族大学生心理适应性自我培育与提升

以开放的心态尊重和了解当地文化。少数民族大学生受作息时间等生活习惯的影响，极易产生宿舍矛盾。因此，少数民族大学生进入高校后需要及时了解当地文化、面对宿舍中来自全国各地的同学要学会尊重不同地区人民的生活习俗。

以自信的心态展示和分享民族文化。来自五湖四海的大学生中大部分同学并不了解民族文化与风俗，很多同学以为新疆的维吾尔族都是游牧民、都住在毡房里，很多同学不了解少数民族同学的饮食禁忌等。因此，少数民族大学生要向身边的同学展示和分享民族文化，无论是精美的民族服饰、能歌善舞的才艺还是民族节日的习俗等，让身边的

同学了解自己的民族，才有利于和谐共处。

以积极的心态学习和共建校园文化。少数民族大学生尤其是高中曾经接受过封闭性管理的学生，面对大学宽松的管理与自主学习的模式，需要尽快积极调整学习与生活的节奏。面对语言障碍、数学英语等基础科目的底子薄弱等学习劣势，要勤奋努力、迎头赶上。面对丰富多元的校园活动，要打破固有的小圈子，丰富兴趣爱好，在与朋辈的交流互动中学习进步。

此外，要启发少数民族大学生正视心理咨询的定位和意义，即并不是有了“心理疾病”的人才去做心理咨询，没有人能永远时刻保持健康良好的心理状态，每个人都会遇到情绪低落、压抑挫折的时刻，就好比是“心灵的感冒”，如果遇到“心灵上的感冒”，那么通过专业的咨询，更有助于加快心态的恢复，同时还能促进自我认知以便于提升自我。

（三）创新少数民族大学生心理适应性教育的方式方法

利用多种途径全方位开展特色活动。邀请所在高校学生心理健康指导中心或心理学系专业教师进行新生入学心理适应性教育系列讲座，给少数民族新生的大学启航之旅铺好第一段心路；邀请校外的专家学者、心理咨询工作者、医院心理科或精神科的专业医师等嘉宾，针对“健康心灵”“压力应对”等主题开展心理班会、心理沙龙等形式的教育活动；开展“舞动心灵”主题的心理体验活动等团体辅导；开展“心”运会活动；开展“园艺助心”等生命教育活动；举办心理学电影展映或大学生校园心理剧等活动。

利用新媒体全过程引导，帮助加强沟通。在少数民族新生入学之前，就可以通过微信平台、QQ 群等实时与其互动，在进入陌生环境之初，便给予少数民族新生充足的情感支持；为了促进少数民族新生宿舍内部建设，同时适应紧张的工作节奏，辅导员可以定期以宿舍为单位与同学们“约饭”，既可以节约与整合谈话时间，又可以利用食堂轻松的环境营造更有利于交流的氛围，帮助构建和谐宿舍氛围。此外，对于个别来自偏远贫困地区、学业基础薄弱的少数民族学生要逐一用心关注，为其打造量身定制的个人成长方案，利用专业老师、优秀学长学姐等帮助提高少数民族大学生的心理适应水平。

此外，要将优秀的少数民族学生的榜样力量发挥出来，无论是优秀事迹线上线下展示、还是座谈交流等方式均可。例如，优秀的少数民族毕业生要走进新生当中，让其看到未来发展的多元性，有规划地度过大学生活；广泛引导少数民族学生了解“帕米尔雄鹰”拉齐尼・巴依卡的事迹，这不仅可以提高少数民族学生民族自豪感，更能引导其发扬爱国奉献的精神。

（四）营造少数民族大学生心理适应性教育的优良环境

（1）师资与软硬件条件的配备。高校的学生心理健康指导中心要配备专业的专兼职心理咨询团队以及有助于学生实现放松、宣泄等疏导压力的辅助设备，同时要开设相应的心理健康类课程及组织培训等。对于家庭经济困难的少数民族大学生给予相应的勤工俭学机会，通过国家及高校的助学政策，解除困难学生的后顾之忧。

（2）校院心理干预机制的建立。校院均需建立心理危机干预机制，加强对心护员、心理委员和宿舍导师的培训，随时了解学生的心理动态，引导他们关心少数民族学生，积极发掘学生存在的心理问题并及时给予帮助。了解危机情况后应及时向学校心理健康指导中心和医院精神科的专业人士求助。通过建立健全危机干预应急处置制度以及加强对危机情况识别和处置的培训，最大限度减少危机的出现和危机带来的伤害。

此外，可根据需要搭建家校沟通桥梁，形成教育合力。少数民族学生与家庭成员关系密切，家庭教育对其影响较大，学校家庭双管齐下开展工作，给予同学们最坚强的后盾，从而帮助同学们保持积极的心理适应性。

各高校积极建立心理危机干预机制，随时了解学生心理动态，提高心内科护士、心理委员会委员和宿舍辅导员的专业水平，引导他们关心少数民族学生，及时反映问题。了解危机情况，及时向学校心理健康指导中心和医院精神科专业人员求助。

参考文献

[1] 包根胜.文化的多元与少数民族大学生的心理适应[J].贵州民族研究,2016,37(5):211-214.

[2] 曹方,皓月.心理资本视角下大学新生适应性教育研究[D].北京:北京化工大学,2016.

[3] 邓群,赵常兴,曾晓丽.民族院校新生适应性教育的思考[J].中国成人教育,2014(13):81-83.

[4] 汲新波,王永红,赵春辉.大学生心理适应性和满意度与心理健康教育需求研究[J].中国健康教育,2019,35(1):92-95.

[5] 贾晓波.心理适应的本质与机制[J].天津师范大学学报(社会科学版),2001(1):19-23.

[6] 缪子梅,闫明.大学新生父母教养方式、应对效能和心理适应性的关系[J].中国健康心理学杂志,2013(8):1,246

[7] 吴宇. 西北地区大一新生适应性及形成机制研究[D].北京:中国石油大学,2018.

[8] 吴越,安伯欣.少数民族大学生心理适应状况及影响因素分析[J].教育现代化,2019,6(47):267-268.

[9] 叶尔扎提・吐尔逊哈孜,马曼・哈山.以心理健康教育促进高校少数民族学生文化

适应[J].中国民族教育,2021(2):52-54.

[10] 张富花,张俐花,张雯,等.内地少数民族大学生抑郁、焦虑调查及分析[J].中国健康心理学杂志,2016,24(8):1,254-1,257.

综合类高校少数民族学生“思专创”融合育人模式的探索

王修彦 谭彤彤
南开大学

随着“大众创业 万众创新”上升为党和国家的重大战略，深化高等学校创新创业教育改革已经成为实施创新驱动发展战略、促进经济社会高质量发展的迫切需求，对于深化高等教育综合改革、推动高质量创业就业具有重要意义。党中央高度重视并持续推动创新创业人才培养，国务院及相关部门对加强和深化创新创业教育提出了一系列明确要求。对于综合类高校少数民族学生而言，深化创新创业教育，根据形势和自身工作实际，只有与思想政治教育、专业教育相向而行、形成合力，才能更好地落实立德树人根本任务，培育德智体美劳全面发展的社会主义建设者和接班人。

一、以思想政治教育为引领，贯穿专业教育、创新创业教育全过程各方面

习近平总书记强调，要“把思想政治工作贯穿教育教学全过程”，提出要“实现全程育人、全方位育人”。思想政治教育需要真正与学生成长发展的具体环境、实际需求紧密结合，才能提升引领力和实效性。

观照综合类高校少数民族学生的群像，发现其既与同龄群体有共同特征，又有自身实际特点。对少数民族学生进行思想政治教育，要采用有效方式方法，着力筑牢中华民族共同体意识，强化爱国主义教育。一是就思想理论教育而言，要充分调研、深入分析学生民族特点，强化学习习近平总书记关于民族工作的重要论述，引领青年学生加强民族团结教育、爱国主义教育，增强学生对于马克思主义民族理论中国化创新成果的理解，强化坚持和完善民族区域自治制度的认识，增进新形势下的民族工作思想认同。要在日常思想政治教育中，通过党团班主题活动、专题讲座、组织专项课外活动，增强学生民族团结意识，强化学生理想信念建设。二是就思想政治教育引领专业教育而言，必须实事求是掌握少数民族学生在专业学习上的特点规律，把握少数民族地区生产生活历史与现实，从经济社会发展的全局高度，引导学生深刻认识高等教育的重要意义、专业学习的重要价值以及科技创新的重要地位，激发学生专业兴趣，促进学生专业理解，增强少数民族学生深化专业教育的思想共识和价值追求。三是就思想政治教育引领创新创业教育而言，要站在“统筹中华民族伟大复兴战略全局和世界百年未有之大变局”的战略高度，深入民族地区经济社会发展实际，引领学生深刻理解科技创新是提高社会生产力和

综合国力的战略支撑，深刻理解创新在国家发展全局中的核心位置，深刻理解创新创业的现实需求、教育意义和社会效应。开展创新创业教育，要把思想政治教育引领成果贯穿始终，确保创新创业教育，既要守正，又能创新。通过思想政治教育，为青年学生开展专业学习和创业活动，提供坚强的思想理论根基，树立正确的政治方向。还要引导学生在思想和实践中，围绕民族团结、脱贫攻坚、乡村振兴等民族领域重要议题，充分激发少数民族学生对中华民族共同体、中华民族多元一体格局的深刻理解，深入发掘中华优秀传统文化、民族文化的丰富内涵，在领会中华民族团结奋进的丰富实践的过程中寻找创新创业的课题项目。

二、以专业教育为切入点，有效支撑思想政治教育、创新创业教育

综合类高校少数民族学生具备的重要特点就是专业素养，专业教育培养的学科知识、学科思维、价值追求，对于创新创业教育、思想政治教育具有重要的知识基础和思辨价值。一是要发挥综合类高校专业学科较为齐全的优势，增强学生的专业素养和综合素质。针对学生专业学习情况，不断开展学业帮扶，为少数民族学生一对一配备专业导师，强化专业认知，切实增强学生的专业认同和专业水平，提升学生的创新意识、实践水平，提升学生追求科学、追求真理，明辨是非、价值判断的能力。二是要增强专业教育与思想政治教育的融合，提升思想政治教育的有效性。专业教育塑造科学理性思维，增强学科意识，对于学生理性理解思想问题，澄清思想疑惑，形成理性、持续的思想判断，具有重要价值。因此，要通过专业教育，培养学生的理性思考能力，通过课程思政等形式，强化专业教育与思想政治教育的深度融合。明确引导学生树立正确的国家观、历史观、民族观、文化观、宗教观，真正让中华民族共同体意识根植心灵深处。三是要以专业教育支撑高水平创新创业教育。大学生开展创新创业活动，与普通社会成员开展创新创业活动的重要区别，就是大学生的专业性。要充分发挥大学生专业素养，让专业教育成为创新创业教育的优势支撑，凝聚形成核心竞争力，形成具有一定门槛的创意计划。对于专业基础较为扎实的学生，要积极引导关注国家重大战略，瞄准“卡脖子”技术重点难点热点问题，瞄准民族地区发展痛点问题，勇闯“无人区”开展技术攻关，引导学生发挥专业优势投身地区发展。

三、以创新创业教育为载体，着力深化思想政治教育、专业教育实效

创新创业教育是一个具有很强思想性、实践性、综合性的活动，对于创新思想政治教育方式方法，拓展专业教育实践平台具有重要价值。一是要扎实提升学生创新创业基础知识、能力、素养。创新创业活动是具有一定专业性的实践工作，需要形成专业创新创业知识基础，锤炼创新创业能力结构。因此要面向少数民族学生实际特点，开展创新创业知识基础教育、创新思维通识教育、创新创业专项教育，掌握创意发掘、商业模式、

团队建设、资源整合等基本创业知识。与此同时，特别要增强实践教学，不断丰富创新创业实践资源，建设学生创新创业实践基地，聘请创新创业实践导师，完善创新创业项目库，为同学们开展创新创业活动，提供丰富的保障支撑。二是要发挥创新创业教育优势，为深化思想政治教育提供新思路新技术。创新创业教育为思想政治教育提供了在科技创新、创业实践领域感知中国道路、中国成就的独特维度。随着新一代技术革命不断深化，信息技术、生物技术、智能技术成果不断涌现，创新创业中的虚拟现实、大数据、人工智能等新技术、新模式、新业态，为青年思想政治教育提供了更多的技术支撑。创新创业活动是一个群体性活动，需要结构合理、分工明确、同向同行的创业团队。不同专业、不同经历的学生组成团队，开展实践，必须指导学生加强创业团队建设，促使不同少数民族学生之间加强交流、深入交往、深度交融，在切实生动的场景与实践中理解“汉族离不开少数民族、少数民族离不开汉族、各少数民族之间也相互离不开”的深刻内涵，不断增强对伟大祖国、中华民族、中华文化、中国共产党、中国特色社会主义的认同。三是以创新创业教育激发学生专业教育动力，提高专业教育成效。创新创业教育是具有高度自主性的活动，需要学生自主选择创意、自主开展实践，需要利用学生专业所学，开展创业活动。这种模式，有利于激发学生对专业教育学习意义的认识，体会专业应用价值，真正将“要我学”的被动模式转换为“我要学”的主动模式。在创新创业项目实施的过程，为学生专业知识提供了真切实在的应用场景，为学生投身经济社会发展提供了平台和机会。创新创业活动产生的经济效果和社会价值，有利于学生提升成就感。

实现中华民族伟大复兴，需要各民族人民共同努力奋斗。高校要在全面建设社会主义现代化国家新征程中切实贯彻落实立德树人根本任务，必须统筹开展思想政治教育、创新创业教育、专业教育，十分有必要开展融合育人模式的探索，相向而行、互促共进，培养学生创新精神、实践能力和社会责任感，着力培养担当民族复兴大任的时代新人。

参考文献

[1] 习近平在全国高校思想政治工作会议上强调 把思想政治工作贯穿教育教学全过程 开创我国高等教育事业发展新局面[N].人民日报,2016-12-09(01).

[2]于玉宏.习近平民族工作重要论述及其价值研究[J].新疆大学学报(哲学·人文社会科学版),2020,48(5):79-85.

[3] 中共中央文献研究室编著.习近平关于科技创新论述摘编[M].北京:中央文献出版社，2016.

百年党史教育在少数民族学生党员发展工作中的意义和路径探究

颜季凌
南开大学

一、少数民族学生党员发展工作现状

随着少数民族总体人口的不断增长及少数民族地区教育水平的提升，加之相关招生政策的支持，近年来高校少数民族学生数量总体呈现增长趋势。但高校少数民族学生党员发展的人数和质量，尚未表现出与该增长趋势相匹配的增势。

在高校中，年满 18 周岁申请入党的少数民族学生数量和比例仍较低，在提出入党申请后被发展成为中共预备党员、中共正式党员的少数民族学生数量较少，案例也较为缺乏。张璇、尚丹在《内地高校少数民族学生党员发展教育实践探索》(2020 年)的调查结果显示，“未提交过入党申请书”的少数民族学生占总体调查样本的 65.3%。

通过分析研究目前高校少数民族学生党员发展工作实际可以发现，不同民族文化存在的差异性、部分少数民族学生理想信念模糊、部分少数民族学生对中国共产党的认识和了解不够深入、高校现行的入党启蒙教育不到位等原因，在一定程度上导致了少数民族学生党员发展工作问题和难点的出现。

据已有的对少数民族学生申请入党意愿的相关调查显示，“对中国共产党不了解也不关注”的政治疏离态度、“个人的宗教信仰和风俗习惯不可分割”的错误认识、“申请成为中共党员有助于日后求职就业”的功利主义思想等，是当下高校少数民族学生党员发展工作的重要阻碍。

教育的根本任务是立德树人，开展理想信念教育是根。党的领导是中华民族决胜未来的关键，用百年党史开展思想引领是魂。只有切实解决了根和魂的问题，才能进一步逐项破解目前少数民族学生党员发展工作中存在的“申请人数较少”“人员质量较低”“所占比例较小”“入党后示范引领作用发挥不显著”等问题。

二、少数民族学生党员发展工作的重要性及难点

（一）做好少数民族学生党员发展工作，对少数民族学生个人成长成才具有重要意义

毋庸置疑，经过层层选拔得以进入高校继续求学的少数民族学生是所在地区同龄人

中的佼佼者。在自身发展已具备较优秀积累的基础上，若少数民族学生中的积极分子能继续以优秀共产党员的标准要求自己，在申请入党、接受党组织考验的过程中严于律己、克服惰性、迎接挑战，不断追求政治素养、道德品行、人格修养、专业学识等多方位的全面进步，无论最终是否加入中国共产党，其个体必将在砥砺自我追求进步的过程中发展成为德才兼备出类拔萃的新时代青年。

（二）做好少数民族学生党员发展工作，对维护民族团结意义重大

重视少数民族学生的党员发展工作，努力培养出政治立场坚定、理论修养深厚、综合能力突出的少数民族学生党员，是贯彻落实习近平总书记“铸牢中华民族命运共同体”指示精神的重要举措和有力保障。离家入校求学的每一名少数民族学生个体背后，或多或少有一个家族、一个部落、一个村庄、一个社区等在关注他们的成长和发展。他们是铸牢中华民族共同体的重要纽带和核心支柱。他们所受的教育和秉持的理念，将通过他们日常的一言一行传递给更多的少数民族同胞、影响更广泛的少数民族群体。因此，充分重视少数民族学生党员发展工作、切实将少数民族学生紧密团结在中国共产党的领导下，就是把握住了妥善处理新时期民族问题的关键，就是把握住了建设新时代民族事业的关键。

（三）做好少数民族学生党员发展工作，对少数民族地区经济社会长远发展具有重要意义

人才是发展的第一资源，在高校求学的少数民族学生是其家乡经济社会发展的强大后备力量。高校少数民族学生毕业后的去向选择多为回到家乡工作生活，这对当地经济水平发展和生活条件改善将产生深远的影响。目前，我国少数民族聚集区不少为经济社会发展相对薄弱。通过培养少数民族党员骨干力量，高校少数民族学生党员毕业后返乡学以致用，带领当地居民实现乡村振兴和经济社会全面发展，既有利于促进当地物质条件和精神生活的改善，巩固全面建成小康社会成果、全面建设社会主义现代化强国的题中之义、应有之举。

（四）做好少数民族学生党员发展工作，对优化党员队伍结构、为党组织输送少数民族优秀青年人才、推进基层党建工作全面进步具有重要意义

现今，党的队伍逐日壮大，同时也存在着部分结构不合理现象。做好少数民族学生党员发展工作，避免唯成绩、唯票数等“一刀切”的机械评价方式，对真正吸纳更多优秀青年加入党组织，保证党的肌体充满活力和生机具有重要意义。通过拓宽源头、改善结构、倾向引导等进一步提升党员发展质量，助推党的执政能力进一步提升。

虽然少数民族学生党员发展工作的重要性日益凸显，但在当前各大高校的实际工作中仍存在诸多难点。

难点之一在于缺乏针对少数民族学生开展的入党差异化教育。由于重视程度、人员队伍、能力精力等原因，当前各大高校的党员发展工作基本实行的是共性管理，少有针对少数民族学生入党差异化教育的理念及设计。精细管理、分层分类、靶向施教等理念在高校诸多工作中落实成果显著，但在少数民族学生党员发展方面仍存在较大空白。如何做好针对少数民族学生的入党启蒙教育，如何有效开展区别于汉族学生的定制化体系化入党启蒙教育，成为困扰高校党务工作者的现实问题。与此同时，目前高校所推行的入党启蒙教育的形式较为单一、内容较为陈旧，以课堂灌输和理论讲授为主的形式，在一定程度上影响了少数民族学生申请入党的积极性和主动性。

难点之二在于自身惰性、畏难情绪和自卑心理困扰。“我学习成绩不好，甚至还有挂科”“入党流程太多太难了，我肯定做不到”“我只有同民族的几个老乡朋友，几乎不认识汉族同学，群众基础太弱了”……以上切实存在的消极心理是少数民族学生党员发展工作的重要阻碍。高校党务工作者特别是辅导员在日常与学生的接触相处中，应更加注重挖掘该群体的优秀代表，以强大的责任心和使命感主动介入并进行重点培养。

难点之三在于在保证党员发展质量的同时难以实现数量的飞跃。高校党员发展工作就是要把入党动机纯正、入党信念坚定、对党的认识深刻的优秀青年学生吸纳到党组织中来，因此应做到严把党员发展质量关，坚决做到成熟一个发展一个。对于少数民族学生党员“发展数量较少、成果不显著、数据不显眼”等问题，要保持正确认识和积极心态。少数民族学生党员发展工作不是一蹴而就的，必将经历一个循序渐进、由量变到质变的发展过程，过程中不应消极应付或丢失工作热情，而应守正笃实、久久为功。

三、百年党史教育对少数民族学生党员发展工作具有重要推动作用

历史是一个国家、一个民族盛衰兴亡的记录，是先人各类知识经验的汇总。中华民族注重“前事不忘，后事之师”，历代共产党人十分重视对历史经验的总结，积淀了丰硕的成果，可用百年党史教育推动少数民族学生党员发展工作。

（一）百年党史蕴含的强大魅力，不断吸引着少数民族学生向中国共产党靠拢

这是长达一百年的不懈奋斗史，是党带领各族人民战胜艰难险阻走向伟大复兴的历史；这是长达一百年的理论探索史，是党带领各族人民探索正确道路并创新理论的历史；这是长达一百年的自身建设史，是在各族人民支持下，党不断进行自身建设，不断锻造强大领导力的历史。没有一部电影能比其更精彩，没有一支歌曲能比其更动听，没有一篇诗文能比其更有感召力。

（二）百年党史教育能使少数民族学生认识到成为中国共产党党员有助于更好实现人生价值

能力越强，责任越大，责任越大，能力更强。百年党史证明，共产党人在培养自身高尚的人格中得以把握人生价值，在增强自身的党性修养中彰显人生价值，在不断推进助力党的事业中实现人生价值，在关爱人民群众全心全意为人民服务的奋斗中升华人生价值。

(三) 百年党史教育能引导少数民族学生做社会主义事业的建设者和接班人，进一步激发其国家主人翁意识

通过百年党史教育，激励少数民族学生在学有所成后到祖国需要的地方书写青春、到基层边疆建功立业，增强他们的使命感和责任意识，引导他们成为我国少数民族地区各项事业蓬勃发展的“生力军”，以中国共产党党员的身份为民族复兴铺路架桥，为祖国建设添砖加瓦。

四、依托百年党史教育开展少数民族学生党员发展工作的有效路径分析

(一) 用百年长河的珍贵史实继往开来

1.新民主主义革命时期党史教育重点

一是要做好时代背景和探索历程的史实教育。近代以后，中国沦为半殖民地半封建社会。为了挽救民族危亡，无数先辈进行了上下求索，太平天国运动、洋务运动、戊戌变法、义和团运动、清末新政等都未能取得成功。辛亥革命推翻清政府的统治后止步于此，未能再进一步完成历史的任务。只有中国共产党的成立，才从根本上改变了中华民族的命运，为饱经风霜的中国开辟了新的未来。

二是要做好中国共产党英勇作为的史实教育。要重点向少数民族学生讲清楚中国共产党的创建过程，重点向其讲明在大革命和土地革命中共产党人不屈不挠的英勇表现，重点讲明为什么中国共产党是全民族抗日战争的中流砥柱，重点讲明中国共产党带领人民取得新民主主义革命全国性胜利的重大意义。

三是要做好少数民族优秀共产党员事迹介绍。自 1921 年创建至 1949 年中华人民共和国成立的 28 年时间里，无数优秀共产党人为中国人民的解放事业挺身而出，其中就包括许许多多少数民族同胞。党史教育中可以举作为少数民族代表参与中共一大的水族同志邓恩铭之例，重点介绍他作为中国共产党的创始人之一，是如何献身革命追求真理，是如何为早期中共党组织的建立和工人运动的开展作出突出贡献的。

2.社会主义革命和建设时期党史教育重点

用该时期取得的历史性成就激励人心。从 1949 年 10 月中华人民共和国成立到 1976 年“文革”结束，中国共产党领导人民进行社会主义改造和开始全面建设社会主义。主要成就包括全面确立社会主义的基本制度，全面建设社会主义并取得历史性进展，在“一

穷二白”的基础上建立独立的、较完整的工业体系和国民经济体系，人民群众的物质文化生活水平得到逐步提高，创造了有益于国内各项事业建设的和平外部环境。

用该时期取得的理论建设成果统一思想。中国共产党十分重视思想理论建设，根据执政经验积累和实践检验结果，不断推出马克思主义中国化最新理论成果。它们先后系统地解答了新民主主义革命和社会主义革命如何实现的问题，对建设什么样的社会主义、怎样建设社会主义加以阐明，以创造性的成果为马克思主义宝库增添了新的珍贵财富。这些思想理论建设，为中国共产党开展进一步的探索并系统形成中国特色社会主义理论体系奠定了坚实的基础。

用少数民族历史中蕴含的红色资源拉近距离。深入挖掘少数民族历史文化中蕴含的红色基因，在面向少数民族学生的党史教育中重点增加体现少数民族文化、历史等的元素，促进其对党的发展历程和执政理念的理解和认同。结合少数民族学生熟知的历史事件，如宁夏、新疆、西藏等和平解放的过程及历史意义，结合少数民族优秀共产党员人物事迹，如蒙古族乌兰夫同志、维吾尔族赛福鼎·艾则孜同志等为共产主义事业的奋斗人生，有针对性地开展党史教育，不断增强少数民族学生的民族自豪感和凝聚力，提升中华民族命运共同体意识，增强“五个认同”，引导少数民族学生积极向党组织靠拢。

3.改革开放和社会主义现代化建设新时期党史教育重点

理清脉络讲好提质增效的春天故事。这一阶段，党将工作重心转移到经济建设上，改革开放的春风为中国带来新的生机活力，这是具有深远意义的伟大转折点，社会主义现代化建设新时期就此开启。现今，“十三五”已圆满收官，“十四五”正全面擘画。全国各民族上下一心，加快构建新发展格局，深入实施高质量发展。

新旧对比体悟眼见为实的深切变化。在中国共产党领导下，在中国特色社会主义伟大旗帜指引下，党和国家各项事业取得了翻天覆地的变化。要引导少数民族学生通过列举身边的新旧变化体悟社会生产力、经济实力、科技实力的大幅提升，体悟人民生活水平、居民收入水平、社会保障水平的大幅提升，体悟综合国力、国际竞争力、国际影响力的大幅增强。

大胆假设求证党的无可替代。如果没有中国共产党多次从危机中挽救中国革命，如果没有党中央指明正确的政治方向，如果没有千千万万共产党人舍生忘死前仆后继的无私奉献，全国各族人民可能还要更长时间在黑暗中进行痛苦的摸索。历经百年风雨，中国共产党人以实际行动和不可辩驳的事实成果，证明了自己的先进性和不可替代性，赢得了各族人民的衷心拥护和爱戴。

（二）巧用当下发生的鲜活史实推陈出新

1.脱贫攻坚伟大胜利中的少数民族力量

“全面建成小康社会，一个少数民族也不能少”，总书记这一重要讲话既是要求也是承诺，彰显了中国共产党人的初心使命。少数民族地区脱贫攻坚战的全面胜利，离不开其中的少数民族力量。少数民族共产党员和群众用汗水浇灌收获，以实干笃定前行，在中华大地上写下了无数感人至深的脱贫攻坚故事，涌现出了蒙古族的白晶莹、藏族的张小娟、满族的张桂梅、壮族的黄文秀等诸多先进典型，他们是全中国的骄傲。要向少数民族学生讲好脱贫攻坚伟大胜利中的少数民族力量，营造学习氛围、树立先进榜样。

2.抗击新冠肺炎疫情战线上高高飘扬的党旗

我国战“疫”获得巨大成功，根本原因在于社会主义的制度优势，主观原因在于广大党员干部坚守初心和使命。坚守初心和使命是中国共产党带领人民群众战胜疫情的关键因素。要引导少数民族学生发掘奋斗在身边的党员队伍，讲述亲身经历的战“疫”故事、感悟在抗击新冠疫情战线上高高飘扬的党旗。要引导少数民族学生认识到抗疫斗争伟大实践再次证明，中国共产党所具有的无比坚强的领导力，是风雨来袭时中国各族人民最可靠的主心骨。

3.构建人类命运共同体的中国答案

中华人民共和国成立七十年来，中国共产党成立一百年来，中华民族经历了从“弱国无外交”的捉襟见肘到昂首挺胸屹立于世界民族之林的历史性转变。全球已有近200个国家和地区，充满危机与挑战的未来最终将走向何方？迈向人类命运共同体，这是正义智慧的中国共产党给出的“中国答案”。这一理念充分展现了中华民族面向未来的长远眼光、博大胸襟和历史担当，是大国实力和气度的体现，充分展示了讲信义、重情义、扬正义、守道义的大国形象。要用构建人类命运共同体的中国答案，引导少数民族学生体会到我们独善其身且兼济天下的实力和胆魄，激发其砥砺奋进的壮志豪情。

五、结语

中国共产党走过了一百年的风雨，这一百年是矢志践行初心使命的一百年，是筚路蓝缕奠基立业的一百年，是创造辉煌开辟未来的一百年。站在一代又一代共产党党员接续奋斗而取得的成绩和未来更壮丽的事业蓝图前，新时代的高校党务工作者在感到与有荣焉、幸甚至哉的同时，更应明确使命重大责任在肩，更应切实做到学史力行，为少数民族学生的全面成长成才事业办实事、开新局、做贡献。

参考文献

[1] 易广.内地高职少数民族学生党员发展实践研究——以G职业技术学院为例[J].长江丛刊,2020(36):156-157.

[2] 赵岩.党史教育推进党建工作的意义及路径[J].中国报业,2020(22):54-55.

[3] 朱裕生.浅谈党史教育在高校思政教育中的有效开展[J].江西电力职业技术学院学报,2020,33(8):74-75.

[4] 张璇,尚丹.内地高校少数民族学生党员发展教育实践探索[J].云南民族大学学报(哲学社会科学版),2020,37(4):14-21.

[5] 卢文芸.高校少数民族学生入党发展存在问题及优化路径研究[J].东华大学学报(社会科学版),2020,20(1):5-9.

[6] 陈端春,左雪琳.新时期提升高校学生党员发展质量的策略探究——兼论川东北红色文化资源的党史教育价值[J].新西部,2020(5):42-43.

[7]钟媛.党建工作中的党史教育及现实意义分析[J].作家天地,2019(16):88-89.

多角度做好高校少数民族学生思想政治工作

凯丽贝努尔·吐尔逊
天津商业大学

加强大学生的思想政治教育是高校教育教学承担的重要时代任务。少数民族大学生是大学生群体的一个特定组成部分，少数民族大学生的思想政治教育是整个高校思想政治教育工作的重要内容。在新的时代条件和教育环境中，不断加强对少数民族大学生思想政治教育工作的研究，提升少数民族大学生思想政治教育的水平，对于推进高校思想政治教育工作的科学性、时代性和有效性，具有重要的理论和现实意义。2016 年 12 月 7 日，全国高校思想政治工作会议在北京召开，中共中央总书记、国家主席、中央军委主席习近平出席会议并发表重要讲话。2019 年的 3 月 18 日习近平总书记在京主持召开学校思想政治理论课教师座谈会并发表重要讲话。对于思想政治教育工作，党和国家这么重视，至少应该有双重考量。一是很重要，二是有空间。

一、思政课程与课程思政育人

“思政课是落实立德树人根本任务的关键课程，发挥着不可替代的作用”。少数民族大学生思政课建设同样面临“培养什么人”“怎样培养人”和“为谁培养人”这一根本问题。要努力把思想政治教育贯穿于少数民族学生教育教学全过程，充分发挥思政课的主渠道作用，牢牢抓住“立德树人”这个核心点，通过思政课教学积极开展民族团结进步教育，向学生讲授中华民族悠久绵长的发展历史、兼收并蓄的灿烂文化、交错杂居的分布格局、守望相助的民族感情，使学生深刻地认识到中华民族共同体是关乎每个中国人的命运共同体，自觉维护国家统一和民族团结是各民族的最高利益，引导各族学生学会互相包容，互相尊重与互相关爱，促进各族学生交往交流交融，不断培养和铸牢新时代大学生中华民族共同体意识。

高校少数民族大学生思政课在铸牢少数民族大学生中华民族共同体意识方面发挥着不可替代的重要作用。高校应充分利用好思政课堂，将国家政治层面的重要举措融入课堂教学内容，丰富充实少数民族大学生思政课的教学内容；引导不同专业的学生以思政课为平台，对相关问题进行深入思考，培养大学生积极思考的能力和社会责任感；对于少数民族大学生的思政课，在完成普通高校思政课任务的同时，应该充分发挥“民族理论与民族政策”“形式与政策”等课程宣传党和国家民族政策的作用，充分利用其他思政课程对党和国家民族政策进行生动诠释和有效论证。

习近平总书记在全国民族团结进步表彰大会上讲道："中华民族一家亲、同心共筑中国梦，这是新时代我国民族团结进步事业的生动写照，也是新时代民族工作创新推进的鲜明特征。实现中华民族伟大复兴的中国梦，就要以铸牢中华民族共同体意识为主线，把民族团结进步事业作为基础性事业抓紧抓好。我们要全面贯彻党的民族理论和民族政策，坚持共同团结奋斗、共同繁荣发展，促进各民族像石榴籽一样紧紧拥抱在一起，推动中华民族走向包容性更强、凝聚力更大的命运共同体。"在第三次中央新疆工作座谈会上习近平总书记再次强调："要以铸牢中华民族共同体意识为主线，不断巩固各民族大团结。"

高校可以结合民族团结教育月活动，创新高校思政课的课程设计和授课模式。在每年的民族团结教育月期间，可以邀请专家为少数民族学生开展教育讲座，引导其加强民族团结，进一步筑牢抵御和防范极端宗教思想、"三股势力"向校园渗透、侵蚀的思想防线。定期开展教师党员与少数民族学生"结对子·助成长"活动，同时开展学生党员、积极分子与少数民族学生结对帮扶工作。以教师党员与少数民族学生"一对一"结对子为主，联合学生党员采取"二对一"等多种方式，通过定期交流沟通，谈心谈话，促进学风建设，开展针对少数民族学生相对较为薄弱的英语、高数等课程的分类指导，在思想、学业、生活等各个方面加强对少数民族学生的指导和帮扶，同时加强各族师生之间的交往交流交融。帮助少数民族大学生更好地融入天津，融入高校的校园生活。通过"冬季送温暖座谈会"等形式融入感恩教育，教育少数民族大学生要立德修身，感恩成长，热爱祖国，拥护党的领导。

二、实践育人

习近平总书记在全国高校思想政治工作会议上指出："我们要广泛开展文明校园创建，开展形式多样、健康向上、格调高雅的校园文化活动，广泛开展各类社会实践。"一所学校带给学生怎样的影响，取决于课堂书桌之外的空白处流淌着什么。

近年来，我校开展了各类丰富多彩的少数民族学生实践育人活动，通过组织学生前往周恩来邓颖超纪念馆等地参观学习，参观"人民至上——天津市抗击新冠肺炎疫情纪实展"，厚植爱国主义情怀，进一步坚定了少数民族学生的政治立场。除此之外，开展"三下乡"社会实践活动，为深入学习贯彻习近平新时代中国特色社会主义思想和党的十九大精神，引领教育学生在志愿服务中增强责任感和使命感，在社会实践中受教育、长才干、作贡献，"青春心向党·石榴籽同行"理论普及宣讲团走进新疆，在乌鲁木齐、和田、哈密，阿克苏等地的社区、农村、牧区、中华儿童慈善基金会新疆民政康复医院以及解放军居住区开展了一系列大学生志愿者暑期文化科技卫生“三下乡”社会实践活动。

实践团先后走进社区，开展宣讲报告，倡导“石榴籽一家亲”，就习近平新时代中国特色社会主义思想和党的十九大精神面向辖区居民进行了理论宣讲和政策宣传活动，带领辖区各族居民共同合唱《我和我的祖国》。深入群众，调查研究，做到精准宣讲，实践团在深入辖区居民进行走访调查时前往慰问辖区低保户，为他们送去大米、清油等慰问品，鼓励他们坚定信念，依靠自己的智慧和双手，在党和政府的坚强领导下脱贫致富，做民族团结和社会稳定的模范带头人。开展学习座谈和“大手拉小手·共建美丽中国”活动。走进农村、牧区，向当地农户在推动形成绿色发展方式和生活方式，统筹山水林田湖草系统治理，坚决打赢脱贫攻坚战等方面引用历史典故和现实案例，以小见大地将农村新变化以及乡村振兴战略等内容带给村民们，同时与农户热情交流，帮助农户们做了许多农活儿。此外，实践团还走进山泉中心村，和田墨玉库木艾日克村，阿克苏乌希买里斯村以及牧区进行宣讲走访，学习座谈，政策宣传和调查研究等“三下乡”社会实践活动。

走进中华儿童慈善基金会新疆“光彩明天”儿童弱视治疗中心开展了一系列的宣讲及献爱心活动。面向患童及家长，师生宣传了国家对于发展和保障民生的一系列相关政策。同时结合自身专业所长，在爱心课堂中教孩子们基础英语日语单词、对话，激发孩子们学习知识的积极主动性。为患童和家长捐赠图书、衣物以及若干玩具，帮助他们打扫病房。此外，实践团走进解放军居住区开展了“八一建军节、向军人敬礼”及慰问老军人主题宣讲实践活动，同庆八一建军节，共叙军民鱼水情。与军人和军属们一起学习了“明确党在新时代的强军目标是建设一支听党指挥、能打胜仗、作风优良的人民军队”的重要指导思想。

“青春心向党·石榴籽同行”“三下乡”社会实践活动对于实践团队所赴新疆地区有着重要意义，通过社会实践促进新疆地区精神文明建设，加强新疆地区民族团结，实践团是由汉族、回族、维吾尔族等多民族学生共同组成的返乡实践团，用实际行动践行了“各民族要像石榴籽那样紧紧抱在一起”，在实践过程中成员们受到了教育，增长了才干，学会了不仅要做习近平新时代中国特色社会主义思想的宣讲者，更要努力争做践行者。返乡实践是贯彻落实习近平总书记关于青年工作的重要思想，组织大学生投身打赢脱贫攻坚战和实施乡村振兴战略的生动实践，帮助大学生在实践中了解国情、成长成才，服务家乡建设发展，为常态化组织学生参与社会实践提供平台支撑和保障，有着中华民族一家亲，建设美丽家乡，共建美丽中国的美好意义。

三、文化育人

文化自信是一个国家、一个民族发展中更基本、更深沉、更持久的力量。中华优秀传统文化是思想政治教育工作的内在动力和思想源泉，中华传统文化一直具有鲜活的生命力，是中华民族的立身之根本，是当代中国文化自信的坚实基础。中华优秀传统文化灿烂辉煌、博大精深，它不仅在日常生活的方方面面影响着我们的思想意识和行为方式，而且深深影响着当代大学生的精神文化和理想信念。我校一直以来高度重视用中华民族优秀文化传统教育引导少数民族学生。清明节是中华民族古老的节日，更是缅怀革命先烈、传承红色文化基因的纪念日。为进一步加强少数民族学生的理想信念教育，引导他们缅怀革命先烈功绩、弘扬烈士精神，厚植学生的爱国主义情怀,加强“五个认同”意识，践行社会主义核心价值观，进一步强化其使命担当，传承红色基因，汲取奋进力量。在清明节前夕，我校人民武装部组织各族学生开展了“继承先烈遗志，争做时代新人”主题升旗仪式。此外，我校还经常举行一系列中华优秀传统文化高校巡讲活动等，重视日常思想政治教育过程中的点滴渗透。

一方有难，八方支援，团结一致，共渡难关，是中华民族的传统美德，更是社会主义制度优越性的生动写照。在疫情中，高校要努力开展好疫情下的思政教育，做好文化育人。让同学们明白在疫情防控中所展现的中国力量、中国速度并不是凭空而来的，靠的是党和国家的坚强领导、党员干部的一往无前、人民的积极配合和各行各业人士的默默付出，这其中无不彰显着中国特色社会主义制度的优越性。病毒是无情的，但是我们更是一个团结友爱的大家庭。一方有难八方支援，我们要紧密团结在以习近平同志为核心的党中央周围，万众一心，众志成城，共克时艰，守望相助，将自己的人生规划和社会、国家需要结合起来，坚定理想信念，勇立潮头敢担当。

在疫情防控期间，学校在打好学生生命健康“防疫战”、心理健康“保卫战”、信息安全“攻坚战”的同时，教育引导学生学会奉献，承担社会责任，带领各族学生共克时艰，发挥青春力量，克服各种困难，用志愿服务助抗“疫”，用爱心捐赠助抗“疫”，用个人才艺助抗“疫”，无论身处何方，各民族的同学们更是团结一心，争当疫情防控专业知识的传播者和践行者。在保质保量完成各项学业任务的前提下，做“义务兵”服务群众，向家乡社区主动请缨，承担青年志愿服务工作。有的负责社区门口站岗，监测来往居民的体温；有的负责挨家挨户为居民分发消毒防护工具，宣传防控疫情的方法以及配送蔬菜等。各族同学用实际行动为疫情防控工作贡献自己的绵薄之力。始终牢记习近平总书记的勉励，将小我融入大我，在实际行动中诠释着中华民族一家亲，像石榴籽一样紧紧抱在一起，用自己力所能及的方式助力抗“疫”，共同为中国加油!

少数民族大学生的思想政治教育是整个高校思想政治教育工作的重要内容。作为少数民族专职辅导员，我们要明确自己的职责：“辅”即做好党委工作的助手，老师教学的助手，学生学习的助手；“导”即做好思政工作的主攻手，学生管理的主导者，学生成长路上的主心骨；“员”即做好伟大工程的“施工员”，伟大事业的“质检员”，伟大斗争的“战斗员”，伟大梦想的“服务员”。在战“疫”中讲“思政”，谋定而动、顺势而为，从现实生活中汲取“营养”，在关注时事中增添“新味”，深挖防疫“思政元素”，厚植爱国主义情怀，培植育人“精神疫苗”。根据高校少数民族大学生的特点“因材施教”,不断改进少数民族大学生思想政治教育工作方式方法,努力从课程思政育人、实践育人，文化育人等多角度加强少数民族大学生思想政治教育，培养一批又一批担当民族复兴大任的时代新人，培养德智体美劳全面发展的社会主义建设者和接班人!

参考文献

[1]习近平.在全国民族团结进步表彰大会上的讲话[N].人民日报，2019-9-28.

[2] 习近平在全国高校思想政治工作会议上强调 把思想政治工作贯穿教育教学全过程 开创我国高等教育事业发展新局面[N].人民日报,2016-12-09(01).

[3]曹晓云,秦立富.“微时代”背景下高校少数民族大学生思想政治教育问题及对策研究[J].智库时代,2019（20）:1-3.

[4] 王姗姗,司律.新媒体背景下少数民族大学生思想政治教育途径探析[J].广西科技师范学院学报,2019,34（2）:149-151.

[5] 姚文琴.新媒体视域下少数民族大学生思想政治教育路径探讨[J].西南林业大学学报（社会科学）,2017,1（5）:77-79.

[6] 黄雨新.论少数民族大学生思想政治教育的有效途径[J].实践与探索,2006.(9).

[7] 肖学斌,朱莉.新媒体对大学生思想政治教育的影响及应对[J].思想教育研究,2009（7）:54-56.

[8] 甘开鹏.新时期少数民族大学生的思想政治教育[J].云南财经大学学报,2007(6).

[9] 张菁燕.新媒体环境下高校思想政治教育实效性的调查研究[J].教育理论与实践,2011（11）:42-43.

[10] 高琪.少数民族大学生思想政治教育工作的研究及对策[J].社科纵横,2011(5).

[11] 陈虹.论重大疫情应对中高校心理育人的社会心态疏导价值 [J] .思想教育研究，2020（3）：73-77.

[12] 寇光涛，岳敏，武镒.新形势下高校“立德树人”和“三全育人”的发展路径研究[J].教育探索，2018(8).

[13] 蔺媛，侯颖怡.新时代少数民族大学生思想政治教育空间的转向研究[J].贵州民

族研究，2018(11).

高校少数民族大学生就业困境与提升路径探析

高策
天津商业大学

突如其来的新冠疫情，进一步加大了高校整体的就业压力，就业形势也变得更加严峻。在2020年的政府工作报告中，“就业”一词共出现了39次。这充分彰显了党和国家对于就业工作的重视程度。相较于内地普通大学生，少数民族大学生面临的就业困境则更为突出。我国是多民族国家，在新形势下做好少数民族大学生就业工作，既是对党中央、国务院“稳就业”“保就业”决策部署的贯彻落实，又是对民族团结与国家稳定发展的重大贡献。

一、高校少数民族大学生就业难的原因分析

（一）学业成绩不理想

少数民族大学生多来自我国经济发展水平较为滞后的地区，因此其整体的教育资源及教育体制等与内地相比存在着一定的差距。进入大学阶段的学习后，需要一定的时间来适应内地高校的学习节奏和学习强度。因此，在学习与掌握专业知识技能方面相对较为薄弱，导致其在就业市场中缺乏竞争力。

（二）就业观念保守，求职信心不足

受风俗习惯及家庭教育与成长环境的影响，少数民族大学生的就业观念较为保守，很少参与创新、创业活动。大多数同学将职业目标锁定在公职类岗位上，在“秋招”“春招”中会错过很多优秀的民营企业岗位。在求职过程中，少数民族同学往往表现得不够自信，没有充分地展现出自身的优势及特点，导致与心仪的岗位失之交臂。

（三）缺乏有针对性的就业指导

随着高校的扩招，在校的少数民族大学生数量不断上升，已经成为各高校的一个重要学生群体。就目前情况来看，高校的就业指导工作仍以面向全体学生为主来开展，很大程度上是一种较为大众化的就业指导教育，缺乏有针对性、有个性的面向少数民族学生的就业调研与指导教育。就业指导工作还需进一步分层、分级、分类进行。

二、高校少数民族大学生就业提升路径探析

（一）多措并举，提升少数民族大学生学业成绩与综合竞争力

受限于当地教育水平，少数民族大学生自身学习基础较为薄弱，在进入大学阶段学习后，往往不能很好融入课堂教学节奏。而且他们一般都比较内向，有时还存在着一定的语言障碍，所以也鲜少在碰到学习问题后主动与老师进行交流。而任课教师出于对整体教学进度与教学目标的把控，也很少能在课堂中为少数民族学生进行有针对性的教学设计。这就要求要在课堂之外，对少数民族学生多进行关爱与帮扶。

第一，建立内地优秀学生与少数民族学生的互助体系，充分发挥学生自我管理、自我教育、自我服务的功能。学生之间共同话题及共同语言更多，且年龄阅历相当，因此朋辈之间的引导教育效果更佳。内地优秀学生可以充分发扬自身优势，主动加强与少数民族同学的互动及交流，为少数民族同学树立榜样，鼓励他们努力学习。在激发学习兴趣、提高学习效率、端正学习态度、完善学习方法等方面提供帮助，使少数民族同学逐步建立起适合自己的学习体系，解决学习过程中遇到的困难。内地优秀同学还要鼓励和带动少数民族同学多参加校园活动与集体实践活动，帮助少数民族同学克服性格内向、自信心不足等缺点，消除人际交往恐惧，树立起团队合作意识与竞争意识，挖掘自身优势与兴趣爱好，塑造健全人格，补齐短板，全面提高自身综合竞争力。在这个过程中，内地学生也可以与少数民族学生建立友谊，营造起校园中互帮互助的蔚然之风。

第二，优化高校教育管理工作，对少数民族学生进行全员、全方位、全过程的教育与帮扶。从教育管理的定义来看，教育管理是指管理者合理有效地配置教育资源，包括对人力、物力、财力、时间、空间进行分配，使其相互协调，并实现教育管理目标的过程。目前内地高校对少数民族学生的教育管理主要依靠辅导员和少数民族辅导员，这是远远不够的。对于学生来说，每一名优秀的教师都是一座巨大的宝藏。各任课老师与班主任等也应充分发挥自身优势，与少数民族同学建立起“一帮一”“结对帮扶”等体系，并按照“一人一档”“一人一策”的精准模式，在学习与生活上关爱与帮助少数民族同学。亲其师，才能信其道，老师们首先要与少数民族学生建立起良好的师生关系，亦师亦友，言传身教。通过与少数民族大学生的朝夕相处，老师们可以在深入了解其思想状态、性格特点、兴趣爱好、家庭背景、专业学习等情况的基础上，更有针对性地对少数民族同学进行教育和引导，帮助他们树立信心、学习知识、融入集体。在大学四年的时间里，通过潜移默化、润物无声的教育，使少数民族同学的性格及品质受到积极影响，对其今后的就业求职及整个人生都会有帮助。

第三，家校联动，切实发挥好家庭的教育引导作用，形成强大的教育合力。父母是最为了解自己子女的人，家庭教育对学生的影响很大。得到家长的支持，也是发挥好高校对少数民族学生教育管理的关键因素。高校要和少数民族学生家长建立定期的沟通联络机制，了解学生家庭状况并及时向家长反馈学生动态，及时发现与解决问题。

（二）着力做好少数民族学生的精准化就业指导帮扶

就业指导也可称之为“求职择业指导”“职业指导”或“职业辅导”，它有狭义和广义之分。狭义的就业指导是给被指导者传递就业信息，帮助其求职与择业，为其与职业的结合牵线搭桥。广义的就业指导是以被指导者的自身特点、资源与社会职业的需要相协调为前提，帮助和指导其树立正确的就业意识，并为其选择职业、准备就业以及在职业中求发展、求进步等提供知识、经验和技能。大学生的就业指导就是广义上的就业指导，是帮助大学生根据自身特点和社会需要，选择好适合自己的一份职业。

相较于内地大学生，少数民族大学生的就业指导需要更加精准化、科学化，是一项更加复杂的长期性工作。第一，要及早进行，从大一到大四阶段贯穿始终，并针对不同年级同学开展相应的系统性、针对性强的职业生涯规划与就业指导教育。高校首先要将少数民族学生的思想政治教育和就业指导相结合，帮助他们正确认识社会、认识自己，树立正确的就业观，作出正确的职业选择。要让少数民族同学充分意识到，他们可以成为建设祖国和家乡的骨干力量，树立起自信心和自豪感。第二，面向少数民族学生的就业指导要全面细致。从就业观指导入手，进而全面展开就业形势、就业政策、就业心理、求职技巧、职场礼仪、职业发展、社会适应性等方面的指导，做到全方位、立体化。鼓励少数民族大学生将自己的职业目标、价值观、择业要求与客观环境结合起来进行思考、评价，规划职业生涯，努力开创属于自己的事业，才能有大作为。第三，加强创新创业方面的教育引导。要帮助少数民族学生转变思想认识，打破固有思维，消除对创新创业保守、畏惧的想法。可以适当引导少数民族同学结合自身优势以及家乡资源开展可行性的创新创业活动，以创业带动就业。

（三）优化校企合作，深入挖掘就业资源，为少数民族大学生拓展就业空间

高校既要利用好现有的合作企业资源与优秀校友企业资源，又要不断深入挖掘新的就业资源，开拓就业市场。首先，高校要同企业建立与保持良好的校企合作关系，进而全方位、多角度、多层次地优化校企合作。高校要积极搭建平台，多与企业进行沟通协调，确保高校能准确及时地将少数民族大学生的求职诉求反馈给企业，企业也能有效结合自身用人需求，深入挖掘出适合少数民族大学生的就业岗位，定向为少数民族同学提供匹配度较高的实习与就业机会。高校要努力搭建好企业与少数民族大学生之间的“桥梁”，发挥好纽带作用，建立长期、高效、畅通的校企反馈机制，为企业输送优秀人才，着力为少数民族大学生拓展就业空间。

（四）加强政府保障，助力少数民族大学生就业

政府的相关政策保障与宏观指导对少数民族大学生实现优质就业发挥着至关重要的作用。各地各级政府要提高政治站位，统一思想，充分认识到解决好少数民族大学生就业问题的重要性，创新思维，真抓实干，积极探索提升少数民族大学生就业率的相关措施。要制定行之有效的工作规划与政策，积极倡导企业为少数民族大学生提供更多的就业机会，保障其获得平等的就业准入门槛。对某些企业在就业方面存在的歧视少数民族学生的不公平行为，要加强对其进行监管、引导与教育，并对积极对少数民族学生提供实习实践机会与就业岗位的企业进行奖励，形成良好社会风气。各级政府可以与企业、高校联动，为少数民族大学生召开专场招聘会，整合就业资源，拓宽就业渠道，切实保障少数民族大学生获得更多且更适合自身发展的就业机会。对积极投身创新创业的少数民族大学生可以提供政策上的支持与财政补贴，鼓励、支持、引导少数民族大学生自主创业。

三、结语

高校少数民族大学生是我国优秀的少数民族人才，做好少数民族大学生的就业工作意义重大。这既是贯彻落实我国民族工作的基本要求，也是实现中华民族伟大复兴中国梦的重要内容，事关民生与民族的和谐稳定发展。国家、社会、高校、企业要紧密配合，齐心协力，以高度的责任感与使命感，科学化、系统化地做好少数民族大学生的就业工作，提高就业率，力求实现少数民族大学生的高质量就业。

参考文献

[1] 李冀.教育管理辞典（第二版）[M]. 海口：海南出版社，1997.
[2] 肖辉,周海，吴计生.大学生就业指导[M].北京：中国水利水电出版社，2018.
[3] 张普权.大学生职业生涯规划与就业指导[M].上海：上海交通大学出版社，2015.

浅析高校开展民族团结教育月活动的路径分析

贾磊
天津商业大学

1983 年 4 月 28 日，根据 1982 年新疆维吾尔自治区首次民族团结表彰大会的决议，自治区党委发出《关于在全区开展 1983 年“民族团结教育月”活动的通知》，把 1983 年 5 月确定为民族团结教育月，要求在全区范围内集中进行一次马克思主义民族观和党的民族政策的再教育。在此背景下，全国各地陆续开展了民族团结教育月活动，在活动中加深了各民族的交流、交往、交融，促进了民族文化的繁荣和发展。

一、高校开展民族团结教育月活动的重要意义

民族团结是各民族之间的团结和各民族内部的团结，是指不同民族为了共同利益和目标在自愿平等的基础上的联合，是马克思主义处理民族问题的根本原则之一，也是中国共产党处理民族关系问题的一项准则，是各民族共同繁荣的前提和祖国统一的基础。高校在新时代高质量发展中发挥着支撑引领作用，同时也为社会培养和输送人才。面对来自全国各地的大学生，面对生活习惯、习俗不尽相同的大学生，在高校内开展民族团结教育月活动是促进各族同学互相了解的重要途径。

开展民族团结进步宣传月活动是集中学习习近平新时代中国特色社会主义思想和党的十九大精神的重要举措；是集中宣传贯彻党和国家民族政策和法律法规，促进民族团结，推动民族团结进步工作的重要载体；是集中展示高校民族团结进步事业发展成果的重要平台。围绕民族团结进步宣传月活动主题，贯彻落实习近平总书记关于新时代民族工作的新理念、新思想、新战略，加强党的民族政策、法律法规宣传教育，加强民族团结进步宣传教育，加强培育和践行社会主义核心价值观宣传教育。

二、高校开展民族团结教育活动中存在的问题

据对 5 所高校的调查与 500 份抽样问卷分析，86.9%的大学生表示对自己生活在中华民族大家庭有自豪感，98.2%的大学生表示知道民族团结是我国处理民族问题的基本原则。但是，对民族团结的内容、开展形式非常熟悉的只有 63.4%，专门学习过民族团结相关课程的只占 29.7%。如何以马克思主义民族观为指导、深入开展民族团结教育，是当前高校思想政治教育工作必须思考的问题。

（一）高校开展民族团结教育内容枯燥，形式单一

在开展民族团结教育工作过程中，思想政治理论课程是重要的载体，通过课堂教学工作开展，能够使学生对民族团结的基本内容进行了解。但是在实际教学过程中，教师对思想政治课程内化和外化程度把握不足，民族团结思想并未得到有效的渗透。在开展思想政治课程教学过程中，由于理论课程内容比较枯燥，教师教学方法方式单一，使民族团结教育工作效果不佳，导致一部分学生对民族团结的理论内涵缺乏有效把握，影响到了大学生对民族团结问题的认知，从而导致民族团结教育未能够得到有效渗透，影响到了民族团结教育的发展。

（二）民族团结教育缺乏对新的社会经济发展形势进行把握

在新的社会经济发展形势下，互联网快速发展，其在各行各业得到了渗透和普及。在这样的背景环境下，学生交流方式和思维方式发生了很大的变化。针对这一情况，民族团结教育工作开展，也必须对新的社会经济发展形势进行把握，从而对教育模式进行有效改变，以提升教育效果。

三、开展民族团结教育月活动的路径分析

2019 年，中共中央、国务院印发了《新时代爱国主义教育实施纲要》，纲要中指出，要充分发挥课堂教学的主渠道作用，办好高校思想政治理论课。同时要深化民族团结进步教育，铸牢中华民族共同体意识，加强各民族交往交流交融，引导各族群众牢固树立“三个离不开”思想，不断增强“五个认同”，使各民族同呼吸、共命运、心连心的光荣传统代代相传。

（一）发挥课堂教学的主渠道作用

课堂教育是实现教育目标的主要方式。首先应开展马克思主义民族理论与政策课程的教育，从教师、教材、课时、考核等方面给予充分的保证。在深入挖掘思政理论课及一切哲学社会类课程的民族团结教育资源的同时，使学生在学习科学文化知识过程中，自觉提升民族团结意识，提高政治觉悟。同时抓好第二课堂，这对于强化民族团结进步教育具有重要意义。依托教育相关部门举办的中华优秀传统文化系列活动，充分挖掘各民族优秀传统文化的教育因素，将民族团结进步教育与民族优秀传统文化的天然联系讲深讲透，坚持正确价值取向，取其精华，去其糟粕，增强大学生的民族自尊心、自信心和自豪感。其次利用中华优秀传统文化相关知识竞赛、参观爱国主义教育基地等活动，将民族团结进步教育渗透到大学生学习生活的各个方面。加强实践养成。教育引导实践、以实践深化教育，升华师生的民族感情和团结意识。选树先进典型，加入身边榜样优秀学生成长分享团，向全校进行推广。积极发现和树立民族团结典型，用身边事感动身边

人，做到深入浅出、情理交融，发挥典型人物的辐射带动作用。

（二）抓好教师与学生的日常教育

一是抓好对教师的教育。要特别注重对专家教授、青年教师和民族教师在民族政策理论方面作相关培训。专家学者拥有自身高尚的道德品质和精湛的专业技术，在青年学生中具有很大的感召力。青年教师与学生年龄接近，与学生接触较多，对学生的思想行为影响更直接，他们的思想政治素质和道德情操对学生的健康成长具有重要的示范引导作用。民族教师由于在语言、文化、心理方面的天然优势，在少数民族学生中具有很大的影响力。因此，抓好教师的民族团结进步教育，对创建民族团结进步校园具有重要的牵引作用，能够起到事半功倍的效果。以往的工作中，加强民族团结进步教育，主要强调对学生的教育，而忽略了对教师的教育，这是需要改进的重要方面。二是抓好所有学生的教育。从年级来说，高校目前更注重对大一新生的教育，高年级相对淡化。实际上，高校民族团结教育应该是普遍教育，只有对所有学生进行民族团结进步教育，才能做到各民族相互尊重、相互认同、相互依存，才能实现各民族共同团结奋斗，各民族共同繁荣发展。

（三）注重全过程全方位教育

大学生根据其年龄、年级不同，有其特殊的共性思想行为特点。根据这一规律，高校民族团结进步教育工作应通盘考虑、阶段连贯、环节紧扣、不留空当，认真探索和实践分学期、模块化、渐进式、全过程育人新路径，应将民族团结进步教育分为民族团结与祖国统一教育、国情教育、法纪教育、道德教育、人生规划教育、传统文化教育等模块，每个模块由 2～3 个专题讲座、1～2 次实地参观、2～3 部相关影视资料片组成，并辅之以竞赛、演出等特殊内容。以一二年级学生为重点，分学期、模块化、渐进式推进，三四年级以模块和宏观教育相结合形式进行集中推进。同时要创新活动方式和载体，切实把宣传教育活动与落实党的民族政策、推动民族团结进步事业、促进经济社会发展结合起来，充分发挥少数民族代表人士积极作用，激发各族师生积极参与民族团结进步宣传教育活动。找准切入点，解决一些少数民族师生最关心、最直接、最现实的困难和问题，扎扎实实为少数民族师生排忧解难，使广大少数民族师生深切感受到党和国家的温暖，进一步增强党和政府的向心力。

参考文献

[1] 王继明，王国新.新时期高校民族团结教育的认知及创新——以西藏农牧学院学生社团学习贺信精神系列活动为例[J].管理观察.2019(27).

[2] 于生妍.点亮理想的灯 照亮前行的路[J].青海党的生活.2017(3).

“三全育人”模式下高校少数民族学生思想教育“双阵地”模式创新

时梦璠
天津城建大学

党的十九大以来，聚焦实现全员全过程全方位育人，教育部启动“三全育人”综合改革试点，大力推动理论创新和实践探索，“三全育人”呈现出生机勃勃的崭新局面。高校要将立德树人作为立身之本，着力构建“三全育人”工作体系，不断提升人才培养的针对性和实效性，切实肩负起培养德智体美劳全面发展的社会主义建设者和接班人的神圣使命。习近平总书记在讲话中强调，“培养什么人，是教育的首要问题”。民族地区更要在坚定学生理想信念、厚植爱国主义情怀、加强品德修养、增长知识见识、培养奋斗精神、增强综合素质上下功夫，将立德树人融入教育全过程，引导民族地区师生积极培育和践行社会主义核心价值观，牢固树立维护民族团结和国家统一的思想意识。那么，在少数民族学生进入内地学习，同应届大学生一起就业的前景下，应加强高校少数民族学生思想引领教育工作。

本文从学生性格、学业情况、思想变化、团学工作及教师专业化等多个方面进行分析，全方位、多层次地探究展开少数民族学生思想政治教育工作的新模式。依据目前“三全育人”工作上的开展情况，吸收借鉴其他高校成功的工作经验，探索“双阵地”模式，即以基层党支部为抓手的思想建设阵地（其中包括：思想理论阵地、专业型阵地、实践型阵地）、以团学组织为抓手的爱国主义教育阵地（其中包括：研学阵地、网络阵地），不断巩固少数民族学生思想引导、政治教育学习成果，对推动少数民族学生工作建设、构建多民族学生一体化教育、多方位全面发展贡献力量。

一、高校少数民族思想教育工作难点

（一）由地域性差异产生的学习基础较薄弱

高校少数民族学生中小学期间在家乡民族学校就读，自小进行双语教学。语言文化差异、地域生活差异使学生难以适应内地高校的学习和生活环境。因此，在少数民族学生进入大学前，均进入预科班级进行为期一年的衔接性教育。在此期间，通过统一班级管理、学习高数、英语、语文等公共课程，便于少数民族学生适应内地学习环境、夯实学习基础、了解学习目的，更好地适应高校教学环境。

（二）生活习惯与文化差异较大

来自全国各地的少数民族学生均有自身的民族文化与生活习惯。少数民族学生自小受本地民族文化的熏陶，生活习惯与汉族同学大相径庭。民族文化的不同导致学生的人生观与价值观有所不同。另外，少数民族学生在家乡就读中小学期间较少接受实践教育，思想政治教育深度不够、效果不足，因此在思想认同上有所不同，无法较快适应内地生活节奏。此外，还有部分少数民族学生无法意识到自身存在的思想差异、缺乏思想政治教育熏陶，更缺乏适应差异与文化融合的主动性。

（三）容易形成人际交往困难，甚至产生心理问题

由于自身与内地高校学生生活环境的差异，少数民族学生容易产生文化与生活适应问题，很容易产生孤独感与社交敏感，导致少数民族与汉族学生在生活学习和人际交往中缺乏沟通和换位思考，较容易出现矛盾与摩擦，不利于少数民族学生的心理健康。学生人际交往与心理障碍如果得不到针对性解决，久而久之，学生就会出现抑郁情绪，甚至轻生等危险行为。因此，高校少数民族学生思想政治教育模式的构建，不仅要深入少数民族生活学习中，更要利用现有思想教育资源进行融合，针对学生不同的发展需求开展有针对性的教育活动，筑牢少数民族学生的思想防线，促使其形成正确的价值观。

二、创建以党支部为抓手的少数民族学生思想建设阵地

基层党支部是高校党的组织体系中最基层的一级组织，是联系师生党员执行党的路线方针政策、完成党的任务、实现党的宏伟目标的纽带与桥梁，是保持党员先进性、推进高校人才培养工作顺利进行的动力源泉，发挥重要基石作用。建立以学生党支部为抓手的思想建设阵地，是推动思想政治教育向少数民族学生延伸的有效举措，也是加强高校基层党组织建设的现实需要，同时为少数民族等教育事业科学发展提供强大的政治保障和组织保障。

（一）提高政治站位，加强政治理论学习，夯实思想理论教育阵地

各基层党支部以专业为单位带领少数民族学生进行政治理论集中学习，推动广大学生党员全面系统学、深入思考学、联系实际学，促使少数民族学生不断增强“四个意识”、坚定“四个自信”、做到“两个维护”，帮助少数民族学生筑牢信仰之基、补足精神之钙、把稳思想之舵，强化思想建设，明确共产党人的初心和使命，进一步强化政治自觉、思想自觉、行动自觉。

（二）以专业为依托，加强少数民族学生与党支部的有机融合，开展专业阵地建设

充分发挥学生党员思想建设上的引领作用，开展党员促学风活动，实施“学生党员—教师党员—少数民族学生”一对一帮扶学业困难少数民族学生计划，通过对学业困难学生开展心理疏导、学业引导、教育疏导，端正少数民族学生学习态度，帮助其树立正确的学习观、择业观，从而强化整体学风；开展党员教师担任少数民族学生专业学习对接计划，党员教师全覆盖，落实少数民族学生学业困难帮扶工作，每周进行学业指导、每月进行一次谈心谈话，了解少数民族学生思想动态，通过教师党员的言传身教，强化学生的理想信念。

（三）挖掘专业特色，激发创新型支部活力，提升少数民族学生校企衔接能力，创建实践型阵地

结合专业特色，以优势学科资源为核心推力，在夯实少数民族学生理论基础的同时，理论与实践相结合，完善创新激励机制，不断提升少数民族学生的创新精神和创新意识。通过开展移动课堂，发挥学生党员的专业优势，鼓励党支部带领少数民族学生走进企业，建立理论实践一体化学习的新平台，拓宽少数民族学生视野，丰富党支部组织生活。使少数民族学生在学生党员的带领下，通过社会实践活动等形式，让少数民族学生在实践探索中深化服务意识，增强服务能力。

三、以团学组织为抓手的爱国主义教育阵地

大学生业余党校、基层团委是高校党组织在大学生中培养后备力量的重要阵地，更是广大学生学习党的知识、了解党的历史、接受党性锤炼的重要场所，还是青年学生学习理论、增强修养、提高觉悟、参加实践的重要平台。

（一）以团建带动少数民族研学阵地建设

持之以恒地深入开展“少数民族学生大学习”行动，推动习近平新时代中国特色社会主义思想在少数民族学生群体中落地生根，开展一月一次的主题研学深化理想信念教育、爱国主义教育、民族精神教育、中华优秀传统文化教育，筑牢少数民族青年学生共同的思想基础。

（二）多元化开展宣传教育，占领网络阵地制高点

坚持向上向善，深度推动爱国基因在网络生长、在少数民族学生心中扎根落地。实施网络思想引领工程，抓住重要时间节点充分利用新媒体引领少数民族大学生通过写评论、发推送、晒照片等形式抒发爱国情、理解中国梦，让爱国主义正能量占领校园主流舆论场。

四、结语

综上所述，从目前少数民族学生思想政治教育存在的困难点出发，创新高校少数民族学生思想政治教育模式，应以学生为本，开展以基层党支部为抓手的思想阵地建设，强化思想理论阵地、专业型阵地、实践型阵地建设；以团学组织为抓手的爱国主义教育阵地，将研学阵地与网络阵地融合，开展具有针对性和创新性的少数民族学生思想政治教育工作。

参考文献

[1] 徐曙峰.精准思政视阈下高校少数民族学生思想政治教育问题及对策研究[J].湖北开放职业学院学报,2019,32(8):75-76.

[2] 武敬杰.以互联网为载体思想政治教育课程创新路径研究[J].科技资讯，2018(11).

[3] 纪晨.新形势下高校少数民族学生思想政治教育模式创新研究[J].产业与科技论坛,2020(1).

高校少数民族预科生思政课教学的新思考

尹航
天津城建大学

中华民族是由56个民族共同组成的，其中，汉族人口最多，其余55个民族因其人口所占比例较小，习惯上一般统称少数民族。由于历史文化、地域环境、经济发展水平等各方面因素的影响，少数民族青年的受教育程度与沿海等经济发达地区相比仍然不高，尤其是在一些少数民族聚居的地区。《国家中长期教育改革和发展规划纲要（2010—2020）》中明确提出要加强少数民族预科生的教育，同时特别强调了要进一步办好高校民族预科班。思政课是高校思想政治教育的主渠道、主阵地。少数民族学生进入大学后，如何充分发挥思政课立德树人的关键作用，如何及时有效引导少数民族学生增强中国特色社会主义道路自信、理论自信、制度自信、文化自信，厚植爱国主义情怀，是摆在少数民族预科生思政课教学中的关键问题。

一、高校少数民族预科生思政课现状与分析

少数民族预科生的思政课有其特殊性，包括语言、地域、文化、教育经历都会对课堂的思政课效果产生影响。目前少数民族预科生的思政课主要呈现课程定位和设置单一、教材建设缺失、专业师资队伍匮乏、教学方法实效性不强、教学研究不足等几大方面的问题。

第一，缺乏课程定位。在全国高校中并不是所有高校都设有少数民族预科班，而各高校因为政策、教学资源等特点，少数民族预科生的教育培养方案也不尽相同。这就造成了在课程的设置上会千差万别。例如一些高校少数民族预科班的思政课主要以“形势与政策”课为主，虽然课程设置的初衷是增强少数民族学生对世情、国情的认识，但并没有对课程内容加以严格的设定。没有明确课程定位就造成了授课教师很难把控课堂教学，也很难达到最终的教学效果。同时，随着少数民族地区的经济逐渐发展，一些少数民族学生都有内高班的学习经历，在语言、生活习惯、思想认知上都有了较好的基础，仅仅介绍世情、国情的教学未免过于局限。

第二，教材建设缺失。教材的编写是一个十分复杂的工作，要考虑的问题很多。目前，针对高校少数民族预科生的思政课教材并不多见。统编教材《大学预科生入学教育》与《民族理论与民族政策》等经过几年的使用存在着一些问题，很难体现从高中到大学

这一过渡阶段预科生学生的思想特点。而且此类教材从某种角度讲并不是一个思政课的专门教材，思政课教师对教材的把握会缺少针对性。同时，部分高校的预科班学生并不多，有的高校只有 1 个预科班，为此编写一部专门的思政课教材确实也存在不少困难。

第三，专业师资队伍匮乏。从事高校少数民族预科生思政课教学的教师应具有丰富的民族政策和理论知识，坚实的政治理论基础，更要有敏锐的观察力和洞察力。民族问题无小事，在思政课堂上思政教师要把党和国家的基本民族政策以及相关法律法规讲清楚、讲明白，要了解班上各少数民族的民族历史、民族文化甚至要掌握简单的民族语言，要及时掌握少数民族学生的课堂知识反馈，甚至要掌握他们的思想状况，解决他们在实际生活中遇到的思想困惑，并及时地运用正确的理论、政策进行疏导。因为各地高校的实际情况，不会单独设置预科班的思政教师，主要由马克思主义学院教师兼任，而大多数的教师在没有进行专业的培训和学习的情况下是很难达到要求的。

第四，教学方法实效性不强。目前，高校少数民族预科生的思政课教学方法还略显单一，启发式教学、互动式教学、体验式教学、情景式教学等教学方法没有得到广泛的利用。教师在台上讲，学生在台下听的模式仍是主流。很多少数民族有其自身的民族特点，有的能歌，有的善舞，一些传统的思政课教学方式不能让他们产生学习的乐趣，会影响学生的学习积极性，而最终会影响整个思政教学的实效性。

第五，教学研究不足。高校少数民族预科生思政课教学研究成果在高校思政课教育教学研究中所占比例并不高。这主要源于少数民族预科班教育有空间和时间的限制。在少数民族相对集中的西部地区或是一些民族类高校中，相关方面的研究就会相对丰富。但在多数高校中少数民族预科生学生因为人数较少，研究样本的获取存在困难。同时，少数民族预科教育也正在随着国家民族政策的完善体现着新的变化和特点，但相应的研究还没有及时跟上。此外，专门用于少数民族预科班思政课师资力量的匮乏，也必然影响少数民族预科班思政课教育教学研究水平的提高。

二、高校少数预科班思政课教育的重点

少数民族预科生的思政课教育的重点必然不能脱离高校思政课教育的总目标。笔者认为，新时代高校少数民族预科班的思政课也必然有其自身的特点，高校少数民族预科生的思政课应主要包含世情国情教育、民族团结教育和爱国主义教育三个方面。

首先，我们必须清醒地认识到当今世界正处在百年未有之大变局，这是挑战更是机遇，我们比历史上任何时期都更接近中华民族伟大复兴的目标。56 个民族必须共同努力，同向而行才能在变局中发现机遇，掌握主动。青年是国家的未来，“青年兴则国兴，青年强则国强。”各族青年都要对世情、国情有一个准确的认知才能肩负起未来民族复兴

的重任。所以加强少数民族青年学生对世情、国情教育的了解，有助于少数民族学生筑牢对中国制度、中国理论、中国道路、中国文化优势和先进性的自信，切实增强“四个意识”，做到“两个维护”。

其次，要无时无刻地强化民族团结教育。习近平总书记在党的十九大报告中首次提出“铸牢中华民族共同体意识”。少数民族预科班的思政课必须从思想政治理论课的角度去引导学生，坚持马克思主义理论的指导，以社会主义核心价值观为内核，在思政课堂上积极融入民族精神和时代精神。增强中华民族同根同源的文化认同，“各民族要相互了解、相互尊重、相互包容、相互欣赏、相互学习、相互帮助，像石榴籽那样紧紧抱在一起。”

最后，少数民族预科班的思政课教学要始终坚持弘扬以爱国主义为核心的民族精神。增强少数民族学生对中国共产党的认同，树立正确的国家观、历史观。正确看待不同民族之间的文化差异，正确处理不同文化之间的关系。思政课教师要创造性地运用马克思主义的祖国观、民族观、宗教观、文化观教育引导学生弘扬爱国主义精神，培养深厚的爱国情感和强烈的民族自豪感、民族自信心，坚定正确的理想信念，以实际行动践行社会主义核心价值观。

三、提升高校少数民族预科生思政课教学效果的具体对策

提升高校少数民族预科生思政课教学效果就必须紧密结合新时代民族高等教育的发展形势，针对少数民族预科生的特点，采取有效的对策。

首先，各高校要履行好民族教育的政治职责。要建立健全一套行之有效的保障机制，不能抱有“将就”“对付”“拉着走”的心态。少数民族预科班学生从高中进入预科班这一年正是心智不断健全的关键时间点，要结合预科班学生的特点，从教学方针、教学方法、教学管理等多个方面着手，尤其要重视对预科班思政课的设置与管理，要与少数民族学生的思政教育紧密结合，尝试建立一套课上思政课教育与课下思想政治教育相结合的思政教育保障体系，努力办好人民满意的民族预科教育。

其次，培养一批能够胜任少数民族预科生教育的思政教师队伍。合格的预科生思政教师要有良好的师德师风，教师的思想境界、人生追求、理想信念必然会影响学生的世界观、人生观和价值观。同时，合格的预科生思政教师要承担起民族团结工作的重任。习近平总书记指出：“做好民族工作，最关键的是搞好民族团结，最管用的是争取人心。”这就要求思政课教师要熟悉国家的民族政策，要及时了解最新的与少数民族相关的新闻、时事，要把思政课讲到学生的心里，解答他们的困惑，这样才能真正发挥思想政治理论课的主渠道作用。

第三，要遵循跨民族、跨文化教育的基本教育规律。各高校要坚持社会主义办学方向，认真贯彻党的教育方针和民族政策，少数民族预科班的思政课要充分考虑到各少数民族地区的社会发展、文化习俗、教育水平等诸多特点，把高校的思政教育资源前移，在师资、教材、课程等方面给予相应的支持。同时，要加强各高校之间的联系和沟通，互相补充和促进所在地区的少数民族预科生教育，努力提升高校少数民族预科学生的综合素质和培养质量，为正式步入大学课堂打下坚实的基础。

综上，少数民族预科教育是国家为加快培养少数民族人才而采取的一种特殊办学形式，是党的民族政策的重要体现，是我国高等教育的重要组成部分。高校少数民族预科生的思政课教育就是要主动引导广大少数民族青年把人生理想融入国家和民族的事业中，积极投身到中华民族伟大复兴的中国梦当中去。

参考文献

[1] 张严超.关于提高少数民族预科生思政课教学实效性的思考[J].课程教育研究,2014(27).

[2] 张严超.简论少数民族预科生思政课教学内容的建构[J].教育教学论坛,2014(45).

[3] 张鹏飞.大数据视域下少数民族学生思政课教学存在的问题及对策[J].产业与科技论坛,2020,19(15).

[4] 李银华.少数民族预科隐性思想政治教育研究[J].理论观察,2020(6):70-72.

[5] 李晶,师英杰.思政课铸牢少数民族大学生中华民族共同体意识的路径[J].山西高等学校社会科学学报,2020,32(12).

[6] 刘志超.新时代少数民族预科生的思想政治教育工作探究[J].吉林省教育学院学报,2020,36(5).

红色文化融入少数民族大学生思想政治教育的实践探讨

付马
天津城建大学

习近平总书记于2020年9月在湖南考察时，对红色文化传承作出重要指示：要用好红色资源，讲好红色故事，搞好红色教育，让红色基因代代相传。传承红色基因，用好红色文化资源是当代大学生的必修课，是增强青年学生中国特色社会主义文化自信和道路自信的重要方式。近年来，随着党和国家对少数民族地区高等教育的政策支持和帮扶力度不断加大，越来越多的少数民族学生进入到普通高校学习，对这支队伍的思想政治教育是否成功、有效，不仅关系到少数民族学生的健康成长，更关系到民族地区的团结进步和祖国的繁荣稳定。因此，依托红色文化资源加强少数民族大学生的思想政治教育，做好少数民族学生意识形态工作具有重要意义。

一、新时期红色文化教育对于少数民族学生思想政治教育工作的价值

（一）红色文化有利于促进少数民族学生深化党史国史学习教育

“欲知大道，必先为史。”红色文化是随着党史国史的发展应运而生的。2021年2月，习近平总书记在出席党史学习教育动员大会上强调：要学史明理、学史增信、学史崇德、学史力行，学党史、悟思想、办实事、开新局，以昂扬姿态奋力开启全面建设社会主义现代化国家新征程，以优异成绩迎接建党一百周年。少数民族学生因为地缘因素以及民族文化因素，在党史国史的学习方面相对来讲并不深入。那么少数民族学生通过学习红色文化，可以进一步了解党和国家“以人民为中心”的价值导向，了解党领导中国人民从站起来、富起来到强起来的奋斗历程。

（二）红色文化有利于丰富少数民族大学生思想政治教育的内容与载体

红色文化教育从本质上来讲，与大学生思想政治教育是一脉相承的。红色文化是培育新时代大学生理想信念教育的重要内容，积极开展红色文化教育是大学生思想政治教育的重要资源和有效抓手。另一方面，红色文化作为一种中国特色的先进文化，是开展思政教育的重要资源，通过开展红色主题教育、革命遗址展实践参观等，可以突破思政教育的传统形式，增强吸引力和感染力。通过开展红色文化教育，能够使少数民族大学

生进一步深入了解党史、国史，在实践中提升思政教育的效果。

（三）红色文化有助于增强少数民族大学生的爱国热情和理想信念

自中国共产党成立以来，中国共产党人带领人民群众孕育和发展了井冈山精神、延安精神等优秀先进文化，这些精神都深刻反映了中华民族的精神追求和时代内涵，其中所蕴含的爱国之情、为人民服务的精神、勇往直前的精神，是引领大学生全面健康成长的重要力量和财富。在少数民族学生中开展红色文化教育，不仅能够促使他们在日常生活中严于律己、勇担责任，养成良好的行为习惯，更能帮助他们坚定政治信仰，补足精神之“钙”，永葆爱国赤诚，担起民族发展和祖国富强的时代责任。

二、当前少数民族学生红色文化教育的现状与思考

当前，高校在开展少数民族大学生红色文化思想政治教育方面，总体而言是比较有力有效的。但是受多元文化涌现以及红色文化传播模式等因素制约，当前在少数民族学生红色文化教育方面也呈现出诸多矛盾和困惑，主要表现在以下方面。

（一）少数民族大学生的成长语境与红色文化认同度的矛盾

少数民族地区大学生成长于少数民族文化语境中，自然而然受本民族传统文化影响较深。因此，在将红色文化引入思想政治教育实践的过程中，难以使少数民族大学生在思想层面上对所传授的教育内容产生高度认同。此外，这种情况也在一定程度上增加了高校辅导员、思想政治理论课教师与少数民族大学生进行深层次思想交流的困难，从而影响到思想政治教育策略的有效实施。

（二）多元文化的涌现与主流价值观的矛盾

在全球化和“互联网+”的时代背景下，西方文化及其价值观逐渐影响着新时期的大学生。时代和科技的发展在促进少数民族学生了解世界、增长见识、开拓视野的同时，也造成了社会价值取向多元化。首先，少数民族学生价值选择呈现多元化。部分学生产生了盲目追求潮流，脱离实际，以自我为中心等思想倾向，注重个人发展，忽视集体利益。其次，经济进步使部分学生重物质享受轻精神修养。部分学生认为艰苦奋斗的时期已经过去，红色文化已经过时，现在更应该追求享受惬意的生活。所以在部分学生身上呈现出一定的价值观选择的偏差。

（三）教育环境的发展与红色文化教育方式的矛盾

伴随着科技及新媒体的发展，当下高校的教育环境也在不断变化和发展，红色文化要想在少数民族学生心中产生持久而深刻的影响，也需要借助新媒体的强大功能，当下高校在开展红色文化教育时，还存在红色文化内涵挖掘不深、传播渠道和表现形式单一等问题。一方面红色文化在传播过程中，应该伴随时代和技术的发展，不断深化红色文

化内涵，赋予新的时代意义。另一方面，高校思政教师在思政课和第二课堂过程中，传播红色文化的渠道和载体较为单一，依然以课堂讲授为主，开展红色文化活动时多为参观浏览，体验性和参与性不足，以至于思政教育效果不佳。

三、积极推动红色文化融入少数民族大学生思想政治教育的实践探讨

红色文化集中体现了中国共产党和中国人民以爱国主义为核心的伟大民族精神，是我们必须要持之以恒去学习和传承的精神财富。在新时期，我们更应该充分挖掘红色文化的时代内涵，结合少数民族学生的实际情况，充分发挥红色文化的育人功能，做好少数民族大学生的思想政治教育工作。

（一）红色文化进课堂，充分挖掘红色文化新时代内涵

传承红色文化，课堂依然是传播的主渠道。新时期，我们需要注重从第一课堂和第二课堂两个层面加强红色文化进课堂效果。在第一课堂这个层面，首先我们要充分利用“中国近现代史纲要”等公共必修课程，将红色文化及其所蕴含的精神与新时代中国特色社会主义思想等内容体系融会贯通，实现红色文化育人价值。其次，结合少数民族学生的专业课和选修课教学特点，专门设计红色文化专题教育，让学生在专业实践中接受红色文化熏陶。在第二课堂这个层面，要根据少数民族学生的特点，以重大节日为契机，将民族元素与红色文化、时代主题以及思想政治教育教学相结合，鼓励少数民族学生融入红色文化主题教育，打造富有特色的校园文化，促使少数民族学生在日常生活、学习和实践活动中受教育。

（二）红色文化进网络，适应新时期红色文化传播新形态

发挥红色文化育人功能，要不断适应新媒体时代背景下学生的需求和特点，重点优化网络校园文化建设。一方面，高校思政课教师要综合运用线上和线下教学模式，双向互动；通过新媒体平台，拓展与少数民族大学生交流的深度与广度。另一方面，高校要牢牢掌握网络文化建设的主导权，依托新媒体新技术挖掘和传播少数民族优秀传统文化的丰富内涵。例如，鼓励少数民族大学生在网上组建具有民族特色的艺术类、文化类社团。积极构建不同民族大学生的交流、座谈机制，广泛进行学习交流，提升少数民族大学生的校园文化参与度。此外，通过官微、官博等新媒介，倡导互动式、参与式、体验式等教育传承方式，及时了解学生的所思所想，回应学生的诉求与意见，增强与新媒体平台的黏性。

（三）红色文化进头脑，让每个人讲好红色故事

充分发挥红色文化的育人功能，最根本的是要推动红色文化精神进入学生头脑，转化为自觉的行动。在开展红色文化教育的过程中，要注重发挥少数民族大学生的主体作

用以及优秀事迹的典型示范作用。在用好第一课堂、第二课堂主渠道阵地的基础上，充分发挥少数民族同学朋辈榜样的典型示范作用。依托红色文化展、“三下乡”社会实践活动、党日团日活动等，培养一批素质较高的红色文化先锋，发挥他们在普通少数民族学生中的引领示范作用，充分发挥少数民族同学自我教育和自我管理的能力，让他们主动讲好红色故事，让每一位同学都能参与到红色文化的潮流之中，充分发挥好红色文化的思想渗透力和教育影响力。

参考文献

[1]黄艳.少数民族大学生思想政治教育路径创新研究——思想政治教育创新研究系列论文之一[J].广西师范学院学报(哲学社会科学版),2016,37(2):86-93.

[2] 李曦,井国兰.新媒体嵌入少数民族大学生思想政治教育的路径分析[J].六盘水师范学院学报,2019(5):100.

[3] 苏谏,艾静.新时代民族院校红色文化育人的价值意蕴与实现路径探究[J].滇西科技师范学院学报,2019(3):100.

[4] 安顺凤.红色资源教育对高校少数民族大学生思想政治教育的实践探索[J].高教学刊,2021(4):179.

[5] 卞成日.新媒体视阈下少数民族大学生思想政治教育面临的困境与对策[J].滇西科技师范学院学报,2020(3):53.

基于“工作室”模式的高校少数民族学生思政教育研究

王利飞
天津城建大学

一、高校少数民族学生思政教育的重大意义

高校是培养中国特色社会主义事业接班人的重要阵地，坚定不移地以习近平新时代中国特色社会主义思想武装头脑，牢固树立“中华民族共同体”意识，对于维护民族团结稳定、巩固国家长治久安、助力新时代少数民族大学生成长成才、实现中华民族伟大复兴的“中国梦”具有重大意义。

少数民族大学生群体虽受到本民族地域文化、风俗习惯、宗教等因素影响，具有相对独立的意识形态，但高校少数民族学生思政教育，必须坚持牢固树立少数民族大学生“五个认同”意识，自觉抵制外界不良社会思潮，健康成长为中华民族伟大复兴中国梦的信仰者、拥护者，爱国主义的传播者、践行者。

首先，高校必须坚持党和国家的教育方针，坚持社会主义办学方向，应当加强和改进思想政治工作，牢牢把握意识形态工作领导权，扎根中国大地办好中国特色社会主义教育。在高校思想政治教育“第一线”的工作者，有责任、有义务正确引导少数民族大学生学会用正确的立场观点方法分析问题、解决问题，善于把握历史和时代的发展方向，善于把握社会生活的主流和支流、现象和本质。

其次，新时代少数民族大学生有着朝气蓬勃的一面，但其自身知识体系尚未完备、价值观体系尚不稳定，本民族的思维定式，致使其在价值取向、价值认同和价值选择方面面临诸多考验。

当前，随着世界经济全球化、我国市场经济飞速发展，社会上充斥的价值观念良莠不齐，在不同程度上给高校思想政治教育，特别是给高校少数民族学生的思想带来很大冲击。

二、以“问题”为导向，构筑“工作室”思政育人模式架构

为进一步学习贯彻习近平总书记关于高校思政教育工作、少数民族工作的重要指示精神，加强新时代少数民族大学生爱国主义教育，进一步提升少数民族学生人才培养质

量，以问题为导向解决少数民族学生成长“刚需”，天津城建大学经济与管理学院依托少数民族学生优势，将教育元素集成、整合，打造开放共享平台，因生施策，因时施策，开设“石榴花开”少数民族工作室，创新“工作室 1+N”的少数民族学生育人新模式。

“石榴花开”少数民族工作室，成员包含新疆内派教师团队、校少数民族专职辅导员、“菁婧”学帮团、少数民族学生骨干，围绕“1 个不能少，1 个不能掉队”的教育服务理念，创新“工作室 1+N”的少数民族学生育人新模式，突出对少数民族学生“1 对 1”的指导和帮助，“1”即营造少数民族学生在学校的一个“家”，“N”寓意 N 个少数民族学生，为他们解决成长成才路上的所有问题，只跑 1 次腿，N 个问题都能解决，全体少数民族学生像石榴籽一样紧紧抱在一起，促进各民族学生交往交流交融。工作室下设“石榴花开同心社”“石榴花开学堂”“石榴花开悦读会”“花开四季文艺团”四个部门，分别对应工作室“思政引领、学业帮扶、生活服务、教育管理”四项育人功能，充分整合校内校外资源，形成少数民族人才培养“三全”育人合力，让“有困难找工作室，有问题找工作室”成为少数民族学生的最佳选项。

三、以“刚需”为导向，探索“工作室”思政育人模式实施路径

高校少数民族学生思政教育的实施应以“刚需”为导向，他们才能茁壮成长，而高校少数民族学生思政教育的过程也需要探索、创新实现、实施路径，焕发新的时代性与感召力，为高校少数民族学生思政教育工作提供丰富的案例资源。

（一）强化思政引领力度，精准施策作为

工作室组建少数民族学生思想动态链条、档案数据库，构建多维管理体系，精准掌握少数民族学生思想状况；建立少数民族学生“一生一册”成长档案（分类指导教育档案），实施“石榴籽”少数民族学生教育成长计划（分为“石榴花、石榴红、石榴甜”三个阶段），制定少数民族学生快乐活动时间轴，充分发挥少数民族学生党员、学生干部带头作用，树立少数民族先进典型，通过集中学习、讲座、报告、实践活动等形式加强学生思想引领。以思想政治引领为依托，以定期“面对面”集中座谈、不定期“一对一”谈心谈话为契机的“一体两翼”式育人新格局，不断深化民族团结进步教育，加强各民族交往交流交融；充分整合校内外媒体资源，着力打造民族团结教育多维度、全方位宣传阵地，唱响民族团结教育时代强音。

（二）提高学业帮扶温度，助力成长成才

工作室贴近学生需求，注重导向，实施“纵横网格”式少数民族学生学业帮扶成长机制：深化有针对性的“纵向学业帮扶”：选拔成绩优秀学生，组建“石榴花开学堂”——少数民族学生学业提高班；工作室与学院研究生党支部对接，构建本硕、党群“一

帮一·结对子”的帮扶机制；举办答疑指导班，由优秀教师和学生进行考前答疑解惑。搭建“学业预警、年级专业分类、班级学风建设”三类平台，以“分组分阶段，分类分科目”方式开展有目标性的横向学业帮扶。定期开展“‘石榴籽·十六子’榜样在身边”等活动，树立标杆典型，增强少数民族学生学习的自信心，提高学生的学习能力、科研能力。

工作室依托学业帮扶、就业指导、暑期调研和家访等活动，加强对少数民族学生的服务与管理。针对少数民族学业困难学生，建立“一人一档、因人施策、实时跟进”的精准帮扶机制，鼓励少数民族学生求学上进，关心帮助少数民族学生在学校的学习、生活和成长的互联互通。组织开展少数民族学生就业大调研，制定学生就业“一生一策”，邀请优秀校友到工作室座谈交流，让少数民族学生成长有动力、就业有方向。每年组织开展暑期调研和家访，走进学生、了解学生、情系学生，引导学生将“爱国、励志、求真、感恩”内化于心、外化于行，用热血渲染青春，让真情融于梦想。

（三）提升生活服务温度，营造“家”的温暖

工作室在少数民族学生日常教育中，增设心理健康辅导、素质能力拓展锻炼、交友结亲等内容，组织开展心理剧展演、心理运动会、宿舍交友结亲等活动，促进少数民族学生的情感互通。工作室组织每年 1 月，喜迎新年；每年 6 月，邀请优秀少数民族毕业生家长来校参加毕业典礼；每年 8 月，暑期调研和家访，真心付出情系学生；每年 9 月，学长学姐们迎接少数民族新生等；每年 12 月，开展年度工作汇报演出等，不断夯实中华民族共同体意识，形成了各族师生手足相亲、守望相助、和睦相处的大好局面，每月都有特色活动，让少数民族学生在学校也能感受到“家”的温暖。

（四）挖掘文化深度，厚植爱国情怀

工作室实施坚持一体、包容多样、积极参与、重在践行的融合做法，以民族团结进步教育月为契机，结合学院实际，通过艺术社团、民族体育项目、社会实践考察、主题团日活动、主题班会、座谈会、知识竞赛等形式开展丰富多彩的校院文化活动；并开展“一带一路”主题实践行、“返乡宣讲”汇报、非遗文化走访、公益志愿服务等实践活动，将教书育人与实践育人融合推动。引导学生在实践中学习、成长、思考，在社会这个“大学校”里收获知识和感动，增强少数民族学生对于中华优秀传统文化的情感认同、价值认同和文化认同；紧抱石榴籽，真情暖同心，不断增强学生的获得感、幸福感、安全感；围绕“中华民族一家亲，同心共筑中国梦”的总目标，让“爱国之情”如涓涓细流沁入心田，盛开民族之花，香怡八方。

四、结语

作为育人者，要把握高校思政教育契机，激发少数民族大学生价值认同，充分发挥高校思政育人功能，有效地将工作室育人模式和高校少数民族学生思政教育有机结合，厚植少数民族大学生爱国情怀，使之内化于心，外化于行。让高校少数民族思政教育在新时代焕发出生机与活力，助力高校思政教育，最终实现中华民族的伟大复兴。

参考文献

[1] 何海兵.习近平新时代社会主义核心价值观思想的现实品格——基于美好生活视角[J].经济社会体制比较,2019(2):1-3.

[2] 付欣.新媒体视域下创新新疆高校少数民族贫困大学生思想政治教育途径研究[J].时代教育，2016(11):82-82.

[3] 韩立.精准扶贫背景下高校少数民族大学生思想政治教育研究[J].山西经济管理干部学院学报，2019,27(2):89-91.

浅析提升高校少数民族大学生就业能力举措

王磊
天津城建大学

一、目前高校少数民族学生就业存在的问题

随着经济的发展、社会的进步和各大高校的扩招，用人单位在选用人才方面有了更大的范围、更高的要求。但是部分大学毕业生存在实际工作能力不足、创新意识不强、专业知识不够扎实、缺乏求职技能技巧、不够自信、不善于“推销”自己等现象，结果是在竞争越发激烈的人才市场当中缺乏竞争力和吸引力。少数民族大学生在毕业期间遇到的这些就业困难更加明显，有些少数民族大学生甚至不敢迈出步伐，去寻找工作机遇。从各角度分析，高校少数民族学生的就业能力不足，就业竞争力不强，存在针对少数民族大学生开设的课程体系不够成熟、少数民族大学生的基础知识体系不够完善、高校少数民族学生就业观念不够科学等问题。

二、高校少数民族大学生就业困难的原因分析

虽然有关部门不断地推出各种有关促进高校少数民族学生就业的政策与措施，社会各界也在努力配合相关政策缓解高校少数民族学生就业难的问题，但仍然存在高校少数民族大学生就业困难的现象。

少数民族大学生在毕业选择工作时存在个人心理素质相对较弱、就业方向不清晰、就业选择与自身实际不完全相符等现象。部分少数民族大学生因心理素质影响，认为自己在很多地方不如普通高校学生，不能全身心地投入找工作的状态中。部分少数民族大学生对工作过分挑剔，比如，找工作必须与自己所修的专业对口，如果应聘的岗位与自己所学的专业不符，就会产生对岗位的歧视心理，还会因地区的差异问题而拒绝工作。还有部分少数民族大学生对工作的期望过高，就业过程中的实际社会现状与预期设想有一定的差距，从而放弃。另外，高校少数民族大学生面对就业困难的时候，不能够灵活地改变自己的就业观念与渠道，很多学生还是受传统就业观念影响将就业目标放在公务员、事业单位或者国企等，追求铁饭碗，因此就业渠道会变窄，同时出现消极的就业观念。

三、提升少数民族大学生就业能力的途径

（一）建立和完善高校少数民族学生就业促进机构

建立和完善高校少数民族学生就业促进机构就需要高校就业部门、人力资源管理、社会保障部门多方位配合。通过更新企业招聘信息、组织学生参加招聘会、分析整理学生就业需求，以及合理的税费减免、贷款贴息、社会保险补贴、岗位补贴等措施解决学生在就业过程中的实际问题，减缓其就业压力。积极发挥政策在解决少数民族学生就业困难方面的作用。搭建服务高校少数民族毕业生的就业平台，帮助高校少数民族学生得到就业指导、就业培训以及咨询援助。

（二）改革少数民族学生课程体系

需要从以下两点着手改变：一是要尽早地提高与完善少数民族地区的基础教育，培养更多的双语教师，提高教学质量来促进民族教育的基础质量水平。二是高校应解决少数民族学生基础知识薄弱这一问题，可以通过采取增加学年制等措施。其次支持少数民族学生上汉族学校，保证少数民族学生的学习质量，同时促进汉族与少数民族之间的交流，提高少数民族学生的汉语沟通能力。还要提高少数民族院校的教师队伍质量，加强教材质量以及提高教育水平。最后改变高校对少数民族学生的培养观念，加强对少数民族学生全方面教育培养的理念。

（三）加强高校少数民族学生职业生涯规划力度

目前很多高校都在开设“大学生职业生涯规划”课程，目的就是通过“大学生职业生涯规划”课程让学生对自己的职业生涯提前作出初步规划。在大学期间做好职业生涯规划能更好地了解自己，应积极主动做好职业生涯规划，明确自己的求职方向，作出正确的选择。高校通过职业生涯规划课的开展帮助少数民族学生了解自己，确定自己的职业方向和职业目标。高校少数民族学生首先要做到的是自我了解，明确自己的优点和缺点、兴趣爱好，树立良好的价值观，明白自己喜欢什么工作和能胜任什么工作。通过对多种职业的了解，认知其职业性质、工作内容、对知识能力的要求以及薪资报酬等，主动进行职业生涯规划。通过规划调整，了解自己离理想的岗位还有多远的差距，还要如何努力以及怎样的途径才能达到职业目标，制定符合自己实际情况的学习计划，不断完善自我，以期快速达到职业要求。

四、结语

高校少数民族大学生的就业问题关系到民族的未来，也关系到社会和谐以及国家经济的稳定发展，高校少数民族学生的成长和学习之路充满了挑战和未知，不仅担负着家庭的期望，还肩负着民族地区的经济发展、文化继承、建设的重任。所以，及时积极地解决少数民族大学生现实存在的就业问题是非常必要的。如今高校少数民族大学生的就业日益艰难，待业情况也越来越严重，而解决少数民族大学生就业困难的问题是个长期的过程，需要多方面共同努力。想要从根本上解决就业问题还需要依赖于市场经济的发展、国家政策的支持、改变就业者的就业观念。不管是政府部门还是学校或是高校少数民族学生自身都应该积极地面对未知的挑战，一切从实际出发，相互促进，缓解高校少数民族大学生的就业困难情况。

参考文献

[1] 李雪静.新疆少数民族大学生就业能力提升研究[J].昌吉学报,2014(1):49-54.

[2] 朱海龙.内地高校新疆少数民族大学生价值观认同的实证研究[J].宁夏社会科学,2016(4):242-248.

[3] 易建平.人地关系与新疆少数民族发展战略选择研究[J].新疆社会科学,2018(2):77-86,173.

[4] 刁小卫.新疆少数民族大学生就业状况调查[J].伊犁师范学院学报(社会科学版),2015,34(02):124-127.

[5] 张为波.高校少数民族毕业生就业问题及对策研究——以西南民族大学为例[J].民族学刊,2014,5(1):82-87，124-126.

[6] 张海庆.少数民族地区高校创新创业教育中思想政治引导的研究[J].内蒙古财经大学学报，2018，(3).

[7] 杨芳.少数民族高考加分政策的公正性探究[J].民族研究,2010,(11).

[8] 胡瑞琴，余国娟.民族高校女生思想政治工作刍议[J].西南民族大学学报(自然科学版)，2011(5).

[9] 赵靓，姜笑君.少数民族大学生教学问题及解决途径[J].中国成人教育,2010(11).

少数民族大学生学业影响因素与对策分析

刘凯

天津城建大学

一、引言

民族多样性是我国的宝贵财富[1]。根据教育部最新统计数据，我国在校普通本专科大学生人数达到了 3031.52 万人，少数民族大学生人数更是提高到了 298.69 万人，在全国大学生总数中占比约为 9.86%，相较去年提高了 0.82%[2]。

根据统计数据可以直观看出，高等教育中少数民族大学生数量与占比呈逐年上升趋势。随着我国教育事业的发展，我国非常重视高校少数民族大学生各方面的工作，其中少数民族大学生学业问题一直是重中之重。步入大学，少数民族大学生希望可以在大学校园里丰富自己的学识，开阔眼界，学习优秀经验，学有所成后为建设家乡贡献力量。本文在研究少数民族大学生在学习方面所面临问题的基础上，积极剖析问题原因，提供对策分析，对少数民族大学生更好地融入大学学习具有现实意义。

二、现状分析

大部分少数民族学生都是来自中西部相对落后和偏远地区，但他们通过自己的努力，来到中东部省份上大学。整体来看，新疆和西藏地区少数民族大学生的求学欲望相较而言比较强烈，同时，以“寻求不断提升自己的独立能力，积极拓展拓宽眼界、内地城市魅力以及接受更高等教育”为主要动机，因此有着较强的学习动机[3]。在未来少数民族学生对本民族地区和国家的发展起到一定的影响，他们是文化传播、与内地省区市沟通的桥梁，对国家发展有更深远的意义。

三、影响因素

随着我国科教文化事业的发展，我国东部地区的大学聚集了来自全国各民族的少数民族大学生，在少数民族大学生的管理方面暴露的问题也逐渐凸显，本文通过研究发现因受地域课业难度、生活习俗、文化背景差异、语言沟通、家庭背景等诸多因素影响[13]，少数民族大学生在大学期间学业方面存在诸多问题。因此，投入更多精力研究并解决关于少数民族大学生学业方面所面临的困难和挑战，对于完善我国高等少数民族教育具有深远意义，同时对于改变我国少数民族大学生当下所处的困境也具有很强的现实意义。

（一）地域课业难度不同

因高考政策之间的差异，少数民族大学生在招考时，高考的政策福利很大程度上实现了其受教育层面的平等和公平,但少数民族学生学习基础相对薄弱的客观问题依然存在[4]，入学后少数民族大学生所面临的挑战和机遇并存。首先，学习方式由被动学习转为自主学习，且少数民族学生和普通学生的学习和成长环境是有差异的，与此同时，少数民族考生在高考时享受加分政策，所以导致在内地省份的大学中，少数民族大学生在刚开始时易出现学习吃力等问题，他们中的大部分会认为大学知识难度较大，从而产生抵触情绪，最后可能会产生一系列的厌学情绪，学习动力不足，难以适应大学生活，继而引发一系列问题。

（二）习俗文化差异

中华民族有着五千年的文明历史，在这个过程中，由于我国各地区自然条件不同，经济发展不同，所以各民族文化有着不同的特色。但是由于不同文化之间的差异，一些少数民族大学生在学习和生活过程中会产生困惑、迷茫等情绪，认为自己的学习水平与普通同学存在较大差距。随着时间的推移，他们在文化学习方面丧失信心，从而产生自卑心理，在高强度的学习心理压力下，把所有的不解与难题憋在心里，长此以往会产生恶性循环。

（三）语言沟通

我国是一个多民族、多语言的国家[5]。随着社会的发展和普通话的全面普及，少数民族在语言方面已经有了很大的进步，大部分少数民族大学生可以流利地说普通话，与同学老师们可以进行正常的沟通。但是，由于他们刚刚进入到一个新环境，对自我认识可能存在误差，不愿意跟同学们进行沟通，认为自己很难交到不错的朋友。长此以往，他们就无人倾诉他们自身所遇到的问题，导致他们封闭自己，不愿意主动地去找老师同学进行沟通，久而久之，找不到正确的学习方法，在学业上遇到的问题就越来越大。

（四）家庭背景

2020 年 11 月 23 日，全国贫困县全部脱贫摘帽，全国脱贫战取得圆满成功[7]。在该社会背景条件下，虽然大部分人的家庭条件都有了改善，但是中东西部还是存在着一定的经济差距。该种差距的存在，使一部分少数民族大学生容易产生自卑心理，加上他们敏感的性格，这些影响就会渗透到他们的学习和生活中去，久而久之会在学习方面自信心不足，来到大学之前的憧憬也消失了，取而代之的则是越来越影响学习的负面情绪，最后学习一落千丈，白白浪费了大学四年的时光。

四、对策研究

（一）探索少数民族大学生学习培养新模式

首先，提升本科生培养质量是不可忽视的一环[11]，各高校根据本校少数民族学生情况，探索少数民族大学生预科班级培养新模式，根据实际情况，充分了解本校少数民族大学生学习普遍特性，“一把钥匙开一把锁”，根据实际问题对症下药；其次，培养大学生主动思考学习中的困扰，例:学习自觉性不够、语言知识基础差等问题，针对这些问题及时调整学习方法，更有效地进行自主学习；最后，由于少数民族大学生基础知识相对比较薄弱，因此，在课堂上老师应对教材中基础性知识进行重点讲解，更好地把握教学进度，正视不同少数民族大学生个体之间的差异，因材施教。

（二）加强生活质量，提高帮扶力度

十九届五中全会提出努力提高社会文明程度[8]。以思政工作激发少数民族大学生的学习动力[6]，尊重少数民族的文化，积极主动地去了解少数民族的文化，增加话题，以思政授课去推动学业制度的发展，通过学业预警、组织公共课程辅导、制定科学的学业评价标准、建立“党员一对一”帮扶制度[12]，建立互帮互助小组，逐一进行学业帮扶，帮他们解决学业上出现的问题。虽然他们在一个新的地方，但是也要让他们感受到温暖，他们才有可能敞开心扉，倾诉内心的迷惘与问题，以便于他们未来的学习生活。

（三）家校联合，加强人文主义关怀

少数民族受从小枯燥单一的学习环境影响，到了大学，面对复杂多元化的环境，需要一段适应时间。有针对性地按时对少数民族学生进行询问和关注，及时消除他们对大学课程的畏惧心理，加强人文主义关怀，提升幸福指数，进而增强自信心。同时，恰当巧妙地利用同龄室友之间的交流，从少数民族学生的生活开始，逐渐向学业过渡，在老师支持下组建学习兴趣小组，了解少数民族学生学业问题诉求，消除心理障碍，利于未来学习。

（四）学校加强关注，精准识别学生

少数民族学生是校园大家庭中不可或缺的一分子，在这个环境下，家校联合更有利于孩子成长。一方面，家长的言传身教是对老师最大的支持，正确的引导往往事半功倍；另一方面，老师应针对能力强的少数民族学生，充分挖掘利用他们的优势，发挥特长，从各种活动中增强他的学习能力。高校应根据少数民族实际，组织并鼓励少数民族学生参与各类文体益智类活动，引导少数民族学生树立积极向上的学习观，开展学生榜样宣传教育，激发少数民族学生学习的兴趣和主动性[9]。

五、结语

综上所述，根据少数民族教育政策和教育特点[14],高校在少数民族学生学业成绩管理过程中迫切需要得到改善。为了更好地促进少数民族学生的成长，各省高校应继续努力提升少数民族学生学业帮扶力度，继续努力探索提升少数民族学生学习水平途径，社会给予更多关注，家校共同促进少数民族大学生长远发展[9]。

参考文献

[1] 阿布都卡依木·艾海提,西仁古·阿不来提,徐晓峰.对少数民族大学生思想政治教育的几点思考[J].教育教学论坛,2020(51):76-77.

[2] 中华人民共和国教育部公报 2018 年总目录[J].中华人民共和国教育部公报,2018(12):41-47.

[3] 杨敏,佘雅婷,祁喜鸿.少数民族大学生学业表现及影响因素研究——以陕西疆藏地区少数民族大学生为例[J].民族高等教育研究,2019,7(4):17-26.

[4] 国策,洪晓楠.化解少数民族大学生学业障碍的思考[J].社会科学战线,2021(1):276-280.

[5] 李丹红.以思政工作激发少数民族大学生的学习动力——以福州大学为例[J].海峡科学,2020(10):84-87.

[6] 张翔. 脱贫攻坚战全面胜利是实现共同富裕的重要一步[N]. 21 世纪经济报道,2021-03-03(4).

[7] 十九届五中全会公报·热词检索[J].河北画报,2020(12):27.

[8] 孟露,徐银银,刘诗伟.新时期提升高校少数民族学生学业水平的新路径[J].科技视界,2020(23):14-16.

[9] 王宇航,杨泰,张浩,等.高校少数民族学生学业、生活、思想现状调查分析——以齐齐哈尔医学院医学技术学院为例[J].长江丛刊,2019(3):193-194.

[10] 王占军,李慧萍.少数民族大学生为什么学习困难——一项基于 Z 高校新疆维吾尔族学生的扎根理论分析[J].中国人民大学教育学刊,2020(3):5-20.

[11] 温晓年,陈炳权.内地医学院校新疆少数民族学困生学业帮扶机制探析[J].卫生职业教育,2020,38(14):34-36.

[12] 温雪娇. 少数民族大学生人际适应现状及改善策略研究[D].兰州.西北师范大学,2020.

[13] 肖万武.少数民族大学生学业情况与就业能力关系探讨[J].就业与保障,2020(3):70-71.

少数民族大学生融入高等教育体系刍议

张睿
天津科技大学

在高等教育普及化的趋势下，越来越多的少数民族大学生获得了高等教育的机会，接受高等教育也是少数民族青年个体改变命运的重要途径。“少数民族大学生”即我国当前高等教育体系内，除汉族大学生以外的其他中华民族大学生，是当前高等教育体系下教育对象的重要组成部分，由于其群体构成、受教育经历等存在一定复杂性，因此针对少数民族大学生的研究则极具必要性。本文试就当前少数民族大学生融入高等教育体系所存在的问题，分析影响少数民族大学生融入高等教育体系的原因，以及对解决办法提出一点粗浅的见解，以求教于大家。

一、当前少数民族大学生融入高等教育体系存在的问题

少数民族大学生在融入高等教育体系的过程中，存在着显著的生源地因素差异性。主要表现在家庭所在地为城镇的学生与来自乡村、山区、牧区的学生之间，来自城镇少数民族大学生与乡村少数民族大学生间存在显著性差异，城镇少数民族大学生与山区、牧区少数民族大学生之间存在的差异更加显著。

（一）生活障碍

高校教育对大学生的生活意味着由个体生活向集体生活的转变，全国性的招生，高校异地求学的现象增多，也就意味着大学生跨地域文化适应性问题的显现。少数民族大学生在进入高校学习后，与汉族学生相比显现出在生活习惯上不适应性更为强烈的特征。不同的民族习俗，导致了少数民族学生在饮食、服饰、生活习惯等诸多生活方面显现出不同。这些因素一定程度上阻碍了少数民族大学生融入高校教育体系。

（二）文化障碍

文化是少数民族大学生融入高等教育体系的基础。少数民族学生在步入大学的多元环境后，其固有的民族文化及行为习惯不可避免地会与多元文化产生碰撞，如果他们无法很好地协调本民族文化与其他文化之间的关系，对于新的文化氛围难以融入，则会处于一种迷茫和边缘化的状态。另一方面，因为录取成绩的差异，少数民族大学生存在着一定程度上学习基础薄弱的情况，从而影响了大学的学习。由此可见，少数民族大学生在文化上的差异，阻碍其融入高等教育，从而形成了文化障碍。

（三）人际障碍

少数民族大学在高校学生中占比较少，尤其是非民族高校中这种现象更为明显，甚至出现个别少数民族学生在同一学校甚至同一城市内很难寻找到同一民族的同龄人。少数民族大学生在高校中往往会显现出缺乏人际交往的主动性、人际沟通意愿较淡，由此产生人际交往障碍，阻碍了少数民族大学生融入高等教育体系。

（四）就业障碍

就业及职业生涯规划教育，是当前高等学校教育的重要一环。少数民族大学生就业，不仅仅关系到自身的职业发展，对于少数民族地区，特别是贫困少数民族地区整体的经济繁荣与发展，以及国家的民族关系、社会稳定都会产生重大影响。但是当前少数民族大学生在就业、择业上存在着以下问题：①少数民族大学生流动性差，就业地点狭隘；②落后的基础教育导致少数民族大学生就业竞争力差从而限制了就业面；③少数民族大学生的优势无法体现；④家庭原因造成少数民族大学生产生丧失信心等不利就业的心理问题 5.所学专业与家乡或所在地需求不对口。

二、当前少数民族大学生融入高等教育体系困难探因

在对学习环境的适应以及学习能力上也存在一定差异，他们之间存在的差异还体现在对汉语教学的适应上。就学习适应性的总体水平而言，来自城镇的学生优于乡村学生，来自乡村的学生又优于山区学生，来自山区的学生也优于牧区学生。城镇学生的学习适应性最好，牧区学生的学习适应性相对较差。

（一）教育基础因素

少数民族大学生中的多数学生在民族地区接受基础教育，但当前我国民族地区的基础教育体系，与国内现行教育体系相互融合，存在着一些困境。首先由于地处偏远，人们的思想跟不上发达地区的教育理念，读书无用论仍然盛行。大部分家长不重视教育，教育水平低的家长甚至不支持子女上学，而是更倾向于让有劳动能力的青少年儿童参与家庭劳动补贴家用，从而导致这些地区的整体文化素质仍然较低。

经济的发展很大程度上影响着教育的发展。民族地区大部分仍是农村，居民从事农业种植或养殖，收入有限，维持家庭温饱已属不易，而子女的教育费用是个较大的开支，有的家庭子女多，支撑孩子上到初中之后便难以为继。整体经济收入不高也影响着政府的财政收入，从而影响到教育投入和教育资源，教育资源不足使得当地学生即便上学也很难有个好成绩，因此父母更加认为“读书无用”，宁愿让子女回到家中干活。经济的落后使得学校办学条件有限，理科实验设备、图书资料和多媒体等现代化设施不足。国家为此做了许多努力，着力普及义务教育、扫除青壮年文盲，并实施“三免费”政策，

为学生提供营养餐，但由于偏远民族地区长期以来的观念和经济条件制约，农村整体文化水平依然偏低，更难以支撑较高水平的理科教育的发展。

由于基础教育的差异性，少数民族大学生在步入高等院校之前，存在着多种语言教育的背景，其成长环境中，也往往存在着多种语境杂糅的情况。少数民族地区基础教育中汉语教育基础薄弱是当前我国教育存在的一大症结。少数民族大学生因其成长环境、受教育经历中，接触和使用汉语很有限，从而导致汉语掌握程度较低。但是，在高等教育体系之内，教学与日常交流是以汉语为基础的，而少数民族大学生的汉语水平又相对有限，从而导致了进入高等教育体系后产生的游离感。该群体汉语言水平的限制，使得他们进入大学后面对不同于中学的大学学习时，产生不适应的状况。在调查过程中，绝大多数少数民族大学生都会提到汉语水平限制了自己的学习。

（二）文化差异因素

当下高等教育体系所属的文化和学术要求具有社会主流文化特征。很多的少数民族大学生对此感到陌生，难免遭遇所谓的“文化冲击”。少数民族大学生向大学生活过渡的过程中，陌生的高等教育文化是他们需要重点跨越的“认知障碍”。有研究发现，少数民族学生的学习需要跨越学校的文化障碍，他们的学业表现和他们对学校文化的反应有关，少数民族学生获得学业成功需要融入社会主流文化之中，从而造成心理压力，降低了少数民族学生的努力程度，导致他们学习成绩不佳。也有研究指出，少数民族学生在学校里可能感到被疏远而表现不佳，因为他们的经历在正式的学术讨论中被忽视，教师更倾向于把注意力集中在主要群体的经历和世界观上。

因此，从文化适应视角分析少数民族学生的学业成就差异问题，例如:文化剥夺理论强调，少数民族群体缺少能够在学校制度中获得成功的文化知识，这是导致他们学业成就不高的原因；文化冲突理论认为，少数民族文化和社会主流群体文化在学校教育中是有冲突的，学校教育以社会主流群体文化为主而导致少数民族学生不适应，他们因此难以获得较好的学业成就，文化中断论从学校教育文化和少数民族本土文化之间的断裂层面分析少数民族学生的文化劣势，认为代表学校文化的教师、教材、课程等内容无法同少数民族本土文化产生密切的关联，导致少数民族学生不适应学习，继而学业失败。概而言之，文化适应理论指出了少数民族学生自身文化与校园文化的差异，其中剥夺冲突中断的表述具有很强的社会制约意味，文化差异是少数民族学生学校认同与学业成功的无形障碍。我国研究者发现，少数民族大学生的文化适应与学业息息相关，整合型文化适应对少数民族大学生的学业成就有正向的心理支持，同化型文化适应可能对学生的学习动机有负面影响，分离型文化适应不利于少数民族学生的学习，边缘型文化适应导致少数民族大学生产生强烈的负面情绪并且影响他们的学业进程。因此，学校文化适应困难不利于少数民族大学生的学习和生活融入，最终影响他们获得较好的学业成绩。

二、少数民族大学生融入高等教育体系的措施

（一）加强少数民族大学生思想中政治教育

加强非民族院校少数民族大学生思想政治教育，有利于应对当前复杂国际形势，抵御国内外民族分裂势力，增强民族凝聚力，维护国家安全与稳定，为实现中华民族的伟大复兴凝心聚力。

面对新鲜的大学校园环境和多元文化的冲击，非民族院校的个别少数民族大学生思想迷茫，在世界观、人生观和价值观上存在不少困惑，这种思想上的亚健康状态影响了这些大学生在非民族院校的健康成长。所以，思想政治教育对少数民族大学生成长成才至关重要，我们要在实践中不断探索，逐步完善非民族院校思政课教学方式和手段，强化价值引导和观念优化，这对促进少数民族大学生在非民族院校的健康成长具有重要的时代意义。

必须紧密结合非民族院校少数民族大学生思想观念发展变化的时机，积极探索新形势下理想信念教育的民族性方法，进一步增强少数民族大学生理想信念教育的针对性。要坚持不懈地用习近平新时代中国特色社会主义思想武装头脑，深入开展党的基本理论、基本路线、基本纲领和基本经验教育。使少数民族大学生科学认识国家的前途命运和自己息息相关，特别是要科学认识个人所肩负的社会责任，自觉做“共同理想”和“远大理想”的忠诚信仰者和踏实践行者。同时在对少数民族大学生进行基础性、常规性教育的基础上，注重培养入党积极分子和选拔优秀学生干部，在各类学生组织中明确规定少数民族大学生干部的比例，积极调动并充分发挥少数民族大学生党员和干部的先锋模范作用。同时巩固马克思主义在意识形态中的主体作用，确保少数民族大学生在大是大非面前能够保持坚定的马克思主义立场。

（二）强化少数民族大学生入学前教育

在新生入学教育中，要针对少数民族学生编排特殊的教育内容，使其尽早了解本地的气候环境、自然条件和风土人情等，尽快地接纳和融入本地文化。除了正常的校史校情、校规校纪和安全教育以外，在专业学习教育上应降低起点，放慢速度，形成一个较为平缓的过渡时期，以便使所有的少数民族新生能顺利过渡并适应新的学习环境。

传统的大学新生入学教育主要采取集体说教的方式进行，这对初步了解大学生活、消除少数民族新生的不适应性能起到一定的作用，但对挖掘学生的潜能、培养积极主动的人生态度、改善人际关系、形成集体主义精神还有所欠缺。在实际的操作中，可以采用如团体心理辅导等方式来弥补这方面的不足，做到教育内容的多元化和教育方式的多

样化，对少数民族新生入学教育的有效开展起着至关重要的作用，能取得传统入学教育无法达到的效果，同时，对于少数民族学生心理健康的和谐发展也具有重要意义。此外，也要通过心理测评和问卷调查，及时了解少数民族新生的适应性状况以及适应性教育的效果，不断完善适应性教育的方法和内容。

（三）加强高等教育体系文化构建

让少数民族大学生体验到归属感、信任感和安全感是加强高等教育体系文化构建的关键。加强少数民族大学生对学校的情感体验，强调少数民族大学生在学校中是否体验到了归属感，归属感的形成是建立校园信任和安全的重要指标。

少数民族大学生自身所属的文化观念在大学的教科书课程、相关的学习材料中未能呈现，当教学内容与他们的文化背景分离时，课程知识很可能阻碍他们学习和获得较好的学习成果。少数民族大学生与课堂外同学、社团成员讨论课程内容，更加容易产生归属感。少数民族学生无法对学校产生归属感的体验时，往往会经历漫长的学校过渡和适应过程，甚至导致部分少数民族大学生学业失败。民族身份在高等教育体系制造人际交往边界的同时，也让少数民族大学生对高等教育体系产生疏离感，从而造成学业成就方面的消极影响。少数民族大学生只有体验到了“归属、信任和安全感”，高等教育体系才真正对他们产生积极影响，高等教育体系的形成意味着少数民族大学生对学校主体意识的产生。综上所述，我们从获得公平而有质量的教育目标来看，社会不仅要公平地为少数民族大学生提供教育的机会，而且需要帮助少数民族大学生形成“融入的”而非“疏离的”的学校体验，以鼓励他们走进更多元的校园学习活动，进而激发他们努力获得学业成功的内在动力和学术自信。

（四）推进少数民族大学生职业生涯规划和就业指导工作

做好少数民族大学生职业规划和就业指导，要加强教师队伍建设。现有的大学生职业生涯规划教育要求相关教育者必须有很强的相关理论知识储备，并且在对学生职业生涯规划的实践中不断实现，让理论和实践相结合。因此，相关的教育者应当重视提高自身的知识储备，强化与实践结合的能力，重视对大学生，特别是少数民族学生的职业生涯规划，强化帮扶意识。这都需要高校有一支针对少数民族学生职业生涯规划的专业人才队伍。因此，高校应当重视对少数民族学生学习情况的了解，根据其学习特征指定学习方案，以此来提高其学习效能，也可以给予指引，引导其积极开拓视野，不断提高自身能力，锻炼自身思维。同时，支持学生获取专业知识以外的知识，丰富知识储备。为了提高高校对少数民族学生职业生涯规划的指导精准度，高校还应建立相应的学习档案，使师生之间有更好的交流渠道，及时了解相应的信息，给予其更高效的规划和指引，同时对学习档案进行指引，使得学校的职业生涯规划工作更上一层楼。目前，各行各业对人才的综合素养要求提高，高校可以定期举办相应的培训班，开展辩论演讲活动或讲座，帮助他们提高自信心，使其在学校就有良好的渠道提升综合素养。对少数民族学生职业生涯规划的指导应当重视其实践、适应能力的培养。因此，高校应当设立相应的专业实习、科研训练，让他们在学习中有更好的适应能力。此外，职业生涯规划教育者应当事先了解就业市场的情况，让学生对就业渠道、就业方向有更深层次的了解。

四、结语

少数民族大学生是实现中华民族伟大复兴的重要力量，促进少数民族大学生融入高等教育体系，我们不仅要认识到少数民族大学生对于国家和民族发展的重要性，也要充分了解少数民族大学生在学习中的困惑和疑虑，加强少数民族大学生的思想政治教育、强化少数民族大学生入学前教育、加强高等教育体系内文化构建，以及推进少数民族大学生职业生涯规划和就业指导工作，以顺应少数民族大学生在高等教育体系内可持续性发展的时代要求，将其培养成有理想、有本领、有担当的时代新人，培养成德智体美劳全面发展的社会主义建设者和接班人。

参考文献

[1] 赵晓芳.少数民族大学生就业问题的特殊性及对策建议[J].西北民族研究,2009(3):216-219.

[2] 李美子.少数民族地区电化教育存在的问题及应对措施[J].延边教育学院学报,2011(6):62-64.

[3] 党建宁.云南怒江少数民族地区教育发展现状及对策研究[J].吉林省教育学院学报(下旬),2012,28(2):119-120.

[4] 左学玲.少数民族预科生学习适应现状及影响因素研究[D].沈阳.东北师范大学,2014:25.

[5] 麦麦提,李松洁.网络媒体视阈下少数民族大学生思想政治教育工作的新思考——以北京市 3 所高校调研分析为例[J].民族教育研究,2018,29(1):58-62.

依托“四史”教育，铸牢中华民族共同体意识

郑成龙
天津科技大学

在我国，少数民族是指中华民族以内，除汉族以外各民族的统称。当前学界普遍认为，“在中华民族的统一体之中存在着多层次的多元格局。各个层次的多元关系又存在着分分合合的动态和分而未裂、融而未合的多种情状”。习近平总书记在2019年全国民族团结进步表彰大会上指出，“一部中国史，就是一部各民族交融汇聚成多元一体中华民族的历史，就是各民族共同缔造、发展、巩固统一的伟大祖国的历史。各民族之所以团结融合，多元之所以聚为一体，源自各民族文化上的兼收并蓄、经济上的相互依存、情感上的相互亲近，源自中华民族追求团结统一的内生动力。正因为如此，中华文明才具有无与伦比的包容性和吸纳力，才可久可大、根深叶茂”。习近平总书记的这段讲话，不仅肯定了中华民族的多元一体格局理论，而且指明了中华民族从“多元”聚为“一体”的内生动力和发展机制。

一、依托“四史”教育强化少数民族大学生共产主义信仰

在近代中华民族共同体意识形成过程中，共产主义信仰感召、激励先进知识分子以及工农群众，并把共产主义信仰的星星之火燃遍了神州大地。同时，共产主义信仰和中国传统文化中优秀价值观相辅相成的巨大力量，中国传统文化中的公平、正义、大同社会的价值观结合在一起，赢得了许多以中华崛起、民族复兴为理想的知识分子的认可，也获得了许多渴望和平安宁生活的底层民众的支持。在新时代，共产主义信仰正是中华民族共同体意识的基石。

习近平总书记提出，“从历史中汲取继续前进的力量”，党的十八大以来，他多次要求党员干部要学好党史、国史。2020年1月8日，在“不忘初心、牢记使命”主题教育总结大会上的讲话中，习近平总书记强调，“要把学习贯彻党的创新理论作为思想武装的重中之重，同学习马克思主义基本原理贯通起来，同学习党史、新中国史、改革开放史、社会主义发展史结合起来，同新时代我们进行伟大斗争、建设伟大工程、推进伟大事业、实现伟大梦想的丰富实践联系起来”。

“四史”教育立足于马克思主义理论，注重培养学生对于“我们党和国家事业的来龙去脉，汲取我们党和国家的历史经验，正确了解党和国家历史上的重大事件和重要人

物”的了解。“四史”教育中少数民族大学生思想政治教育与汉族大学生思想政治教育相比存在特殊性。少数民族大学生的思想政治教育不能局限于社会主义共同理想教育、爱国主义教育和法制教育等常规理论教育，应有针对性地增加党史、国史中关于少数民族解放及民族自治建设的历史。例如：“四史”教育可引导少数民族大学生借助新兴语言载体，通过观看纪录片、学原著、读经典等多种方式挖掘理论精髓，帮助他们牢记少数民族是如何在共产党的领导下，迎来自由和幸福的曙光，如何在经济发展、民生改善、民族团结、社会和谐的壮美史诗中挥下了浓墨重彩的一笔。

通过“四史”教育，可以更生动、高效地向少数民族大学生宣传党的民族政策，引导少数民族大学生理清民族与宗教、宗教与国家、个人与宗教的关系，为其树立共产主义信仰奠定基础。还可依托大学生社团在日常生活中强化思想政治教育，设计和安排以树立科学信仰、民族团结为主题的讲座、沙龙，帮助少数民族大学生解决日常困惑，提高他们的现实分析能力和价值研判能力。

二、依托“四史”教育，提高少数民族大学生在思想政治教育过程中的主体性

所谓主体性教育，是指根据社会发展的需要和教育现代化的要求，通过启发、引导受教育者内在的教育需求，创设和谐、宽松、民主的教育环境，有目的、有计划地组织、规范各种教育活动，从而把他们培养成为自主地、能动地、创造性地进行认识和实践活动的社会主体。一句话，主体性教育是一种培育和发展受教育者的主体性的社会实践活动。

对少数民族大学生参与实践活动的引导是促进马克思主义者行为养成的关键环节。在现实生活中，实践锻炼可以让少数民族大学生切实地感受到马克思主义者是真正为人民奉献自身的一类人，体悟中国共产党全心全意为人民服务的宗旨，将个体“小我”融入集体“大我”中。部分少数民族大学生长期生活在经济、文化相对落后的少数民族地区，缺乏实践锻炼的场所，难以做到理论联系实际。“四史”教育应考虑到这一情况，做好实践锻炼的顶层设计，通过校内和校外实践活动相结合，将思想政治教育内化于心、外化于行。校内的实践活动可依托学生组织，让少数民族大学生积极参与，让他们在实践中学会奉献；校外的实践活动要考虑到资源整合，让少数民族大学生有机会进企事业单位、进党政机关，有效发挥学校与社会的协同育人作用，让少数民族大学生学会效仿榜样，在前辈身上感受为人民服务的耐心、恒心和决心，感悟马克思主义信仰的魅力，从而激发自身的行为转变。

三、依托“四史”教育，铸牢中华民族共同体意识

（一）增进少数民族大学生的归属感

习近平总书记关于“四史”的重要论述有着强烈的历史感，具有宏阔的历史视野，坚持了一种大历史观。他讲中国共产党的历史是把它放到中国社会发展的大历史进程中考察，要向过去看，也要向未来看。向过去看，是要弄明白中国共产党为什么能够登上中国的政治舞台；向未来看，是要说清楚为什么只有中国共产党才能够带领中国人民实现中华民族伟大复兴。加强少数民族大学生在思想政治教育中的参与度，引导其自主地、能动地、创造性地参与到思想政治的学习过程中。通过“四史”教育引发学生的情感共鸣，从而收获更好的教育效果。“四史”教育需要关注少数民族大学生的情感体验，充分利用情感教育三原则(寓教于乐原则、以情施教原则、情感交融原则)，深化思想政治教育，给予他们更多的关注和尊重，引导他们精读马克思主义经典原著，营造良好的学习和交流氛围，激发他们的学习兴趣，帮助他们体会马克思主义的内涵与精髓。

（二）增强少数民族大学生的历史感

习近平总书记强调，“古人说：‘灭人之国，必先去其史’。国内外敌对势力往往就是拿中国革命史、新中国历史来做文章，竭尽攻击、丑化、污蔑之能事，根本目的就是要搞乱人心，煽动推翻中国共产党的领导和我国社会主义制度”。对于历史虚无主义我们要敢于亮剑，坚决抵制和斗争。通过“四史”教育，引导少数民族大学生坚持历史唯物主义的立场、观点、方法，尊重历史事实、尊重历史规律，反对历史虚无主义。认识到历史是客观存在的，谁也不能任意选择、任意打扮和任意篡改。历史既有偶然性，又有必然性和规律性。我们不能随意丑化历史、糟蹋历史。否定了老祖宗就会从根本上否定一个民族、一个国家、一个党。

通过“四史”教育，要让少数民族大学生认识到，新中国成立之前，各族人民在共产党的领导下为实现中华民族独立而浴血奋战；新中国成立后，在党的领导下我国民族团结工作取得很大进展，民族地区发展明显加快，实现社会主义民族大团结，这些历史证明我国的民族政策和制度是正确的。我国在世界上高举马克思主义民族平等、民族团结、民族区域自治和各民族共同繁荣伟大旗帜，建立并不断巩固和发展了平等团结互助和谐的社会主义民族关系，少数民族面貌、民族地区面貌、民族关系面貌、中华民族面貌发生了翻天覆地的变化。在民族问题成为长期困扰许多国家的社会问题、西方敌对势力长期利用民族问题对我国实施干扰破坏的背景下，我国长期保持了各民族共同团结奋斗、共同繁荣发展的良好局面，在世界上稳固树立起了民族团结进步的“中国样板”。但是中华民族也面临一些新的挑战，民族交往交流交融趋势增加与涉及民族因素的矛盾纠纷上升并存，反对民族分裂、宗教极端势力、暴力恐怖斗争成效显著和局部地区暴力

恐怖活动活跃多发并存。

要实现中华民族伟大复兴，实现“两个一百年”奋斗目标，需要依靠56个民族的团结，凝聚56个民族的力量。通过“四史”教育，引领学生尊重各族人民多元化的发展，铸就平等民族关系，增强各民族之间的相互认同和尊重；同时强调中华民族的一体性，有利于整合力量，实现中华民族的跨越式发展。引导大学生深刻认识到56个民族是多元，中华民族是一体，一体包含多元，多元组成一体，中华民族多元一体格局是既存的事实，在五千年的文明发展史中，各民族相互交融，形成了56个民族，56个民族共同开发了祖国的锦绣河山，共同组成了中华民族，共同培育了中华民族精神，共同创造了灿烂的中华文化，共同创造了中华民族波澜壮阔的历史。

（三）增进少数民族大学生的认同感

中华民族共同体意识是国家统一之基、民族团结之本、精神力量之魂，它不仅关系到民族团结、社会稳定和国家安全，也关系到中华民族的伟大复兴，文化是一个民族的魂魄。文化认同是最深层次的认同，铸牢中华民族共同体意识的前提是培养和增强文化认同。国民意识也叫国家意识，是指一个国家的公民对自己国家的归属感和忠诚度。国民意识是一个国家民族的人民具备的最主要的内在特征。对于国家和民族的认同最能体现爱国主义精神，是现代民族国家建设可以依赖的最深厚的情感基础和精神力量。“四史”教育，对于少数民族大学生形成正确的国家观、民族观、文化观、历史观、增强“五个认同”(对伟大祖国、中华民族、中华文化、中国共产党、中国特色社会主义的认同)、铸牢中华民族共同体意识、培育爱国主义精神、维护国家统一和民族团结具有至关重要的作用。由此可见，“四史”教育对少数民族大学生正在形成中的国家意识、民族意识有促进作用。

少数民族大学生的“五个认同”要经历一个认知、接受、强烈的情感皈依的发展过程。通过“四史”教育，引导少数民族大学生认真学习思想政治理论课程内容，掌握马克思主义的基本观点，明确马克思主义的基本立场，懂得运用马克思主义的基本方法来发现、分析、解决社会问题，让他们在大量的历史事实面前，真正理解“四个选择”的历史必然性和现实意义。要引导少数民族大学生在充分认识到党领导各族人民取得无数历史成就的事实基础上，增强明辨是非的能力，培养对党、国家、民族、文化的深厚感情，为解决新时代的新矛盾主动地用新思想武装头脑，以社会主义核心价值观统一思想，引领社会思潮，凝聚力量，牢固树立“四个意识”，坚定“四个自信”，做到“两个维护”。从而自觉地将对中华民族、中国共产党、中华文化、中国特色社会主义强烈的心理归属感、身份认同感内化为“五个认同”的意识。

四、结语

在高校思想政治教育过程中，我们要借助推进“四史”教育的契机，我们不仅要学习党史、新中国史、改革开放史、社会主义发展史，还要充分发掘各族人民在“四史”发展中的突出贡献，向少数民族学生传达没有中华民族的大团结，就没有中华民族的大发展；没有中华民族的大发展，就没有中华民族共同体意识的牢固纽带。我们要深刻认识这些辉煌成就的重大意义，深刻分析取得辉煌成就的根本原因，深刻认识铸牢中华民族共同体意识的重大意义，切实增强铸牢中华民族共同体意识的自觉性、坚定性。

参考文献

[1] 习近平在全国高校思想政治工作会议上强调:把思想政治工作贯穿教育教学全过程开创我国高等教育事业发展新局面[N].人民日报，2016-12-09(1).

[2] 费孝通.中华民族多元一体格局[J].中国民族,2019,571(4):80.

[3] 肖力,邢洪儒.论中国共产党人精神理念的形成与发展[J].中共石家庄市委党校学报,2010,12(2).

[4] 黄兴涛.重塑中华:近代中国“中华民族”观念研究[J].近代史研究,2018,224(2):26.

[5] 王洪鹏.“两弹一星”精神[J].青年科学,2010(5).

[6] 中共中央宣传部理论局.六个“为什么”——对几个重大问题的回答[M].北京:学习出版社,2009.

[7] 李琦.信仰的逻辑[J].党的文献,2010(3).

高校少数民族家庭经济困难学生长效资助育人机制研究

史瑞杰
天津师范大学

一、长效资助育人机制内涵

伴随着国家对高校资助的投入逐渐加大，高校大学生资助力度不断深入，资助育人体系不断优化，推动了高校资助育人各项制度的完善，同时，随着国家“西部大开发”“可持续发展”“构建和谐社会”等科学发展战略的推进，高校中少数民族学生的数量逐年上升，他们逐渐成为少数民族地区未来经济社会建设的重要力量，在铸牢中华民族共同体意识的过程中，高校高度重视少数民族学生的发展，尤其是对少数民族学生资助工作体系的建立和完善。

完善高校中少数民族资助管理工作，要求学校教育工作者有更高的站位和更创新的思路。结合新时代高校实践育人工作的重要意义，重新审视资助育人工作面临的现实问题，有助于促进高校少数民族家庭经济困难学生长效资助育人机制研究，将育人理念切实贯穿于资助育人工作始终，全方位、立体化保障受助学生健康成长。

二、高校少数民族家庭经济困难学生资助工作目前存在的问题

（一）资助育人工作中“育人”作用发挥薄弱

总的来看，高校经济困难学生并不只是停留在表面上的经济困难问题，更多应该给予关注的是心理、学业、能力、人际关系等方面。在目前高校资助育人的整体资助工作中，对于资助政策的落地执行，更多是在资助实现的途径上下功夫，倾向于解决学生经济方面的困难，这就导致资助与育人的衔接力度不够，尤其是在少数民族学生的资助育人过程中，没有考虑到少数民族学生本身具有的一些特殊性，应该结合他们所有的特长，通过结合一些活动，使其产生 1+1 大于 2 的可能性，更好地展现资助育人的良性循环效果。

（二）资助育人工作中学生自我发展力度弱

高校在资助育人培养过程中在思想引领方面做的工作较少，资助与育人的衔接力度不够，对于资助学生的思想与精神引领工作欠缺，资助过程中未能激发学生自我发展的

主观意识，尤其少数民族学生在平时的学习和生活中更容易与本民族的同学有沟通语言，长此以往，就减弱了学生自我发展的主动性，更多是在自己的舒适区里生活。

（三）资助育人工作中“扶志”力度较弱

对于资助学生思想与精神引领的工作开展不多，加之大学生对自我生活约束力较小，极易形成不劳而获的受助心理，长此以往，导致困难生养成安于现状，沉浸不前的现状。高校在“扶志”方面开展的相关活动较少，形成的影响力较弱，未能及时帮助困难生树立正确的人生观、价值观，导致困难生价值观扭曲，思想消极，不自信。

三、高校少数民族家庭经济困难学生长效资助育人机制研究

资助育人工作对于资助工作来说的重要性，育人既是资助工作的出发点，也是资助工作的落脚点。开展育人工作考虑全面发展，形成全校一盘棋的工作思路，最终将学生培养成回馈社会的有用人才，形成育人成才的优良模式，充分发挥高校的育人优势。

（一）创新管理方式，实现全员育人

学校的每一位教师都具有资助育人的责任，统筹协调教师资助育人任务，发挥每一级资助育人优势。尤其是对少数民族家庭经济困难学生，要有针对性地进行帮扶，开展“一对一”帮扶，在学校总体的管理层方面，可以为少数民族家庭经济困难生的学习和生活拟定一些更有温度的帮扶方案，学校、学院、困难生班主任、困难生导师、后勤服务人员就需要将这些帮扶措施及时落实，严格贯彻以及执行资助育人工作，层层落实，多方合作，并建立监督保障机制，定期检验资助育人每个环节的工作。

在实行学校全员育人的过程中，加强对少数民族专兼职工作教师的培训，定期有针对性地开展相关培训讲座，尤其是要定期开展心理方面的团辅讲座，参与讲座的老师覆盖面要广，涉及面要多，公寓、图书馆、食堂等单位处室也应选派老师参加，并定期交流工作体会，对少数民族学生在学校的整体状态有全方位的把控，对特殊少数民族学生的情况及时进行研判，确保学生各方面的良性发展，提升学生的综合素养。

（二）根据少数民族学生特点实施特殊资助政策

高校可以结合少数民族特有的节日，开展一些交流活动，增加少数民族学生展示自己的机会，提升学生自身综合素质。设立少数民族学生的专项奖助学金项目，以此提高他们的获奖比例，增加少数民族学生的受助面，为少数民族学生设立专门的勤工助学岗位，在勤工助学实践岗位中不断提升自身综合素质。

少数民族学生的奖助贷可以结合当地政府部门的情况，及时设立专项奖助体系，通过建立动态的奖助体系，清晰地了解学生的动态，对学生的发展起到整体的推动作用，也要将在学校表现优秀的同学推荐给当地政府，使学生在学习阶段就能参与到家乡的发

展和建设中来，使学生在实践中学习，在学习中成长成熟，在这种动态机制的建设和使用过程中，通过全方位的了解可以更好地培养学生的综合素质，形成“资助-成才-回馈”的良性大循环机制。

（三）搭建校企联合模式，联合培养

高校要加大企业对接少数民族家庭经济困难学生的培养力度，全面支持少数民族家庭经济困难学生参与社会实践活动，也为社会力量参与学生发展牵线搭桥，邀请企业当中的优秀人才参与学校讲座，拓展学生学习途径，第一时间了解企业对于人才的需求。结合国家对高等教育体制改革的深化以及国家区域发展战略的推进，为少数民族家庭经济困难学生量身制订人生成长方案，积极引导学生找到更适合自己的人生发展道路。

学生在企业的实践过程中也要积极推动企业的发展，在企业学习的过程中更容易积累自己的工作经验，更清楚地找到自己的人生定位，提前规划自己的发展方向，通过企业的发展平台，更多的少数民族学生能够将自身的发展方向与国家和民族的发展方向结合起来，通过这些活动，更好地培养学生爱国、爱党、爱社会主义的优良品格。

（四）完善管理体制，实现动态管理

建立少数民族困难生“一生一档”制度，形成帮扶手册，覆盖每一个少数民族家庭经济困难学生，记录下帮扶所取得的效果，学生目前的状态，使我们有针对性地开展之后的资助工作。可以网络科技为依托，建立一个全面的困难生信息数据库，实现对困难学生的信息跟踪功能，及时对受助学生的生活、学习、发展状态进行评估，检验资助工作落实成效，并科学调整学生的资助项目，实现精准定位的发展模式，然后与政府管理部门分享大数据的统计结果，随时调整更新困难生的状态。

学生的发展轨迹可以查询，首先有利于学生回顾自己的发展过程，更容易使自己清晰地认识自己，及时进行反思，全面提升自己，其次有利于国家更好地调整资助政策，使少数民族学生的资助政策朝更有利于学生发展的方向调整，最后也方便高校教师在今后开展帮扶活动时有经验支撑，有案例参考，站位更高，更容易使资助育人的深层含义更深入地走进学生的内心。

四、结语

目前，高校资助育人工作开展得更深入、更具体，保障了每一位学生的权利，使高校资助育人工作机制更加健全。在今后的工作中，要坚持全员育人的工作格局，大力宣传资助育人工作效果，发挥榜样示范引领作用，完善少数民族资助育人工作机制。

参考文献：

[1] 丁绍家.从“扶困”到“扶智”“扶志”高校贫困生发展性资助创新实践研究[D].郑州:郑州大学,2018.

[2] 刘璐.探索高校资助育人体系研究[J].教育教学研究,2020(1).

[3] 陈丽.以人为本视野下高校贫困生人文关怀模式的构建[J].毛泽东思想研究,2011（3）.

高校少数民族预科自主培养模式研究
——以天津市三所高校为例

阿迪拉·麦麦提依明
天津师范大学

一、关注少数民族预科教育的重要意义

少数民族预科教育作为中国共产党民族政策的重要举措，是我国少数民族高等教育的特殊阶段，也是我国高等教育中必不可少的重要阶段。少数民族预科教育在确保我国少数民族学生平等享受高等教育权利的同时，对提高我国少数民族人口素质、传承和发扬中华民族文化、增强中华民族凝聚力具有非常重要的作用。同时，少数民族预科教育有利于促进民族地区的经济发展与改革，最终实现共同繁荣的目的。

二、研究方法及问卷信度

本文运用文献查阅法、案例研究法、访谈调查法、问卷调查法，调查分析天津市三所自主培养预科高校的预科培养模式，从学生满意度的角度出发，从培养目标、培养制度、培养过程、培养评价四个维度分析 A 大学、B 大学和 C 大学三所高校的培养方案，探究现阶段存在的问题。

编制“少数民族预科培养现状调查问卷”，每个学校分发 80 份问卷，最后收集有效问卷 199 份。通过数据调查学生对本校少数民族预科培养模式满意度的反馈，将所收集到的信息整理、归纳，找出问题所在。研究用 Cronbach’s α系数来测量量表的信度。应用 SPSS24.0 进行测量分析，结果显示在表 1 当中。其整体满意度信度为 0.947，不同的具体变量的信度在 0.808～0.938 之间，可见这项测验总体信度十分好。信度分析见表 1。

表 1 信度分析

变量	维度	题项	Cronbach's α
整体满意度		4	0.947
显性课程	课程设置	6	0.938
	语文	3	0.813
	数学	3	0.920
	英语	3	0.872

	中国文化课	3	0.985
	计算机课	3	0.884
	体育课	3	0.923
	普通话课	3	0.808
隐性课程		6	0.848
日常管理		4	0.903
培养评价		3	0.863
适应性		5	0.879

调查发现，学生对学校培养模式的整体反馈与日常管理、课程设置、隐性课程、教师队伍以及培养评价、适应性等都成显著正相关关系。结果见表 2。

表 2 学生对学校培养模式的整体反馈

	整体满意度	隐形课程	教师队伍	日常管理	培养评价	适应性	课程设置
整体满意度	1						
隐性课程	.649**	1					
教师队伍	.575**	.588**	1				
日常管理	.632**	.728**	.735**	1			
培养评价	.664**	.719**	.535**	.699**	1		
适应性	.481**	.691**	.623**	.746**	.595**	1	
课程设置	.848**	.620**	.554**	.652**	.618**	.488**	1

注：$^{*}p<0.05$, $^{**}p<0.01$

三、自主培养模式存在的问题

（一）培养目标存在的问题

1）培养目标未充分考虑学生需求

研究发现，各个院校定培养目标时基本都是参考教育部相关文件制定，培养目标定位为促进预科教育和本科教育的有机融合、有效衔接，提高少数预科生的培养质量，及提高学生思想认识。

针对预科学生的期望与想要达成的目标，调查问卷共设计 10 个选项，对每位受试者要求填写 5 个选项，如图 1 所示。

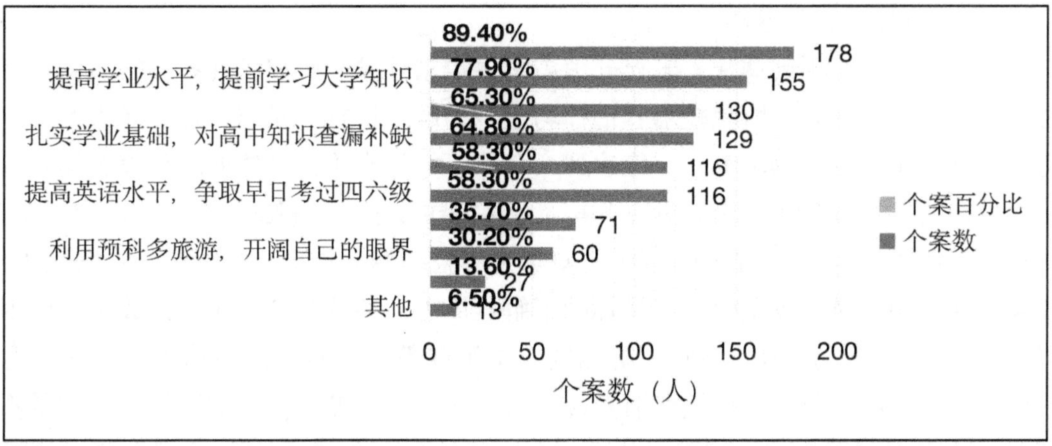

图 1 学生预科阶段的期望与目标

通过对预科阶段的期望与目标的描述性统计可以发现，89.4%的学生将“适应生活节奏、更好地融入大学”排在了第一位，即 178 位同学选择了这一选项，将其列为预科阶段最重要的期望与目标，可见大家将适应预科生活列为第一重要目标；其次选择最高的为“提高学业水平，提前学习大学知识”，占比 77.9%，共有 155 人将该选项列入前五个目标内，由此可知预科学生对提前学习大学知识的渴望；列入为第一目标的选项中排名第三的为“参加各种活动，全面提高自己的能力”，占 65.30%，共有 130 位同学列入主要目标与期待，可见同学们对提高综合素养的呼声较高；第四为“扎实学业基础，对高中知识查漏补缺”，占 64.8%,共有 129 位同学选择；排名第五的目标与期待为“提高英语水平，争取早日考过四六级”与“学习更多的技能，充实自己的生活”，两者并列第五，各有 116 人选择，各占 58.3%。

由于管理者缺乏经验，直接参考及采用之前集中培养预科基地的文件，未能对培养方案进行需求调研，从而深入思考和专业分析，精准提炼和对应性地定位培养目标，没有考虑到本校预科生的特点和需求，缺乏针对性和精准性。例如 A 大学的预科生大多数为文科生，一年后步入的本科专业也基本以文科专业为主；而 B 大学和 C 大学的预科生专业大有不同。受采访学生 L6 提到说，大家都迫切想提前学习本科专业相关的一些知识，但是预科一年好像和本科没啥关系。学生 L7 在访谈中提到说班上大部分同学都是文科生，但是学校一刀切，学习物理化学让我很崩溃。

因此在培养目标制定上需要考虑到本校的人才培养要求和学生的不同需求，而非一概而论。从培养模式的有效性角度来说，培养目标同质化严重的现状，反映出各大高校在少数民族预科生培养目标的设定上是欠妥的。这样也导致后续的培养制度、培养过程及评价不能够合理有效地对标支撑培养目标。

2）培养目标未有效落实

除了培养目标出现同质化、未充分考虑学生需求现象，研究发现各校的培养目标也未能有效落实。例如，三所院校培养目标均定位为政治目标、学习目标和能力目标，但没有规定预科生在一年的培养后，应达到一个什么样的水平，具体要求都没有纳入基本的培养目标之中。培养目标的不明确不具体，直接导致了培养模式上的“重理论轻实践”这一现象的产生。其次，各学校忽视了告知学生本校的培养方案与目标等基本落实工作。

调查问卷中，对学校预科培养目标的了解程度上，共分为3个组别，故采用单因子变异数分析，如表3所示。不同了解程度的学生在整体满意度的均值上具有统计意义（F=4.045, p>0.05)，说明对学校预科培养目标的不同了解程度的学生的整体满意度是不相等的，后续需要进行多重比较进行分析；莱文统计为0.388，不显著，说明3个了解程度组别之间的方差为齐，后续的多重比较需要采用假定等方差LSD进行多重比较。

表3 整体满意度在预科培养目标了解程度上的方差分析

整体满意度	个案数	平均值	标准差	标准误差	莱文统计	F
非常了解	42	4.494	0.935	0.144	0.388	4.045*
大致了解	139	4.061	0.939	0.080		
不太了解	18	3.889	1.044	0.246		
总计	199	4.137	0.962	0.068		

注：$*p<0.05$, $**p<0.01$

在与学生访谈过程中，学生 L6、L7 提到说辅导员老师在开学初班会上提到过培养目标，大致有个印象；学生 L8 针对这个问题说应该是顺利学完预科课程，不要挂科就是目标；学生 L9 和 L10 在访谈中说对培养目标没有概念，老师也没有说过。对于此，在调查问卷中也涉及该问题，学生对培养目标了解程度与学生整体满意度的比较分析见表4。

表4 整体满意度在不同了解程度的多重比较分析表

(I) 了解预科培养目标	(J) 了解预科培养目标	平均值差值 (I-J)	标准误差	显著性	95% 置信区间	
					下限	上限
非常了解	大致了解	.43290*	.16683	.010	.1039	.7619
	不太了解	.60516*	.26692	.024	.0788	1.1316
大致了解	非常了解	-.43290*	.16683	.010	-.7619	-.1039
	不太了解	.17226	.23734	.469	-.2958	.6403
不太了解	非常了解	-.60516*	.26692	.024	-1.1316	-.0788
	大致了解	-.17226	.23734	.469	-.6403	.2958

注：$*p<0.05$, $**p<0.01$

如表 4 所示，采用 LSD 进行多重比较，可以发现，非常了解学校预科培养目标的学生的整体满意度要显著高于大致了解与不太了解的学生。说明对于非常了解预科培养目标的学生，知道学校安排预科培养的目的、流程、方法等，所以这一类学生对学校的整体满意度是要高于大致了解与不太了解学校预科培养目标的学生。但是调查发现有 78.9%的同学对学校的培养目标等不了解，或者了解程度低。

（二）缺乏健全的管理制度

在调查 A 大学、B 大学、C 大学、D 大学四所高校预科生管理制度的过程中，发现每个学校都存在没有培养方案或者各项制度不健全的问题。高校对于预科学生的管理制度非常的模糊，在询问相关文件时，各个高校都存在不同程度的制度缺口。例如 A 大学发布了预科生培养方案、预科生管理制度以及预科生综合素质测评方案。但这些文件内没有提到的例如奖学金、处分、宿舍管理等条例，都参考本科生学生手册。B 大学的负责老师在访谈中谈到学校的培养方案设立时都是参考的 A 大学的方案，在管理中并没有任何管理制度，都是几个负责老师商量决定。C 大学的负责老师在访谈中提到说学校有专门设立的预科生培养实施细则，还设立了预科生奖学金制度，相对来说比较完善。D 大学负责老师在访谈过程中提到管理制度和培养方案都健全，但是不能提供。但是在访谈大学生过程中，再问道“预科的具体管理情况怎么样?您怎样看待这种培养模式?”时，学生 L10 提到“管理方式非常严格。这种培养模式很好，但是过于严格反而会导致学生无法习惯大学生活。”

虽然没有体系的培养方案和管理制度，但是由于每个学校都为预科生配备了专职辅导员，因此在日常管理上老师对每个学生的关注度是要比其他本科生高的。调查也显示，其他三所学校的学生对日常管理的满意度都处于 90%以上。

管理制度的不完善还体现在，各个学校的晚自习制度受争议。在收集各校相关资料的过程中发现，没有哪一个学校将晚自习制度纳入管理制度或者培养方案中。但是访谈中发现，每一所自主培养预科院校本着提高学生学业水平为目的，都开设了预科生晚自习。

在调查问卷“您认为贵校的晚自习制度是否合理”的选项中，有 44 人选择了非常合理，104 人选择了比较合理，44 人选择了不太合理，5 人选择了非常不合理，可见对于预科班的晚自习，大部分预科生还是理解和支持的。鉴于每个学校预科班设置晚自习的频率不一样，于是对不同晚自习频率下的满意度进行交叉分析，结果如图 2 所示。其中可看出，一周五天晚自习的学生中有 18 人选择非常合理，48 人选择比较合理，只有 7 人选择不合理；一周四天晚自习频率的学生中有 17 人选择非常合理，30 人选择比较合理，有 14 人选择不太合理和非常不合理，说明大部分学校均设置一周五天和一周四天的晚自习，而且学生都认为较合理。但仍有学校的晚自习频率较高，而且在访谈过程中得知，J3 老师和 J4 老师都谈到，没有将晚自习纳入培养方案内，也没有相应的管理制度。

受访学生中，之前由预科基地集中培养的几个学生均谈到预科期间有明确规定的管理制度，但是几个自主培养的学生统一反映说，管理上确实严格，老师会监督督促，但是没有见到过明确的文件。L6 谈到晚自习制度时反应："我们一周六天晚自习，但是感觉周五实在是没有晚自习的必要，还有周日晚上，也得晚自习，大家都不太乐意去，但是没办法，不去会被记名字，虽然也不知道会影响什么，主要是怕老师生气，被谈话。"，学生 L8 谈到晚自习时说："晚自习好多同学在玩儿，极个别同学在学习，还有人逃课出去玩儿。"对于这一点，在调查问卷中也有体现。

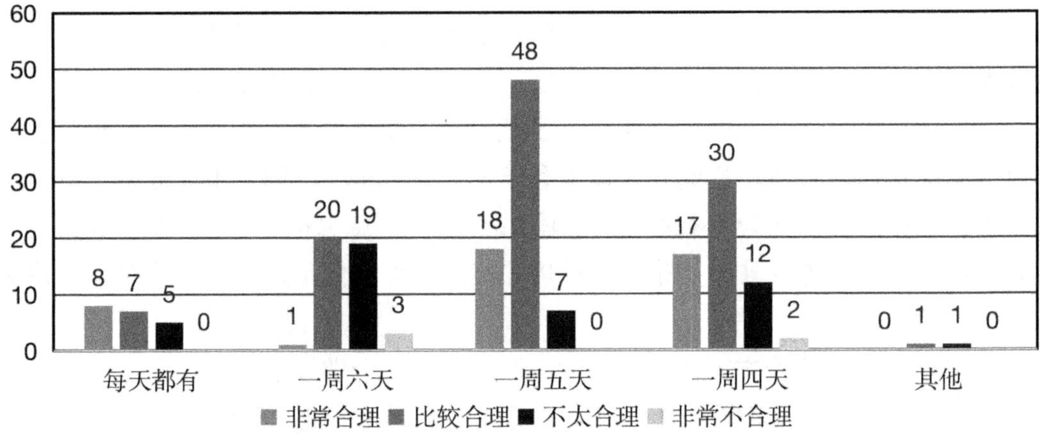

图 2 晚自习安排是否合理与开设晚自习的频率的交叉图

图 3 为晚自习安排是否合理与晚自习制度是否对学习有帮助的交叉列联图，表中可以发现，认为晚自习非常合理（44 人）的学生对晚自习制度对学习的帮助方面也是有比较好的认可。认为晚自习比较合理（104 人）的学生大部分都是认为晚自习制度对学业有一定的帮助。而认为晚自习安排不太合理与非常不合理（49 人）的学生，对于晚自习制度对学习帮助上基本没有帮助。

大部分学生都是认为晚自习安排是比较合理的，有少部分学生认为是非常合理与不太合理；认为晚自习制度对学习的帮助上，绝大多数学生认为是有一定的帮助，少部分学生认为是非常有帮助与没有任何帮助，数据的分布呈正态分布的现状。

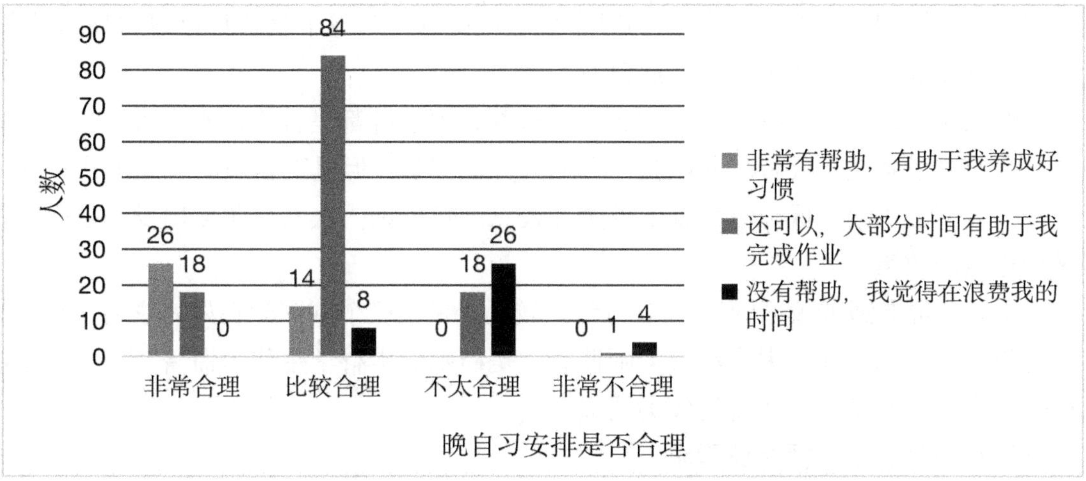

图 3 晚自习安排是否合理与晚自习制度是否对学习有帮助的交叉图

图 4 为晚自习制度是否对学习有帮助与开设晚自习的频率的交叉列联图，从图中可以发现，大部分学生都是认为晚自习有助于完成作业，且认为一周五天频率的人数是最高的，其次是认为一周四天的人数也是相对较高。但是对于晚自习可以养成好习惯这个选项，选择的同学并不是很多，只有 40 人。说明在晚自习的设置和安排上需要仔细考虑如何提高学生学习积极性的问题，帮助学生养成好习惯。

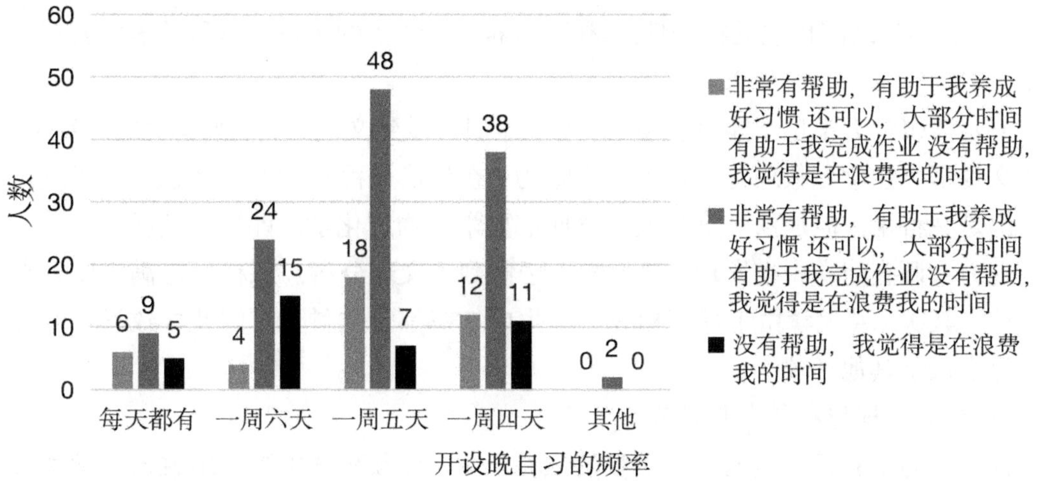

图 4 晚自习制度是否对学习有帮助与开设晚自习的频率的交叉图

综上分析可以发现，超过一半的学生认为晚自习制度是对学习有帮助的，剩余的学生有一半认为非常有帮助，有一半认为非常没有帮助。这说明对于晚自习制度的认可程度还是比较高的，但也不乏有一部分学生认为晚自习是在浪费时间。在晚自习的频率方面，大部分晚自习频率是一周五天，但是学生在访谈以及问卷中反映晚自习的频率过高，尤其在周五以及周日设置晚自习实属没有必要。

在访谈负责老师的过程中，J1 提到，一般晚自习老师都是抽查，不会去监看，导致晚自习会有同学睡觉，或者玩儿电脑，影响到其他同学。但是晚自习对学生的出勤率保证是一个较好的手段，保证学生晚上安全在校，避免外出，从安全角度出发，是一个值得长期进行的政策。

B 大学负责老师 J2 就提到“晚自习纪律较为杂乱，极个别同学在好好学习，其他都在做与学习无关的事儿，因为没有老师监管，是由别的本科学生代为监督”。学生学习自律性不高这点在晚自习体现得较为明显。

（三）课程设置忽视专业需求

1）课程设置无弹性

根据分析三个学校课程设置和课程表发现，三所高校课程设置都是参考之前预科培养基地的方案，因此在课程类别和设置上相同。虽然培养方案提到选修课，但是基本都是统一安排的以英语、数学、计算机、普通话、写作、中国文化概论、体育等必修课为主的基础课。学生不能按照自己的意愿进行选课，这样就违背了选修课课程设置当初的教育理念。学生不具备选课自主权，学校制定课程内容与形式过于死板，缺乏灵活性，完全没有体现出素质教育精神，而素质教育精神原本应该贯穿于预科学习与生活的全过程。此外，学校之间也缺乏特殊性,不利于培养本校学生的特色，不利于学生创新能力的培养。

A 大学和 C 大学也未能完全考虑到学生需求，做到文理分科。所有学生一致化管理，导致文科学生在学习数理化过程中非常吃力。在访谈过程中，L7 学生谈到，班里大部分同学都是文科生，但是预科阶段上下学期都要学习物理化学，课程难度虽说不大，但还是很吃力。调查问卷中也发现，B 大学由于做到了文理分科，课程设置满意度要高于其他学校。其次，A 大学由于每年招收的学生中 75%都是文科生，因此导致学生对数学课的满意度低于其他学校。

2）培养过程与本科专业脱节

预科生的培养目标是培养高质量的预科学生，让预科学生更好地融入大学学习生活。预科教育定位于“预”“补”相结合的适应性教育，旨在结合一年期预科和四年期本科的教学工作帮助少数民族学生顺利实现本科的专业人才培养计划。因此，这一年期预科培养主要是为未来的本科学习奠定基础，是想打造 1+4＞5 的效果。而现在预科生培养模式完全忽视了与学生一年后的本科专业相衔接的事实。访谈中发现，已经步入大一的学生表示，预科阶段学习的内容与本科阶段完全没有关系。预科阶段学生也不能参与自己所在专业的课程与活动。在访谈过程中，五位受访谈学生 L6、L7、L8、L9、L10 都提到说不仅是自己，所有的同学都反映想参加更多有关自己本科专业的课程与活动，而目前自主培养的高校都将预科设置为独立的班级，培养上类似于高中，课程上仅限于“补”，没有起到“预”的作用，完全和学生本科专业脱节，导致 1+4=4。受访老师提到管理老师也在考虑将本科专业与预科相结合，但一直未落实。

（四）隐性课程缺乏顶层设计和制度保障

虽然在培养目标中都提到了政治目标、学习目标、能力目标等，但是对少数民族预科教育培养过程的调查分析发现，大学多数院校未将隐性课程纳入培养方案，缺乏与培养目标相对应的隐性课程的顶层设计和制度保障。

在调查问卷中，涉及“预科班课外活动对我未来发展没有什么帮助”这一选项时，有 49%的同学选择了非常同意，12%的同学选择了比较同意，10%的同学选择了一般，只有 29%的人选择不同意这个观点，可见大家对预科班隐性课程设置不满意，认为预科阶段所设置的活动与未来发展的紧密度不大，对自己的发展没有太大的帮助，如图 5 所示。

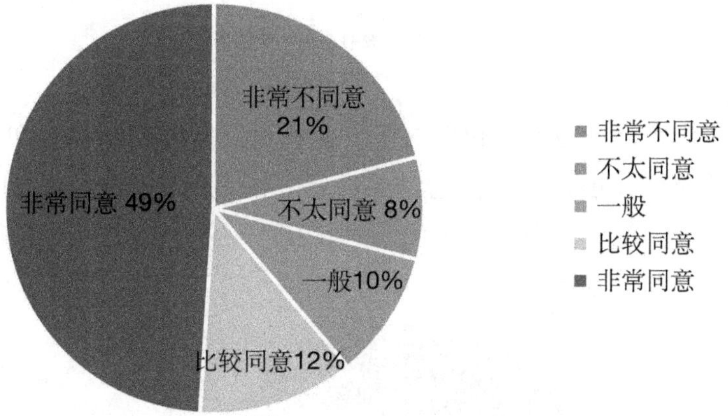

图 5 预科生对“课外活动对自己未来发展没有帮助”的看法

在访谈和调查中发现，J1、J2、J3 老师均提到学校在预科生实际培养过程中，为了达到人才培养目标，丰富学生课余生活，仅在日常管理中实施一些隐性课程，安排组织一些活动和社会实践，主要包括：参观爱国主义基地、联欢会、爱国主义知识竞赛等，如图 6 所示。但是据访谈老师们说这些活动都是“想起来就办”，没有经过系统的组织和规划，也没有纳入同学的成绩单。

访谈中，之前在预科基地受集中培养的学生 L1、L3 谈到，之前学校是将这些课外活动纳入综合测评里，会进行加分等选项，所以大家会积极参加。学校也可以进行英语四六级的考试。自主培养的学生中，L8 谈到，学校会有很多活动让我们预科生参加，但是都是歌舞类、民族团结类，想不起来有别的活动。L6 谈到，老师会在班里举行一些演讲比赛、知识竞赛等活动，还挺有趣的。如果积极参加，我觉得还是能学到一些东西。

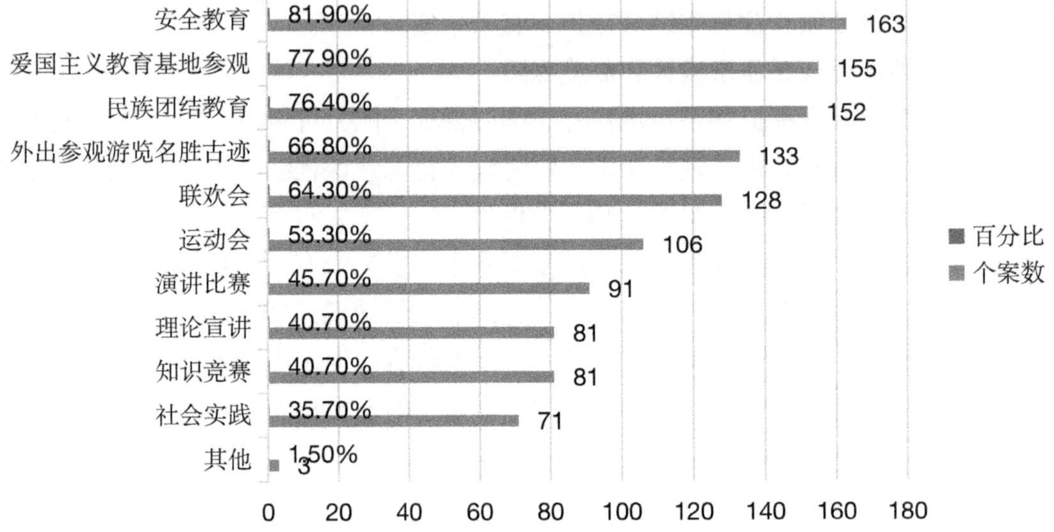

图 6 预科阶段开展的课外活动

可见预科阶段活动设置上仅偏向于安全教育、民族团结教育和爱国主义教育，忽略了德智体美劳全面发展。调查问卷结果显示（图 7），有 73.9%的同学非常同意“经过预科阶段的学习，我认为我更加爱国了”，18.1%的人选择了同意。

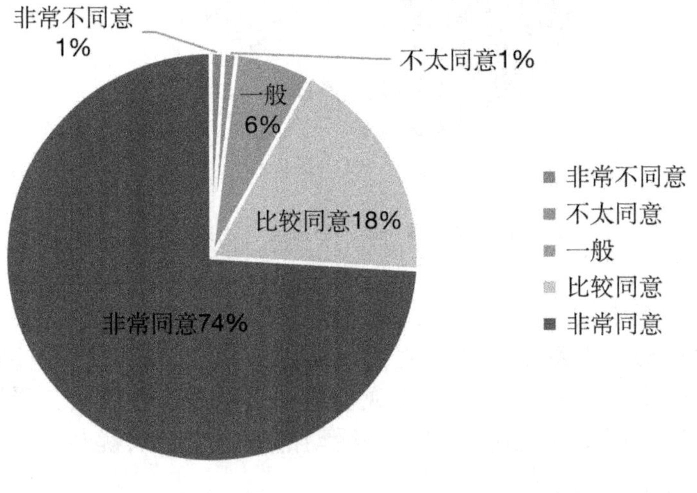

图 7 预科生对“经过预科阶段的学习，我更加爱国了”的看法

如图 7 所示，73.2%的同学非常同意“预科阶段开展的活动提高了我的思想政治觉悟”，18.6%的人选择了同意，比例是相当的高，可见预科阶段思想政治教育的成功。

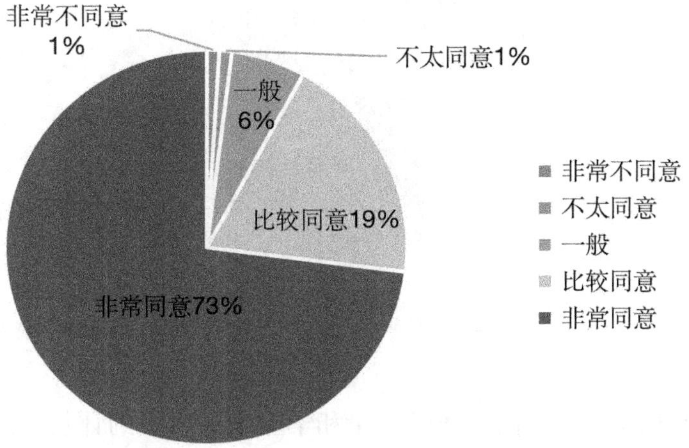

图 8 预科生对“通过预科阶段的活动提高了我的政治觉悟”的看法

综上，自主培养预科阶段高校在学生思想政治素养及爱国情怀的培养上的成就是首屈一指、值得大力赞扬的，但是与此同时，却忽略了其他素质的培养。在隐性课程设置中缺乏与培养目标相对应的顶层设计和制度保障，对于这一点，接受访谈的每一位预科负责老师也是感同身受，称“活动种类较为单一，没有考虑到学生综合需求和全面发展，也未成一个体系”。

（五）评价考核体系不健全

在制度层面上，三所目标院校几乎都没有完整的培养考核体系。虽然都规定了考试不合格者的处理办法，但是对于平时的日常行为规范和综合素质没有具体的考评细则，对学生实施评价所采用的衡量标准都较为单一且不同学生的评价结果差异性不明显。由于评价可信度和准确度较低，所以学校可能会忽视对优秀学生的挖掘和培养。这不仅导致学生疏忽自身的全面发展，也会使学生自由散漫。例如旷课率高、晚自习纪律差等。另一方面也透露出对预科教育重视不够。学生也在调查问卷中“我认为学校不重视预科学生”这个题目里，有高达 53.2%的同学选择了一般、同意和非常同意（图 9）。在访谈过程中，学生 L1、L3 提到，“我感觉学校有时候忘记我们的存在”、“有时觉得自己位置还比较尴尬，好多人都不知道预科是什么”，学生 L10 提到，“除了我们自己的管理老师，好像学校没有人知道我们这些预科学生，不太好解释”。

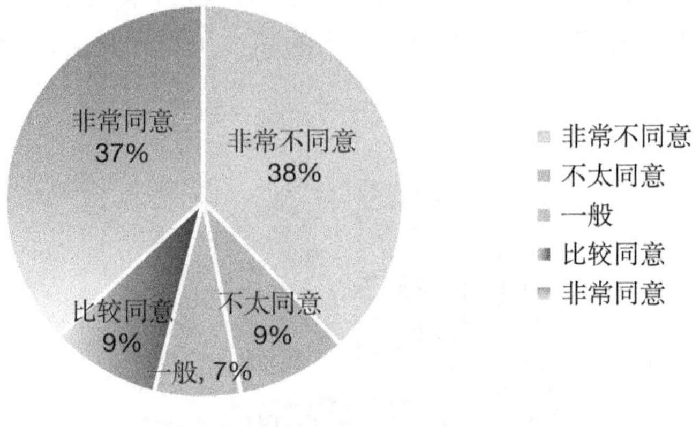

图 9 预科班对“我认为学校不重视预科学生”的看法

对于课程而言，其内部教学质量和学生学习水平的评价，无论是内容还是形式都主要以知识记忆、书面考试的分数为主要标准。访谈过程中，相关学校老师也反映说“考试都是由教务处负责，基本上题目会出得比较容易，让每个学生都过”。在调查中，也发现学生对培养评价系统的反馈，在“我认为考试只是一个形式，大家都会过”这个选项中，32.7%的人选择了非常同意，12.6 的人选择了同意，15.7%的人选择了一般。说明考试不严谨，考试内容没有对学生形成一个良性的激励，而变成了一种形式，如图 10 所示。

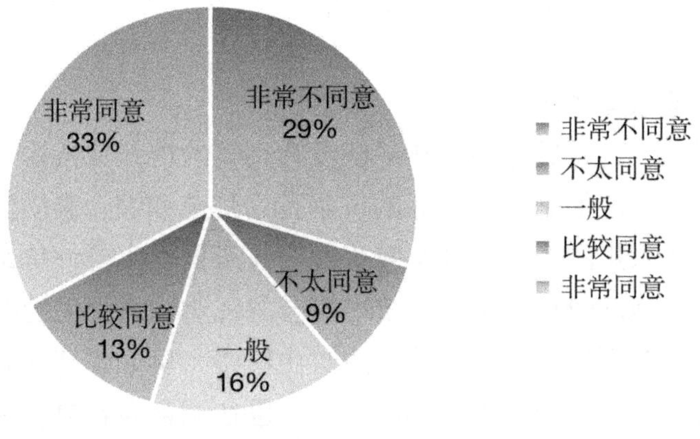

图 10 预科班学生对“我认为考试只是一个形式，大家都会过”的看法

通过相关文件阅读以及老师和学生们对待考试的感知和态度得知，各个高校对少数民族预科自主培养阶段的考核评价的设置安排不够健全，没有完善的考核评价体系，没

有形成一个科学的监督激励机制，这一方面需要进一步合理化、科学化、严谨化。

四、结论与建议

通过研究得出的主要结论有：新阶段预科教育培养模式存在培养目标的同质化，培养制度不够完善，课程设置忽视专业需求，隐性课程缺乏顶层设计和制度保障，评价考核体系不健全等问题。

针对以上问题，自主培养少数民族预科生的高校应进行逐一改革，根据党和国家要求，重视对少数民族预科生的培养；应当根据教育部要求，对少数民族预科教育形成一个准确的认识和精准的定位，结合学校自身特色，在考虑到少数民族预科生需求的前提下进行顶层设计，统筹规划，明确各部门的分工职责，制定和完善少数民族预科生培养模式制（修）订的具体工作方案，建立完整健全的培养模式体系；同时优化课程设置，增加课程弹性；加强隐性课程建设，提高学生全面素养，全面铸牢中华民族共同体意识；规范评价体系，加强考核的有效性，提高预科生培养质量。

参考文献

[1] 张钦峰，王一涵，魏艺．浅析内地高校新疆籍少数民族学生教育管理服务工作现状[J].教育现代化,2019,6(56):269-270.

[2] 孙家文.新疆少数民族大学生教育管理改革思路探索[J].教育现代化 ,2019,6(84):189-190.

浅谈“十大育人”体系下少数民族学生思政工作实践探索

张彬
天津师范大学

2019年9月，全国民族团结进步表彰大会在京召开，习近平总书记出席并发表重要讲话。他指出，各民族人民亲如一家，是中华民族伟大复兴必定要实现的根本保证，要持续推动民族团结进步创建工作进校园。笔者和少数民族学生有十分密切的关系，2016年大学本科毕业后，笔者选择在新疆开展为期一年的支教工作，和少数民族学生共同生活和学习，而如今，作为高校辅导员，笔者分管多名少数民族学生，因此结合个人生活和工作经历，对于“十大育人”体系下少数民族学生思政工作的开展，以下阐述笔者个人的理解和想法。

一、少数民族学生思政工作面临的问题

（一）少数民族学生政治观念有待提高

少数民族大学生的价值取向呈现多元化倾向，对社会主义、共产主义的认识有待提高，部分学生存在政治信仰迷茫、理想信念模糊、纪律和法制观念淡漠等现象。在这样的环境下，少数民族大学生更容易受到外来思想的影响，不利于形成正确的价值观。

（二）开展少数民族学生思政教育的方式方法缺乏创新，未形成全方位育人格局

开展少数民族学生思政教育工作目前更多的是依托课程，进行“满堂灌”式的教育模式，在文化和实践育人方面缺乏创新，特色活动较少，吸引力和实效性不高，关怀程度有待进一步加强。

（三）对可能出现的普遍或特殊问题缺乏行之有效的解决办法

少数民族大学生大都从小生活在民族地区，其在历史文化、生活习惯、学习内容、学习方式等方面与其他学生之间存在一定差异，因此由于不适应等原因所产生的问题时有发生，但在工作过程中普遍缺乏预判，不能及时发现问题，同时解决问题手段单一，举一反三能力不足，解决少数民族问题时往往心有余而力不足。

二、少数民族学生思政工作原则

（一）政治性和时代性相结合

加强少数民族思政教育工作，要重视政治底线思维，加强少数民族大学生“五个认同”教育。同时紧跟时代发展潮流，关心关爱少数民族学生，真正融入他们的生活和学习。

（二）创造性和实效性相结合

加强少数民族思政教育工作，要结合实际情况，创新线下育人工作模式，拓宽网络思政育人渠道。同时注重实效性，注重目标导向和结果导向。

（三）普遍性和特殊性相结合

加强少数民族思政教育工作，要面向全体少数民族学生开展。同时结合每个少数民族学生的个体差异和具体问题，分类开展行之有效的思政教育。

（四）发现性和预防性相结合

加强少数民族思政教育工作，要做好规划，关注大局，及时发现存在的问题，防止事态恶化。同时在日常工作中要未雨绸缪，做好预判，最大限度预防和减少少数民族学生在生活、学习、心理等方面的问题。

三、“十大育人”体系下提高少数民族学生思政工作的策略

（一）做课程育人的监管者

大部分少数民族学生刚入学时基础薄弱，学习能力差，适应性不强，因此从大一开始，就要积极配合教学部门重点做好少数民族学生的课堂管理，严查考勤，树立学生纪律意识，开展一对一学业帮扶，形成长效机制。定期与任课老师交流，帮助学生查漏补缺，引导他们尽快适应大学学习。同时协助任课教师充分挖掘课程蕴含的思政教育元素，创新教学模式，提高针对性、实效性和亲和力，让思政教育入脑入心。

（二）做科研育人的支持者

对于大部分少数民族学生来讲，他们毕业后选择返回家乡参与工作，为家乡经济社会发展贡献力量，因此科研能力的培养至关重要。要积极开设科研讲座，提高科研兴趣，鼓励少数民族学生在力所能及范围内开展科学研究，培养其创新精神，使其在潜移默化中感受中国科学技术的飞速发展，增强民族自信心和向心力。同时，营造崇尚科学的文化氛围，加强诚信教育，借助科研学习树立严谨认真的态度，规范其各方面行为。

（三）做实践育人的拓展者

近年来，各高校愈发重视实践育人工作，因此要找准方向，精准开展育人工作。要积极整合校内外实践资源，拓展实践育人基地，结合学校特色和专业优势开展包括社会调查、生产劳动、社会公益、志愿服务、科技发明、勤工助学在内的实践活动，创新实

践教学模式，丰富实践教学内容，鼓励和引导少数民族学生学成之后投身祖国西部基层建设。同时，顺应时代潮流，开展“我为家乡代言”系列活动，增强少数民族学生归属感和荣誉感，做就业创业、志愿服务国家需要的争先者。

（四）做文化育人的弘扬者

在少数民族学生中开展文化育人至关重要，是增加其文化认同感的重要途径。要尊重并理解少数民族学生的文化习俗，积极开展中华优秀传统文化教育，引领少数民族学生在中华优秀传统文化中汲取坚定前进、滋养身心的精神力量，成为中华文化“传承人”。以校史、校训、校歌为载体，策划积极健康的学校文化精品活动和具有专业优势的学院特色活动，擦亮老品牌，打造新名片，在文化活动中弘扬社会主义核心价值观。同时充分挖掘重大纪念日、重大历史事件中蕴含的爱国主义教育资源，广泛开展形式多样的纪念活动，使其深入了解世情、国情、党情、社情、民情，树立正确的历史观、民族观、国家观、文化观。

（五）做网络育人的守护者

当前，网络成为弘扬主旋律、开展思想政治教育的重要手段。因此要强化网络育人意识、加强校园网络安全管理、提升网络运用能力、增强网络舆论引导能力、提高网络评论能力、增强网络信息安全管理能力。同时要引导少数民族学生合理发声，唱响主旋律，传播正能量，鼓励学生积极创作网络文化优秀作品，抵制任何一切有损国家荣誉的言语，营造清朗网络空间，弘扬社会正气。

（六）做心理育人的共情者

近年来，高校学生自杀、患抑郁症等现象频繁发生，心理健康教育课程已纳入学校整体教学计划，心理健康问题不容忽略。因此要重视少数民族学生心理健康教育，积极宣传心理健康知识，总结少数民族学生心理危机干预成功案例，积累实践经验，同时，要善于设身处地理解少数民族学生问题，在生活和学习上予以更多关怀，与家长朋友保持沟通联系，形成合力，引导学生采取正向积极的心理咨询方式，构建教育教学、实践活动、咨询服务、预防干预、平台保障“五位一体”的心理健康教育工作格局。

（七）做管理育人的探索者

习近平总书记强调：“科学的管理育人制度能够对广大师生进行积极引导，让制度更好体现关怀温度、德育深度和育人高度，持续调动广大师生的积极性、主动性、创造性。”因此要深入挖掘和研究少数民族管理育人的内涵与规律，努力探索管理育人工作的新途径，完善少数民族学生管理机制，加大对少数民族学生的关心关爱力度，灵活运用各支管理队伍，加大对学生的约束力度，严管和厚爱并济，鼓励学生做遵纪守法的标杆。

（八）做服务育人的代言者

开展思政教育工作，要全力维护少数民族学生的根本利益，积极搭建沟通交流互动平台，通过座谈会、下班级、下宿舍等形式了解学生的生活和学习需求，定期开展朋辈教育，做好点对点帮扶，营造少数民族学生和其他学生间互助友爱的良好氛围，做好少数民族学生生活和学习保障工作，做好少数民族学生的代言人。

（九）做资助育人的筑梦者

部分少数民族学生家庭经济贫困，生活相对拮据，这严重影响他们的学习和生活，因此要通过家访、问卷调查、日常观察等方法掌握学生家庭状况，建立家庭经济困难少数民族学生档案，结合“奖、助、贷、勤、补、免”等措施开展针对性资助帮扶，在扶志和扶智中助力少数民族学生脱贫，解决学生的后顾之忧，做他们成长成才路上的筑梦人。

（十）做组织育人的引领者

要充分发挥组织育人功能。选树一批优秀学生党员，在少数民族学生中树典型，起模范，注重发展边疆少数民族优秀学生党员，在坚持标准的前提下给予倾斜政策，鼓励他们积极做党的路线方针政策的宣传者。同时充分发挥共青团、学生会等群团组织的桥梁纽带作用，开展丰富多彩的活动，在少数民族学生中营造积极健康的良好氛围，实现寓教于乐。

四、总结

习近平总书记在民族团结进步表彰大会上指出，实现中华民族伟大复兴，需要各民族手挽着手、肩并着肩，共同努力奋斗。我们作为高校教育工作者，开展少数民族思政教育工作责无旁贷。当前在“十大育人”体系下，必须做好四个“坚持”。坚持权益维护，保障少数民族学生学业生活；坚持严管厚爱，助力少数民族学生成长成才；坚持家校合力，建立少数民族学生服务体系；坚持惩罚分明，治理少数民族学生突出问题；

参考文献

[1] 张鹏飞.大数据时代高校少数民族学生思政教育模式创新研究[J].产业与科技论坛,2020(19):130-131.

[2] 王娜.新媒体下少数民族大学生思政教育的路径优化[J].山西青年,2020(16):122-123.

[3] 包宝林.当前少数民族大学生思政教育机遇与挑战[J].时代报告,2020(7):42-43.

[4] 蒋妍.高校辅导员开展少数民族学生精准辅导工作的路径探讨[J].教育教学论

坛,2020(29):13-15.

[5] 陈蕾.关于推进民族高校思想政治教育工作的思考[J].理论界,2020(6):99-104.

[6] 姚彬.新时代加强少数民族大学生思想政治教育的重要性[J].当代教育实践与教学研究,2020(11):202-203.

[7] 习近平.在全国民族团结进步表彰大会上的讲话[N].人民日报，20190-9-28.

新时代高校少数民族大学生“精准思政”教育路径探究

王广瑞
天津师范大学

“图难于其易，为大于其细”“天下大事，必作于细”。党的十八大以来，习近平总书记曾多次强调，要培养精准思维、精准开展工作。所谓精准思维，就是在定性、定量、定度上的一种精细、准确的思维方式，就是要坚持问题导向和目的导向相结合，做到精准发现、精准看待、精准分析问题，最终精准解决问题。作为当代青年群体的重要组成部分，少数民族大学生不仅担负着实现中华民族伟大复兴中国梦的使命，更是少数民族未来事业的建设者，对他们的教育关乎民族发展和民族团结，对构建社会主义和谐社会具有重要的意义。而高校作为少数民族大学生接受思想政治教育的主要场所，也要顺应形势，着力构建“精准思政”机制，助力落实立德树人的根本任务。

一、高校少数民族大学生实施“精准思政”教育的必要性

党的十九大报告提出“全面贯彻党的民族政策，深化民族团结进步教育，铸牢中华民族共同体意识”，高校少数民族大学生承担着维护民族团结、促进民族地区发展的历史重任，是我国宝贵的人力资源。因此，加强少数民族大学生的思想政治教育工作，不仅有助于提高少数民族学生个人的思想政治素质，加强校园安全，更有助于应对目前复杂的国际关系形势，维护国家安全和稳定，促进区域发展，增强民族凝聚力。

为了让改革发展成果更多更公平惠及各族人民，确保少数民族和民族地区同全国一道实现全面小康和现代化，近年来，我国对少数民族和民族地区的人才培养、基础设施建设等方面的扶持力度不断加大，高校少数民族大学生人数逐渐增加。但受民族文化、风俗习惯和语言等多方面因素的影响，高校少数民族大学生在思想政治意识、学业、就业、心理等方面均存在其自身独特的特点。

（一）文化差异较大，归属感不强

我国作为一个统一的多民族国家，各个民族在传统文化、宗教信仰、风俗习惯、语言上均存在差异，少数民族大学生在进入非民族院校时，必然面对着从本民族文化融入汉族文化的转变适应过程，适应初期难免会感觉缺乏安全感和归属感。且受宗教信仰、

民族文化和风俗习惯等多重因素的影响，少数民族同学容易表现出较为明显的“本民族文化认同感”，从心理上对本民族同学有更强的接纳和认同感，更倾向于参加本民族同学的活动，形成“小团体”，最终导致双方的文化交流机会有限。此外，我国正面临复杂的国际形势，西方敌对势力多次试图利用宗教问题进行政治渗透和思想渗透，小部分少数民族大学生思想政治意识较为薄弱，加之校园生活文化差异的影响，因而更容易受西方思想的影响。

（二）多重压力并存，获得感缺乏

随着脱贫攻坚工作的高质量推进，脱贫攻坚战取得了全面胜利，少数民族地区的生活水平也得到了显著的提高。但受多重因素的影响，在社会发展、交通运输、教育资源等方面与发达地区相比仍存在一定差距。因此，部分少数民族同学进入大学后，往往在学业、语言、经济、就业、心理等方面存在多重压力。从学习水平上来看，由于部分少数民族地区教育资源匮乏，教育水平不高，导致一些少数民族同学学习基础较为薄弱，学业成绩整体水平偏低，期末考试出现学业预警情况较为严重。从语言沟通上来看，受本民族语言文字的熏陶和教育水平的限制，部分少数民族大学生的普通话水平较低，交流沟通存在一定问题。从经济条件上来看，部分少数民族大学生来自偏远的欠发达地区，读书期间生活成本较高，使得他们在物质需求方面与其他学生相比有一定的差距。从求职就业上来看，由于少数民族大学生民族归属感较强，他们从心理上更愿意选择毕业后返乡就业，但受当地就业岗位不足、就业政策不完善、就业环境较差等因素的影响，他们在面对严峻的就业形势时容易产生低落、迷茫的情绪。多重压力并存，使得他们获得感缺乏。

基于上述特点，新时代高校少数民族大学生思想政治教育工作更需要以精准思维为导向，在教育方向、教育对象和教育方法等环节上精准对焦、协同发力，健全“精准思政”机制，创新性地开展少数民族大学生的思想政治教育工作。

二、高校少数民族大学生实施“精准思政”教育的路径

（一）瞄定方向，厚植爱国主义情怀

基于地域条件、多元化文化等因素的影响，各少数民族在其发展过程中形成了独具特色的“历史文化、风俗习惯、文化心理”。而随着经济全球化和人类文明水平的不断提高，不同文化之间发生交流和碰撞，这对少数民族大学生的思想政治意识均产生了一定的影响。互联网和信息技术的普及，更拓宽了学生获取信息的渠道，但也给少数民族大学生带来了新的压力和问题。故精准瞄定以爱国主义教育为核心的思想政治教育工作方向是适应国际国内形势发展的必然要求。加强少数民族大学生爱国主义教育，应加强

理论学习，坚持不懈地用习近平新时代中国特色社会主义思想武装头脑；应加强创新爱国主义教育模式，提高教育工作的吸引力和生动性；应加强校园文化建设，让爱国主义教育在思想政治课堂中“如盐在水”，达到春风化雨、润物无声的育人效果。进而不断增强少数民族大学生对国家的情感认同和价值认同，使其自觉融入实现中华民族伟大复兴中国梦的奋斗之中。

（二）聚焦对象，精准把握学生需求

精准把握学生需求，需要处理好少数民族大学生学习生活中的共性和个性问题。首先，作为普遍存在于大学生群体中的问题，共性问题有着诸如普遍性、时代性和阶段性等特点。故精准把握并处理好共性问题，做好共性教育，是“精准思政”的基础及前提。新时代背景下，互联网迅速发展，网络已经渗透到了大学生学习生活中的各个角落，覆盖面大、涉及面广，但网络在给学生带来极大便利的同时，也让沉迷网络、轻信谣言、道德意识弱化等问题普遍存在，尤其是针对少数民族大学生，可能存在的思想和文化意识的差异在网络上容易得到进一步放大。另一方面，大数据和网络时代的背景下，也让这些共性问题变得有迹可循，给予了教育工作者及时解决问题的可能性。因此，新时代思想政治教育要构建大思政格局，创新教育工作载体，强化互联网思维，善于利用互联网优势，获取更大、更全、更准确的“数据足迹”，通过对比历年数据变化，及时发现新问题、新动向和新形势，把握好学生群体的共性需求，及时制定对策，充分利用微博、微信、朋友圈等新平台，做好安全、心理教育宣传，防患于未然。

其次，由于学生家庭背景、自身经历和心理状态的不同，大学生的个性问题存在着差异性、复杂性和隐蔽性等特点，解决好大学生尤其是少数民族大学生的个性问题，满足其个性需求是“精准思政”的题中应有之意。大学生在学习生活中会留下海量的数据信息，应随时关注学生的社交媒体，通过关联性猜想、全方位监测分析学生个体看似纷繁杂乱的碎片数据，精准识别其思想和行为特点，制定个性化、有针对性的教育方案，建立一对一帮扶机制，做到点对点精准解决问题，将可能的突发事件消弭于无形之中。

最后，要积极引导学生进行自我教育、自我管理和自我服务。须知，最了解学生需求的，只有学生自己。要充分发挥学生尤其是少数民族大学生党员朋辈的引领作用，发挥学生的主观能动性，利用好学生群体自我管理的主人翁意识，鼓励学生的个性化发展，最终营造积极向上的学习生活氛围。

（三）精准施策，多方联动凝聚合力

(1) 在管理制度制定上要求“精准”。应紧密结合本校、本院少数民族大学生在思想政治意识和自身发展方面的特点，建立健全规章制度和帮扶方案，从思想政治教育、民族信仰、学业指导、就业工作和心理干预等多方面建立相关管理制度和应急预案。在此基础上，分年级、分地区、分民族建立少数民族大学生个人档案，将各少数民族大学生的详细信息登记在册，并通过线上线下相结合的形式定期与少数民族大学生沟通交流，及时了解他们的所思、所想、所愿、所需。通过定期反馈和学期汇总，有针对性地调整教育和帮扶方案，做到“因事而化、因时而进、因势而新”。

（2）在课堂教学环节上要求“精准”。建立少数民族大学生个人档案是基础，开展精准化、个性化的思想政治教育才是目的。课堂教学是高校思想政治教育工作的主渠道，在坚持正确政治方向的基础上，应结合少数民族大学生的个人需求、自身特点和专业学科特点等选准切入角度，采用学生易于接受的方式，讲述学生易于接受的内容，结合对学生教育需求的精准掌握和精准分析，做到精准供给。还应通过实践不断创新工作思路，增强教育内容的吸引力。

（3）在教师能力塑造上要求“精准”。随着时代的发展，社会对教师角色的要求不再是单纯的“传道，授业，解惑”。正如《学会生存》一书中提到的，教师现在已经越来越少地传递知识，而越来越多地鼓励思考；除了他的正式职能以外，他将越来越成为一位顾问，一位交换意见的参加者，一位帮助发现矛盾论点而不是拿出真理的人。教师是人才培养的主力军，在掌握必要的专业课程教学能力的基础上，还必须精准提升课程思政建设能力。高校教师应转变传统观念，拓宽获取学生动态信息的来源渠道，具备对零散碎片化数据分析与整合的能力，通过数据分析掌握学生的思想行为轨迹变化，充分尊重大学生的主体地位，因材施教，开展个性化、专业化的思想政治教育工作。

总而言之，少数民族大学生作为实现中华民族伟大复兴中国梦的重要力量之一，发挥着促进民族团结和维护国家统一的重要作用。因此，新时代高校少数民族大学生的思想政治教育工作尤为重要，要以习近平新时代中国特色社会主义思想为指导，以精准思维为引领，聚焦重点群体，精确把握学生的个性化需求，找准根源、明确目标，有的放矢地进行思想引领，进一步开创高校少数民族大学生思想政治教育工作新局面。

参考文献

[1] 黄齐.非民族院校少数民族大学生思想政治教育路径探析[J].大理大学学报，2021,6(61):48-53.

[2] 张楠.立德树人视域下普通高校少数民族大学生思想政治教育工作的提升路径探析[J].2020,33(15):85-86.

[3] 徐萍，马金伟.高校少数民族大学生精准思政教育对策研究[J].高等教育,2020(2):136-138.

[4] 杨锟.新形势下少数民族大学生思想政治教育的挑战及优化策略[J].贵州民族研

究,2017(2):216-219.

[5] 张峰,姜黎黎.基于新媒体政治传播理论的少数民族大学生社会主义核心价值观教育研究[J].新疆大学学报(哲学・人文社会科学版),2018(3):61-67.

[6] 毛呷呷,张云齐.论民族高校少数民族大学生的爱国主义教育[J].经济研究导刊,2012(22):267-298.

[7] 张渊.少数民族大学生社会主义价值观认同研究[J].贵州民族研究,2019,1(40):215-219.

[8] 张策,张耀远.大数据助力高校网络思想政治教育:价值、困境及其破解[J].教育理论与研究,2020(33):28-32.

[9] 张倩文.以大数据分析助力"精准思政"的研究与实践[J].经验交流,2021(1):268-270.

[10] 联合国教科文组织国际教育发展委员会.学会生存——教育世界的今天和明天[M].北京:教育科学出版社,1996.

[11] 新时代下内地高校新疆少数民族大学生思想政治教育和管理工作的研究[J].吉林广播电视大学学报,2020(10):64-65.

新时期新疆籍少数民族大学生内地就业工作路径探索

单一鸣[1]　　任雅婧[2]
1.天津师范大学　2.天津理工大学

一、新形势下引导新疆籍少数民族大学生在内地高质量就业的意义

习近平总书记强调"全面实现小康社会，少数民族一个都不能少，一个都不能掉队"，推进新疆籍少数民族学生高质量就业是全面建成小康社会和我国脱贫攻坚的重要举措。新疆籍少数民族大学生是新疆地区经济发展、和谐稳定的中坚力量，高校有针对性地做好新疆籍少数民族学生的思想政治教育工作，引导他们坚定理想信念、涵养家国情怀、提升能力素养，对于国家民族团结、社会稳定进步具有重要的现实意义。

二、新疆籍学生内地就业难的原因分析

（一）学生学业基础薄弱，家庭经济水平较低，文化程度不高

不同类型学生的学业基础不同，由于高考前期接受的教育水平有限，语言沟通能力和学业基础知识相对薄弱，导致在就业市场上的核心竞争能力不强，且受到家庭观念的影响，就业选择时往往偏向于考虑父母期望，父母认可的职业如公务员等往往对其影响较深，而不太认可的企业公司单位则得不到重视，且该部分群体对于内地的就业市场和发展前景尚不清晰，对于就业缺乏有效的规划。

（二）社会期望偏差和个人主观就业择业观单一

社会企业等用人单位在进行自主招聘时往往多从单位需求角度进行考量，用人单位对招聘过程的话语权占有较大比重，2021 年高校毕业生高达 909 万人，新时期的就业形势更加严峻，不少用人单位因疫情影响招聘需求趋于饱和，且在社会期望下更多的单位盲目追求名校毕业生、研究生等高学历高层次人才，对于新疆籍少数民族学生缺乏一定程度的了解，甚至存在偏见，不少用人单位在考虑少数民族学生时主观上希望规避一定风险，因此导致这类毕业生在企业单位用人上受欢迎程度相对较低。再加上该群体毕业生就业择业观念单一，近三年就业分析统计显示，48%的学生首选升学，35%的学生选择事业单位招考，唯"考研""教师"不可的就业观和社会期望严重影响着学生的就业观。"学而优则仕""铁饭碗"是大多数毕业生的择业标准。非"教师""考研"不可

的毕业生将参加考试当成择业就业的过渡期，未能合理进行职业规划，就业热情明显不高。

三、优化新疆籍少数民族毕业生内地就业工作路径

通过人才培养机制、社会支持引导、个人求职能力提升和就业精准帮扶的促就业模式，探索新时期下新疆籍少数民族毕业生内地高质量就业的工作路径。

（一）将育人放在首位，科学制定人才培养方案

高校的中心任务是立德树人，新疆籍少数民族学生是新疆地区经济发展、脱贫攻坚的骨干力量，做好这类群体的育人工作对于维护新疆地区和谐稳定、民族团结有着深远意义，目前少数民族学生配备了内派教师和少数民族专职辅导员，协同全体辅导员共同做好少数民族学生的思想政治教育工作，维护校园安全稳定。高校新疆籍少数民族学生群体相对较少，专业集中性较强，如该群体学生在教育类专业较多，可联动内派教师、少数民族辅导员、专职辅导员、班主任等建立联动协同培育机制，建立一生一档一策，开展家校联动，内派老师和少数民族辅导员可加强与学生家长的沟通联系，扭转就业观念，分析就业形势，帮助学生及家长科学决策。同时要注重开展理想信念教育、民族团结教育等，将少数民族学生融入多民族团结大家庭的氛围中，提升其民族认同感和爱国主义情怀，可设置少数民族就业规划导师，经常性开展调研，高校可根据学生实际需求设置教育内容，帮助学生制定明确清晰的职业生涯规划，分层次合理地组织开展技能培训和实习锻炼等活动，引导学生到内地就业，在新时期的祖国大地上建功立业。

（二）营造社会支持就业氛围，优化就业环境

习近平总书记强调，要以铸牢中华民族共同体意识为主线，不断巩固各民族大团结。因此，高校应增强少数民族学生与内地文化的多元化交流，使其跳出民族“小圈子”，加强不同习俗和饮食文化的交流，加强民族融合，逐渐消除民族偏见。高校应缩短与少数民族学生的物理距离，拉近与他们的心理距离。加强内地就业相关优惠政策及补贴，吸引更多少数民族群众选择到内地就业，拓宽新疆籍少数民族大学生的就业渠道。优化用人单位就业环境，高校协同社会企业等单位开展交流沟通，充分了解新疆籍少数民族学生的特长和优势，要公平公正公开地录用此群体学生，消除社会偏见和刻板效应，保障此群体学生顺利从高校过渡到社会。扩大内地就业优惠政策的影响力，尽可能提供绿色通道、特岗招聘等机会，吸纳更多新疆籍少数民族学生到内地就业，提供更多生活保障福利政策。

（三）强化学业心理帮扶，加强个人技能培训

学业基础弱是新疆籍少数民族学生普遍存在的问题，学业压力可能导致心理问题的

产生，因此将学业心理帮扶作为一项前置性工作十分有意义。可设置党员建功立业岗，结对子开展学业、生活、思想等多方面帮扶活动，制订少数民族优秀学生骨干培养计划，帮助学生在高校平台上锻炼自我，提升自我效能，增强责任意识和竞争意识。开展多层次的个人技能培训，重点关注困难生，对其开展免费的教学技能培训等，利用现有资助政策，扶贫扶志同向同行，全员全过程全方位制定个性化提升方案，因人而异，精准施策。引导学生及时转变思想，正确看待和认识自身不足，积极参加社会实践实习，锻炼个人就业能力，提高人际关系交流、处理问题经验以及环境适应、文化融合交流等能力。

（四）优化精准就业帮扶，创新就业工作模式

对于新疆籍少数民族这类特殊群体的就业工作，实现毕业生全覆盖、一对一帮扶，实施一生一策，充分发挥专业教师、就业导师在毕业生就业工作中的指导作用，做到全员参与。

1.建立就业工作台账，实行网格化精细管理

建立毕业生就业跟踪台账，精准摸排、科学研判、动态管理，在准确摸底毕业生就业需求和求职意向的基础上明确责任人并细化措施，提升个性化服务。深入分析此部分学生的特点和就业状态，多渠道提供就业资源，对每一位未就业学生进行精准帮扶。整合专业教师、就业导师资源，比如对于今后想要从事教学工作的学生，可通过教学技能大赛、教师资格证培训、中小学课堂历练基地等方式，提升到内地参加教师招聘学生的核心竞争力，树立他们在内地就业的自信心。

2.分层次全员就业帮扶，打造四位一体就业指导体系

根据新疆籍少数民族学生不同年级层次的特点，依托各类活动平台，不仅要加强内派教师和少数民族辅导员的专项指导，更要将此部分学生同其他学生放入就业指导“大熔炉”进行锤炼，打造“名师学业指导，启迪职业生涯规划”“朋辈教育引导，提高就业择业能力”“榜样力量传承，引领主动探索未来”“精准就业服务，提升学生就业热情”四位一体就业服务模式，开展“教授茶会”名师指导、“科研有我”就业能力训练，开设“考研风向标”、“研途有你”考研经验分享交流会、学生就业座谈交流会、学生干部就业培训交流会，邀请学院优秀毕业校友开展就业指导讲座系列活动，同时加强校企联动，开展“微观企业”“企业专场宣讲会”“校园大中型招聘会”“就业服务接待日”“招考专项培训讲座”等活动，为有不同就业需求的学生提供精准就业服务，为学生提供全员、全过程、全方位指导。

3.提升岗位人员匹配度，靶向开展就业服务

根据学生不同特点进行岗位推荐，如部分新疆籍少数民族学生英语水平较高，可推荐至相关外企或对英语水平有一定要求的单位工作，如从事期刊论文审核等工作。对于参加各类招考的学生，发挥学生辅导员、已成功通过用人单位考试优秀毕业生方面等力量，挖掘优秀校友资源，开展就业精准指导。对于有意愿去中小企业和研究所工作的学生，可由辅导员、专业教师、就业导师负责搭建校企联动平台，引导学生到中小企业就业。对于就业意向不明确的学生，应鼓励其就业，由辅导员、专业教师进行引导，为其提供机会到中小企业或辅导培训机构进行实习工作，可引导学生灵活就业，实现由校园向社会平稳过渡。

参考文献

[1]张娜,王备备.新时代背景下边疆少数民族大学生内地就业路径探索[J].河南农业,2020(36):13-15.

[2] 廖丽金,刘余勤,魏金婷,等.内地高校新疆籍少数民族学生思想政治教育的现状与实践路径——基于上海8所高校的工作状况调研[J].东华大学学报(社会科学版),2020,2(4):386-390.

[3] 阿米拉,景艳.关于做好少数民族大学生管理工作的几点思考[J].时代教育,2015(19).

[4] 王隆文,才让旺秀,陈超.少数民族大学生就业社会支持法律体系的探讨——社会资本理论对凉山彝族大学生就业取向的考察[J].湖北民族学院学报(哲学社会科学版),2012,30(3):83-88.

“三全育人”背景下职业院校人才培养路径研究——少数民族学生爱国主义教育的路径研究

发如合·阿迪力
天津医学高等专科学校

高等院校中少数民族学生是少数民族地区未来经济社会发展、教育素质提升的生力军，肩负着发展地域经济、促进民族团结和社会稳定的重要使命。天津医学高等专科学校作为中国特色高水平高职学校和专业建设计划的建设单位，旨在培养高水平技术人才，推动区域经济发展，服务国家战略。而培养政治立场坚定的高素质、高水平的少数民族人才，不仅关系到学生个人的发展，更直接关系到少数民族地区经济社会发展、区域稳定，最终关系到中华民族伟大复兴中国梦的实现，具有重要的现实意义。习近平总书记指出：“要坚持把立德树人作为中心环节，把思想政治工作贯穿教育教学全过程，实现全员育人、全过程育人、全方位育人，努力开创我国高等教育事业发展新局面。”在此新形势下，深化高职院校少数民族学生思政教育工作，探索全员、全程、全方位的高职院校少数民族学生爱国主义教育新路径具有重要意义。

一、现阶段“三全育人”背景下少数民族学生爱国主义教育面临的新困难

随着我国教育事业的改革和发展，三全育人工作的稳步推进，全员、全程、全方位的高职院校少数民族学生爱国主义教育也面临着新的挑战。

现阶段的少数民族学生爱国主义教育，主要通过思政课堂、统战部门和辅导员开展碎片化、阶段性的活动，存在显性教育多，而隐性教育不足的情况。目前的爱国主义教育普遍采用专题讲座、演讲宣讲、思政课堂等传统方式，缺少人文关怀性质的干预。这种情况也可总结为高校内管理角色多，关怀角色少，从而最终影响到教育效果。

在全程育人方面，通过校园内专项教育、活动开展等多种形式进行爱国主义教育，其贯穿学生在校内生活学习的全过程中。但除在校期间外，在学生实习、放假期间，爱国主义教育活动开展缺乏，从而影响到教育的全程性及连贯性。

在全方位育人方面，少数民族学生日常思政教育工作主要是由学生处牵头，由辅导员、思政部门的任课老师以及行政部门中的统战干部协同开展，但对于少数民族学生在校生活学习总体情况来说，存在涵盖面少，且教育工作的主体多为教师的问题，这会导致学生只是按要求参与日常思政教育活动，从而削弱了学生爱国主义教育的效果。

二、“三全育人”背景下少数民族学生爱国主义教育的路径研究

加强高职院校少数民族学生爱国主义教育，要从顶层设计上进行全面科学的布局，要从“全员、全方位、全过程”的“三全育人”角度综合考量，统筹各部门及校内外参与管理的部门，形成协同育人联动机制；要丰富第一课堂教育内容，提升针对性及感染力；要积极开展第二课堂建设，加深第二课堂深度，提高与第一课堂联动性，将理论与实践相统一，提升课堂吸引力。高职院校少数民族学生爱国主义教育是一项长期性和浸润性的工作，也是一项政治性强、政策性强和覆盖面广的工作，少数民族学生爱国主义教育应在“三全育人”背景下，做到“全员、全方位、全过程”，形成系统性路径，协同联动、同频共振，变大水漫灌为精确滴灌。

（一）创新育人形式，实现全员育人

在全员育人方面，应以学生需求和教育中存在的问题为切入点，不能只关注显性课堂教育，要从入学到毕业的每个环节入手，充分发挥少数民族教师队伍以及辅导员队伍的带领作用，了解少数民族学生心理变化及需求，在完成少数民族学生日常行为管理的基础上，深入学生中，帮助少数民族学生树立正确的世界观、人生观和价值观。辅导员、思政教师应改变传统爱国主义教育方式，积极构建学校—社会—学生“三位一体”的育人模式。在学校中，各任课教师及行政部门老师，应积极关心学生学业生活等问题，与学生“结对子”“交朋友”，充分发扬人文关怀精神，营造团结互助的良好氛围，帮助学生解决学业及生活困难，使少数民族学生感受到党和国家的关怀以及“校园大家庭”的温暖。要充分发挥社会的教育力量，让身边的爱国主义先进个人进校园，分享事迹，用鲜活的实例促进学生形成共鸣，提升教育效果。通过“三位一体”的方式，做到显性教育与隐性教育相结合；做到管理教育与人文教育相配合，实现全员育人，做好学生思想上的领路人、学业上的指路人、生活中的贴心人角色。

（二）促进成长成才，实现全过程育人

在全程育人方面，不应只关注学生在校期间的爱国主义教育，应将爱国主义教育融入学生从入学到毕业的每一个环节。不仅要做好校内第一课堂的建设及深化，也要利用好寒暑假，开展第二课堂及社会实践活动，让更多的少数民族学生深入红色革命老区和偏远贫困地区，让少数民族学生在多样化的朋辈实践活动中相互感染，受到教育。要充分发挥党团教育模范作用，将党日活动、团日活动与少数民族学生第二课堂、社会实践相结合，既能将更多的少数民族学生吸引到党团队伍中，又能增强少数民族大学生对马克思主义的信仰、对中国特色社会主义的信念、对实现中华民族伟大复兴中国梦的信心。通过完善社会实践及第二课堂，将爱国主义教育贯穿少数民族学生的整个大学时代，实现全程育人。

（三）提高教育效果，实现全方位育人

在全方位育人方面，学校各部门之间应同频共振，建立协调机制，优化工作方略，与少数民族学生的实际生活、个人需求以及网络传媒相结合，在思想引领、心理关怀、学业辅导、经济资助、就业帮扶、后勤保障等方面同时发力。在空间方位上，要把校园课堂教学、校园文化、餐饮服务、住宿管理等工作相结合，融入爱国主义教育的理念与方法，合理运用新媒体网络，适应时代发展，引导少数民族学生知党恩、感党恩。通过统筹协调的方式，打造少数民族学生熟悉亲密、和谐融洽、高度参与的环境，实现全方位育人，提高少数民族学生爱国主义教育效果。

三、结语

在“三全育人”的背景下，高校学生社区作为大学生最基本的学习、生活空间，无疑是推进高校思想政治工作发挥育人成效的重要实践平台。本文以思政教育工作中的少数民族学生爱国主义教育为方向，在“三全育人”背景下，对现阶段少数民族学生爱国主义教育存在的困难进行系统分析，研究“三全育人”视域下新时代少数民族学生爱国主义教育的路径。少数民族学生爱国主义教育是一项长期性工程，坚持“全员、全方位、全过程育人”，研究“三全育人”视域下少数民族学生爱国主义教育的路径，有利于改进少数民族学生管理模式与方法，实现政治立场坚定的高水平、高素质少数民族学生的培养。

参考文献

[1] 习近平在全国高校思想政治工作会议上强调 把思想政治工作贯穿教育教学全过程 开创我国高等教育事业发展新局面[N].人民日报,2016-12-09(01).

[2] 沈霄媛.“三全育人”视角下高职院校少数民族学生思政工作探究[J].新西部,2020(12).

[3] 铁文英.精神扶贫视域下少数民族大学生爱国主义教育研究[J].甘肃高师学报，2016（18）.

[4] 冯瑛，马勇政.马克思主义信仰视域下开展少数民族大学生职业生涯教育的思考[J].教育与职业,2016（18）.

[5] 张娜.朋辈教育视角下民汉同住大学生“四个认同”研究[D].石河子:石河子大学，2013.

[6] 秦月，秦基.高校思政工作“三全育人”体系构建[J].林区教学，2019（3）：1-2.

新时代普通高校少数民族学生教育管理路径浅析

邵媛媛
天津职业技术师范大学

少数民族学生是国家宝贵的人才资源，为更好地发展少数民族教育，培养更多的优秀社会主义事业建设者和接班人，促进少数民族地区建设与发展、维护国家统一和民族团结，党和国家出台了少数民族学生尤其是新疆、西藏学生赴内地求学的惠民政策。近年来，随着进入内地各高校深造的少数民族学生越来越多，内地高校少数民族学生教育管理也迎来了新的挑战。

一、高校少数民族大学生的主要特点

（一）学习基础较为薄弱，求知欲高低不等

就目前来看，内地高校的少数民族大学生大多来自新疆、西藏等地势偏远、经济文化相对落后的地区，尽管国家已经出台了一系列援疆援藏的教育政策，但是由于地域、经济社会发展水平、教育投入等诸多因素的限制，这些地区尤其是这些地区中的农村地区的教育水平依然比较落后。笔者访谈的一部分学生来自新疆、西藏地区的农村，与内地城市大学生的入学水平差异很大，而且很多新疆、西藏农村学生的家长不会使用汉语，哥哥姐姐的汉语水平也不是特别高，对他们学业上的帮助必然是有限的。在实际的学习过程中，很多少数民族大学生的学习难点主要集中在汉语听说、英语表达、高数学习、物理学习和计算机使用等方面，尤其是刚入学时这类问题尤其明显，甚至有的同学和宿舍人员之间的交流也存在一定障碍。

在求知欲方面，少数民族学生高低不等。由于教育倾斜政策，他们的入学分数相对较低，较大的学习基础差异和就业压力，驱使他们中的大部分人内心有着强烈的求知欲，希望能通过刻苦努力和加倍学习，来缩小与其他汉族学生之间的差距；但也有一小部分学生，由于家庭条件相对较好、来到内地之后家长不在身边、诱惑太多等原因，求知欲慢慢降低，导致挂科增多，最终更有甚者不能正常毕业。

（二）汉语能力弱，自主学习能力有待提高

内地普通高校日常教学使用语言为汉语，所以少数民族学生的汉语水平会直接影响教学效果。少数民族大学生在刚入学时，相对于读写能力来说，汉语听说能力一般比较薄弱，限制了他们对汉语教学知识的理解吸收。

由于当地教育发展水平以及家庭教育意识的缺失，大部分少数民族学生自小没有形成良好的自主学习习惯，进入内地高校后，在一个相对宽松的环境中，不能积极主动思考学习新知识，向同学老师请教问题，加之自身学习基础较弱，使得学习积极性和自信心难以提升。

二、高校少数民族学生教育管理存在的问题

（一）少数民族学生自身综合素质有待提高

教育管理的效果取决于少数民族学生的内因，其中包含多种因素，比如少数民族学生的生活环境、学习内容、心理承受能力、语言交流沟通、民族意识、纪律性、适应性等多种因素。具体体现在学习适应较难，过程较长，学生容易产生自卑心理。

由于当地在基础教育阶段的系统性学习不足，导致少数民族学生往往没有形成良好的学习习惯和思维方式，加之存在语言障碍的客观因素，以及他们对自身的要求较低，缺乏清晰的目标规划，部分学生会有上大学就是混日子的想法，认为上大学不用努力也可以获得毕业证，往往在进入大学一段时间后，很多学生会出现挂科，需要重修，有的挂科数目过多甚至达到退学预警程度。

少数民族学生在实际学习时，在汉语听说、英语表达、高数学习、物理学习和计算机使用这些方面学习尤为困难，而这些课程大部分是刚入学大一阶段的公共基础科目，是必须学习的科目，这就使得一部分少数民族学生出现畏难情绪，时间较长的话就可能催生自卑心理。

（二）少数民族学生辅导员能力有待提升

辅导员在少数民族学生教育管理中，发挥着十分重要的引导示范作用。但是就目前来看，辅导员需要管理的学生人数较多，只能做到偶尔地关心少数民族学生的生活，做不到随时随地了解学生的切实需求，因此也存在一定的问题。

三、少数民族大学生教学管理策略与措施

（一）提升少数民族学生学业帮扶力度

一方面，教师应更多地了解班级内少数民族学生的情况，在课堂上，多给少数民族学生回答问题的机会，在课下，更多地和少数民族学生进行交流，真正了解少数民族学

生学习当中面临的实际困难，并针对问题，耐心、详细地对其进行解答。另一方面，辅导员还应从整个班级当中，选择几名学习成绩较好、交流能力较强、责任心较高的同学为“帮扶员”，专门帮助少数民族学生学习，“帮扶员”不仅要解答少数民族学生学习当中遇到的问题，而且还要传授给他们自己的学习方法与经验。

（二）提升少数民族学生自身的综合素质

第一，提升自身的思想素质，不断深化爱国主义、集体主义、社会主义思想，树立正确的人生观、世界观、价值观。第二，提升自身的道德素质。通过学习相关的理论教育课程将道德知识进行内化。第三，提升自身的文化素质，认真学习专业知识和相关法律法规。第四，增强自身的心理素质。认真主动地去学习心理健康教育相关知识，结合自身实际，勇于找出解决问题的办法，克服心理方面的不适应。

（三）加强对少数民族学生生活的引导

首先，以学院或班级为单位，开展一系列活动，进一步拉近各民族学生之间的距离，使得少数民族学生融入整个学院大家庭当中。如学院定期举办篮球、足球、拔河等团体性比赛，班级举办知识问答竞赛等。其次，学院还可以针对少数民族学生在生活中遇到的各类问题，采取有针对性的措施，以确保少数民族学生可以更好地生活，如学院少数民族经济困难生较多，则应该密切关注此类学生的家庭、经济状况，并及时给予相应支持。

（四）提高思想政治教育工作者的综合能力

思想政治教育工作者，尤其是辅导员，要具备较高的政治素质、身体素质、心理素质、职业素质、能力素质。另外学校也要加强对思想政治教育工作者理论能力的培养，提高教师教书育人水平。最后，教育工作者要适应时代需求，转变教学思维，更多地用现代多媒体技术和信息技术，增强教育的实效性。

（五）完善少数民族学生思想政治教育理论课的主要内容

首先，要加强对少数民族学生世界观、人生观、价值观的培养。其次，要加强对少数民族学生的爱国主义教育，增强他们维护民族团结的意识。再次，在教学过程中，要注重培养学生的自信心，鼓励学生自信、自强、自立，逐步树立对生活和学习的信心。最后，还要增强少数民族学生的法治意识和纪律意识，使他们自觉遵守国家法律法规和校规校纪。

（六）改进少数民族学生思想政治教育的方法

在进行思想政治教育的具体实施过程中，要不断由传统枯燥的灌输式教育向现代疏导式的温情教育转变，密切关注学生当中出现的热点问题，针对每个少数民族学生的不同特点，有针对性地制定个性化的思想教育方案。思想政治教育工作者还可以通过文体、实践、竞赛等生动活泼的形式，把思想政治教育融入丰富多彩的校园活动当中。久而久之，少数民族学生在参加丰富多彩的集体活动的过程中，既能学到专业知识也能丰富自己的课外生活，从而达到事半功倍的效果。

参考文献

[1] 张雯,陈海泳.“五个认同”视域下高校少数民族学生的思想政治教育 [J].黎明职业大学学报,2019(1):27-31.

[2] 张军堂.浅析民族地区学校少数民族大学生思想政治教育[J].魅力中国,2019(45):207.

[3] 金莞婷.加强和完善少数民族教学管理工作的思考分析[J].中国民族博览,2018(10):76-77.

“五育并举”培育新时代少数民族“工匠之师”

胡杰　袁嫣
天津职业技术师范大学

职业教育是培养大国工匠和能工巧匠，推动产业转型升级，实现经济社会高质量发展的战略举措和重要保障。由于地理位置、工作环境、福利待遇等因素的制约，少数民族地区出现了“引进难，流失快”的人才流动现状，经济社会发展缺乏足够的人才支撑，人才缺失显然成为制约少数民族地区发展的重要因素之一。随着中国特色社会主义进入新时代，在全面建成小康社会、建设社会主义现代化强国的关键时期，少数民族地区对熟悉当地文化、了解民族政策、愿意投身当地事业发展的人才需求更加强烈，少数民族大学生无论是从专业知识还是文化认同方面，无疑都是少数民族地区发展所需的最合适人才。因此，应通过培养德智体美劳全面发展的“工匠之师”，为少数民族地区输送人才。

一、德育立心引领工匠之师

当前，国内外形势正发生着深刻而复杂的变化，我国正处于“十四五”开局之年，国外敌对势力正加紧对高校意识形态阵地的侵略和渗透。少数民族大学生思想主流是积极、健康、向上的，但少数民族学生具有青春性、盲目性的特点，加上文化、教育与语言上的差异，各种思潮文化的激荡和极端主义的渗透，使得他们无法准确辨别外界不良思想，容易造成思想滑坡，甚至上当受骗，被不良组织所利用，影响他们形成正确的世界观、人生观和价值观。另外，少数民族学生民族意识强烈，关心本民族的相关事物，但由于他们获取信息、知识的渠道较为单一，容易导致他们片面化地看待、处理问题。

为解决上述问题，可以从以下两个方面着手：一是通过思政课堂，借助线上线下多种渠道，通过主题党日、主题团日等思想教育途径和方式，厚植少数民族大学生爱国主义情怀。二是开展德育立心活动，注重以文化人，增强文化认同。组织少数民族学生参观爱国主义教育基地，进一步弘扬爱国主义情怀，引导学生上好民族团结教育第一课，切实推动民族团结教育入脑入心，引导大家手足相亲、守望相助，“像石榴籽一样紧紧抱在一起”，不断增强中华民族凝聚力和向心力，为实现中华民族伟大复兴中国梦贡献力量。

二、智育攀登修炼工匠之师

少数民族地区教育水平相对滞后，师资力量、教学设施等教育条件有限，通信、网络信号较差，部分学生未曾使用过计算机、手机等电子产品，加上少数民族有自己本民族的文化和语言，少数民族学生在生源地的生活、学习过程中较少使用汉语，甚至部分地区的教材也只有民族语言版本。少数民族学生进入内地高校后，因自身汉语水平相对较低，导致他们与同学和教师沟通存在不同程度的语言障碍，无法准确理解教师讲授的知识点，导致英语、数学、计算机等基础科目成绩较差，进而影响后续专业课的学习。

针对少数民族学生英语、数学、计算机等基础科目较差的问题，可开展基础课单独组班教学，制定符合少数民族学生自身学习实际的教学方案，避免混班教学可能出现的“学习跟不上，知识吃不透”的情况，改善少数民族大学生学习适应性。

积极开展“1+1+1”党员结对帮扶少数民族学生活动，发挥党组织的战斗堡垒作用和党员的先锋模范作用。按照一人一策、一人一帮的原则，为少数民族学生量身定制帮扶计划，建立“一帮一”“手拉手”的互助机制，推进师生党员与不同特点少数民族学生分类帮扶的良性互动，有计划、有步骤地做好少数民族学生的成长帮扶，做到措施实、招法灵，充分发挥党员先锋模范带头作用。深化党员师生与少数民族学生结对活动，实现“一对一”全覆盖，共同传承工匠精神，共同潜心读书、教书育人。

“1+1+1”党员结对帮扶活动通过深入了解所帮扶的少数民族学生在学习上的实际困难，使被帮扶的少数民族学生激发努力学习专业的热情和自觉性，帮助他们坚定对学习的信心，增强不怕吃苦的勇气，顺利完成学业。邀请优秀学生对少数民族学生进行成长经验交流分享。定期分享各类讲座信息，为少数民族学生提供学业及专业（职业）规划等各类指导讲座。结合不同少数民族学生的问题，做好分类指导和针对性教育，既是遵循学生成长规律，增强教育效果，提升学生思想政治教育工作质量的必然要求；也是及时发现和掌握学生中潜在的矛盾问题，做好危机预防和前期教育，保障校园和谐稳定的必然选择。应不断加强少数民族学生的“一对一”指导和针对性教育，探索少数民族学生群体的思想政治教育规律。

通过“1+1+1”党员结对帮扶少数民族学生活动，促进少数民族学生的全面健康成长，推动思想政治教育，营造全员育人氛围。在提升少数民族大学生文化课水平的同时，让少数民族大学生感受到来自党组织的关怀和温暖，帮助少数民族大学生了解中国共产党，并且积极向党组织靠拢。

三、体育强基锤炼工匠之师

借助传统节日时间节点，打造校园体育文化活动品牌。近年来，我国体育事业迎来新的发展良机，倡导全民健身，将少数民族传统体育项目融入全民健身文化节，既可以继承和发扬民族传统特色，又可以达到锻炼身体的目的。将单一民族体育项目转变为各族学生共同参与的趣味活动，在少数民族传统竞技比赛的基础上，结合校园体育发展，形成少数民族校园体育文化品牌活动。将单纯的竞技比赛转变为团体合作赛事，通过提供广泛的活动平台促进各族学生交往交流交融。同时利用寒暑假少数民族学生返乡的契机，以少数民族聚居地区人文景观和传统节日活动为窗口，将少数民族民风民俗等通过短视频、线上直播的方式进行传播，提高全校师生对少数民族体育活动的认识，推动校园体育活动与少数民族体育活动的结合，助力高校体育文化育人。

四、美育浸润孕育工匠之师

美育是立德树人的重要环节。习近平总书记指出，“做好美育工作，要坚持立德树人，扎根时代生活，遵循美育特点，弘扬中华美育精神，让祖国青年一代身心都健康成长”。美育与德育、智育、体育、劳动有机融合、相互促进，对促进学生全面发展、培育社会主义核心价值观具有重要意义。学习贯彻习近平总书记关于重视少数民族文化遗产保护传承的重要讲话精神，推动各民族文化的传承保护和创新交融，开展少数民族文创产品创意设计大赛，以少数民族传统文化为主题，挖掘、提炼、整合各民族文化，教育引导广大学生增强对中华文化的认同，牢固树立正确的祖国观、民族观、文化观、历史观，筑牢民族团结的感情基础、社会基础，更好地践行社会主义核心价值观。针对少数民族大学生成长特点和思想实际，通过开展主题班会、民族宗教政策讲座、民族影片观影等丰富多彩、生动活泼的校园文化活动，进一步巩固和发展平等、团结、互助、和谐的社会主义民族关系，引导各民族学生牢固树立“三个离不开”思想和“五个认同”意识，传承尊师爱生、大爱无疆的传统美德，促进各民族学生交往交流交融。打造“少数民族”校园文化品牌，通过少数民族服装风采展示、普通话演讲比赛、民歌民曲民舞风采展示、读书分享交流会，促进各民族学生的交往交流交融，增强凝聚力，构建各民族优秀文化传承、弘扬、借鉴和发展的交流平台，推动各族学生对中华文化的认同与传承，增进交流、促进交融，通过校园新媒体、微信公众号等平台，使少数民族学生理论学习走向网络，提高少数民族学生参与度，铸牢中华民族共同体意识。

五、劳育锻造完善工匠之师

习近平总书记在全国劳动模范和先进工作者表彰大会上的讲话指出，应大力弘扬劳模精神、劳动精神、工匠精神。劳动是一切幸福的源泉，肯定劳动价值、倡导劳动实践、颂扬劳动精神、传播劳动文化是重要的育人内容。组织少数民族学生参加志愿服务、劳动实践，在实践中锤炼少数民族学生的意志品质、奋斗精神、责任意识、开拓思维，培养出一批新时代的领头羊、先锋者，为少数民族地区输送新时代工匠之师。围绕少数民族学生社区实践、目标引领等方面开展少数民族大学生的志愿服务项目，鼓励少数民族学生利用寒暑假支援服务家乡，培养学生为家乡作贡献的社会责任感和使命感，内生性地提升少数民族大学生得发展动力。选树少数民族学生志愿者典型人物和帮扶案例，充分发挥榜样引领作用。

六、结语

我们正处于百年未有之大变局，历史的经验告诉我们，少数民族地区的稳定和发展关乎国家的兴旺发达，新时代不仅要有思想的指引者，更要有新时代使命的担当者，而这一切都离不开少数民族学生这一高素质群体。应全面落实“五育并举”，筑牢少数民族大学生的中华民族共同体意识，为国家培养新一代的社会主义建设者和接班人。

大数据时代高校少数民族学生思想政治教育模式创新

崔岩松
天津职业技术师范大学

党和国家高度重视民族工作和民族团结进步事业。习近平总书记在全国民族团结进步表彰大会上强调，要高举中华民族大团结的旗帜，促进各民族交往交流交融，不断铸牢中华民族共同体意识，推动中华民族走向包容性更强、凝聚力更大的命运共同体。少数民族学生是党和国家建设所需要的人才资源，少数民族学生的教育管理服务，尤其是少数民族学生的思想政治教育工作更是当下高校教育管理工作的一个重要课题。

一、高校少数民族学生思政教学现状

在现有的高校思政教学中，教师往往开展统一的大班教学，没有对少数民族学生的思政教学予以特别关心，少数民族学生由于生活环境偏远，教育资源匮乏，从而造成基础教育差异大，加之民族文化迥异，风俗习惯不同，心理和认同上有差异，导致少数民族学生不能很好地适应当下思政课堂教学。学校的思政教学，仍缺乏少数民族学生较为关心和感兴趣的题材，缺少精准性。教师需要改变现有的高校思政教学现状，减少少数民族学生与其他学生的差距，切实增强“五个认同”，铸牢中华民族共同体意识。

二、大数据时代下思政教学优势

随着我国信息技术的不断发展，我国已经进入大数据时代，高校教学模式也随之发生变化，通过不断创新教学模式从而实现高效的思政教学。同时在大数据时代背景下学生能够轻易地获得大量的思政教学资源，对于少数民族学生来说，在大数据背景下能够接触到各民族文化，有利于促进各民族交往交流交融，能更快地适应高校生活环境，缩小地方文化差异，和同学老师建立起友好关系，融入集体生活中。同时大数据时代也为教师教学带来极大便利，在思政教学中教师就可以改变传统的教学模式，通过开展线上线下结合教学或者网络平台教学等多种教学形式完成思政教学内容。大数据也能让教师在教学设计中加入各种相关视频、音乐、图像来丰富教学内容，增加学生对思政学习的兴趣和好奇。

（一）打造线上学习平台

为了缩短少数民族学生同其他学生之间的差距，教师可以利用大数据在网络上打造思政线上学习平台，让少数民族学生能够通过互联网大数据来获得与思想政治教育有关的知识。教师可以采用线上线下结合的教学方式开展教学，在线下教师可以就少数民族文化、中华优秀传统文化、民族理论与政策开展教学，让学生既尊重各民族间的文化差异，同时又能对思政知识有更深入的学习了解。设置线上学习平台后，教师就可以将线下来不及讲的补充内容放到线上平台，这样做不仅能够保持思政课堂的高效率，还能够突破时间和空间的限制实现思政学习的碎片化学习。

教师还可以让学生在课余时间通过大数据网络实现思政教学的自主学习，让学生通过微信、微博、新华网等各种网络渠道获得最新的思政时讯，让少数民族学生能够及时了解全世界所发生的大事件，拓宽学生的思政知识视野，补足少数民族学生因信息闭塞而造成的思政知识匮乏的短板。大数据下的线上学习平台能够实现少数民族学生思政学习个性化，学生可以根据自己的喜好和时间完成思政学习，通过大量的思政知识浏览学生能潜移默化地树立起正确的思想政治观念，从而实现少数民族和思政教学的有效融合。

（二）创造合适课堂环境

少数民族学生进入高校前长期生活在具有民族特色的环境中，在进入高校时可能会表现出自己与其他人的不同，环境的差异也会给他们自身造成一定的心理压力，这时就需要教师对少数民族学生给予充分关心关怀，关心学生的学习生活，让学生慢慢适应高校的生活学习环境。例如，在进行思政教学时教师就可以在尊重民族文化的前提下，营造出合适的思政学习环境，在课堂上给学生传授一些有关思想政治的文化理念，让学生随着时间的推移逐渐接受思政学习。

课堂环境能够直接影响到学生学习效果的好坏，对于少数民族学生来说，如果在思政教学中融入少数民族文化就能够更加吸引学生的注意力，学生也更愿意参与与少数民族有关的教学内容。教师可以通过大数据找到与思政教学内容有关的少数民族教学资源，在思政教学中作为课前导入或者课堂案例来使用，营造出轻松、和谐、幽默的课堂教学环境。例如：在学习马克思主义思想时，教师就可以通过多媒体播放马克思主义民族观内容的视频，通过视频内容学生们就能了解到马克思主义民族观，增强民族不论大小、发展程度高低，一律平等的认识。马克思主义思想与少数民族的稳定发展观念契合，少数民族学生能够在思政学习的过程中领悟到国家对少数民族一视同仁、平等对待的态度，从而更愿意接受思政课堂的教学。

教师还可以在思政课堂中增加更多的师生互动环节，鼓励学生大胆举手发言，让少数民族学生克服不自信的心理，主动打开心扉，和教师建立起友好沟通关系。在思政课堂上使用师生互动教学模式能够营造出浓厚的思政学习氛围，学生在这样的课堂氛围中能够受到其他同学的感染，一同参与课堂活动，融入班集体中，从而培养学生的团体意识。

（三）实现进行学习监督

高校思政教学更多时间还是需要学生通过在课外时间的自主学习来提高思政水平。少数民族学生校园生活的融入度较差，自我约束能力差，从而容易产生抵触情绪。教师可以在思政课后给学生布置作业，为了监督学生是否按照老师要求完成思政学习，教师可以利用大数据来对学生的学习情况进行实时监督。教师可以利用网络平台，在平台上上传作业要求，并让学生在完成作业后将作业上传到平台上。这样，教师就可以根据平台上统计的数据直观地得到学生作业上交情况、准确率、完成程度，通过网络大数据还能够直接将学生错误率较大的题目进行准确定位。教师在大数据统计的帮助下就能够完成对学生思政作业的批改和总结，根据平台数据显示情况，教师能有针对性地改变教学内容，着重对学生掌握薄弱的章节进行重点讲解，从而节省了学生的学习时间，实现了思政课堂的精准教学。

教师除了可以对学生的学习情况进行监督以外，还可以借助大数据对学生网络上的言行举止进行监督。教师可以同学生一起组成网络思政监督小组，通过互联网和大数据技术对学生网络平台留言、评论内容进行监督，避免有任何不当言论出现。教师还应该在网络上转发一些与思政教学有关的文章供学生浏览，在网络平台留言中以宣扬思政的重要性为内容，在班级中起好带头作用。除此之外，高校有关学校组织、党小组、社团等还应该通过大数据建立起积极向上的思政学习网页或平台，让学生共同参与到思政教学的建设中。

（四）开展思政主题活动

要想培养出少数民族学生集体归属感和交友能力，让少数民族学生更好地融入校园生活，需要让少数民族学生参加更多的校园活动，通过大数据寻找出与少数民族学生最匹配的思政主题活动。在网络上发布思政活动的主题内容和举行的时间地点，通过大数据将思政活动信息传播给每个学生，吸引更多少数民族学生前来参加。在思政活动中开展朗诵、写作、知识竞赛等多种形式的活动，让少数民族学生在充满民族氛围的活动中发挥出自身的最大优势，在活动中通过自身的民族思政知识赢得活动的优胜，意识到思政学习的必要性。在思政活动中还应当宣传民族团结、国家统一，让学生树立起完善的价值观、道德观、思想观，让思政内容在思政主题活动中得到充分展示。

在高校开展少数民族学生的思政教学，教师需要意识到少数民族学生的特殊性，在思政教学中根据少数民族学生的特点不断创新原有的教学方式。在大数据背景下，教师可以通过创建线上学习平台、进行学习监督、开展思政活动等形式，为高校思政课堂增加活力。在多种教学模式的作用下，引导少数民族学生更好融入校园生活，践行社会主义核心价值观，不断增强对中华民族和中华文化的认同。

参考文献

[1] 彭骥,谢丞.新时代高校少数民族学生思想政治教育研究[J].三峡大学学报(人文社会科学版),2020(2):73-77.

[2] 杨娇华.大数据时代下高校思想政治教育模式创新研究[J].数码世界,2017(12):192.

[3] 张青红.互联网+下少数民族大学生思想政治教育创新模式[J].贵州民族研究,2017(8):241-244.

[4] 唐敦双."互联网+"少数民族大学生思想政治教育教学创新模式[J].智库时代,2018(50):233-234.

当代少数民族大学生管理路径探索

王刚
天津职业技术师范大学

党和国家历来高度重视少数民族人才培养工作。党的十八大以来，习近平总书记多次在重要场合谈到民族发展，“民族团结是各族人民的生命线”“坚持和发扬各民族心连心、手拉手的好传统”“各族人民同呼吸、共命运、心连心的奋斗历程是中华民族强大凝聚力和非凡创造力的重要源泉”“各民族要像石榴籽一样紧紧抱在一起，在实现中华民族伟大复兴的征程上团结一致，共同发展进步”等话语，足见习近平总书记对民族工作的重视程度。各级部门积极响应党和国家的号召，积极开展民族工作，全国各大高校积极贯彻党的民族政策，积极促进少数民族预科教育与本科教育的有机融合，甚至部分高校成立了专门负责少数民族学生的工作室。

一、坚持思想引领，培养优秀人才

高校少数民族大学生是少数民族地区未来经济社会发展的主力军，对未来当地的发展起到了重要的作用，肩负着建设发展民族地区经济、促进民族团结和稳定的重要使命[1]。同时他们也是党和国家联系少数民族地区群众的桥梁和纽带。因此，少数民族大学生思想政治素质的高低，不仅关系到少数民族大学生自身的成长，更关系到少数民族地区的发展。

少数民族大学生思想政治状况总体积极健康，与当代社会主流思想保持一致，大部分少数民族大学生能够正确认识自我。但也存在部分少数民族大学生理想信念模糊，世界观、人生观和价值观尚未明确，纪律意识淡薄，爱国主义情感较弱的问题。少数民族大学生的思想，更多受到家庭环境以及宗教因素的影响，民族意识较强，面对外界压力与变化，容易消极懈怠。

要有效引导少数民族大学生思想向积极方向发展，更好地实行学生思想政治教育，一是要不断丰富少数民族大学生爱国主义教育，加强“四史”教育、中华民族优秀传统文化教育、社会主义核心价值观教育等，增强少数民族大学生对国家民族政策的了解，增强少数民族大学生对祖国的热爱，从而帮助其树立正确的政治观、民族观，更好地坚持中国共产党的领导，拥护党的基本路线。二是要开展红色基因教育，结合少数民族大学生的民族特点，定期组织开展红色教育基地教育教学活动，通过参观学习，引领学生感受革命先烈的革命精神和英雄气概。三是要利用好重要的节庆日、纪念日、历史节点进行宣传引导，组织开展座谈会或研讨会，大力弘扬爱国精神、革命精神。四是要借助当代网络多媒体，及时了解少数民族大学生网络思想政治状态，并做好积极引导。此外，大学辅导员也应加强自身业务素质的提升，才能更好地发挥主导作用。

二、加强心理辅导，健全健康人格

近年来，全国大学生因心理问题产生的悲剧不胜枚举，这也引起了学校的重视，大学生心理健康开始成为高校关注的重要领域，开展学生心理健康教育已经成为高校工作的一个重要组成部分，部分学生家长也越来越认识到心理健康的重要性。

少数民族大学生作为大学生群体的重要组成部分，同样存在大学生群体的共性问题。首先是民族地区的传统文化以及生活习惯对少数民族大学生的影响根深蒂固，少数民族大学生到了内地高校这样一个相对陌生的环境中，由于生活习惯的不同，导致对环境的适应能力弱；第二，在学习方面，与内地高校大学生相比，少数民族大学生普遍存在综合素质不足的问题，加上自身语言沟通不够流畅，对一些新知识的学习把握能力还比较弱。长此以往，容易产生挫败感，导致自信心下降。此外，部分学生缺乏自律性，自我管理能力不足。以上因素的存在，如果不加以重视，极易导致学生心理问题的产生。

为此，学校有关部门、辅导员以及班主任都应该积极参与到少数民族大学生心理咨询与辅导工作中来，针对不同年级的少数民族大学生采取有针对性的措施。一是对于大一的少数民族学生群体，由于学生刚入学会产生很多不适应，学习生活节奏跟不上，与周围同学沟通交流不便，学校心理中心可以结合自身心理专业优势，动员全体学生参加新生入学心理测试，并将测试结果反馈给辅导员，由辅导员针对测试中潜在的心理问题对学生加强日常关注，并及时做好记录；二是对于大二、大三的少数民族学生，由于其入学时间相对较长，基本适应环境，与周围同学间交流也会较刚入学时的状态有很大改善，针对这类少数民族学生群体，辅导员除了发挥自身的教育引导作用之外，可以有效利用班级学生干部、学生党员的桥梁纽带作用。学生干部、学生党员平时与学生们最为亲近，他们能够更容易地观察到周围学生在生活中的细节以及可能发生的异常变化；此外，毕业年级的少数民族学生群体，更多地关注毕业就业，开始着手未来人生的规划，这时的压力更多来源于实习、就业、招聘考试等，辅导员应及时关注他们，定期与其谈心谈话，帮助其分析就业优势以及认清自我，及时消除可能存在的心理问题。

三、夯实学业基础，落实结对帮扶

学习是每个大学生在学期间的根本任务，特别对于少数民族大学生来说，他们学习的积极性更高，因为到内地读书的少数民族大学生大部分来自经济欠发达地区，所以他们很想通过学习改变目前的生活状况，坚信知识可以改变命运；而且近年来党和政府的帮扶政策、民族地区的高考加分政策等，都促使少数民族大学生学习更加积极刻苦。但他们学习基础普遍较差，一方面是受到地区经济发展的不平衡影响，由于师资力量不均衡，导致教育水平参差不齐，进而使得各地区学生文化水平层次不高。另一方面是受到本民族语言的影响，对汉语接触较晚，与内地学生相比具有一定的差距。

为了更好地改善少数民族大学生目前的学习现状，笔者结合自身辅导员工作经历，认为可以从以下几点入手：一是建立教师党员结对帮扶制度，结合学校实际情况，每名教师对应帮扶一至两名少数民族大学生，对其给予学生生活和学习方面的指导与帮扶；二是发挥高年级学生党员的先锋模范作用，增强学生党员服务学生群体的意识，一名学生党员对接一名少数民族大学生，特别是要求专业相对应，解答少数民族学生迫切需要了解的问题；此外针对少数民族学生中学习较差，甚至已经达到学院或学校学业预警的学生，由辅导员发挥主导作用，鼓励和安排本班级学习成绩优异的学生提供一对一结对帮扶，帮助其顺利完成学业。

四、提供生活保障，减轻经济负担

当前，高校建立了主要包括国家奖学金、国家励志奖学金、国家助学金、生源地助学贷款、学校奖助学金、绿色通道、退役士兵教育资助等多种方式的混合资助体系[2]，且资助主体是国家和高校。高校甚至引入社会力量帮助学生完成学业，使社会资助成为经费来源之一。但与其他学生相比，少数民族学生排名不突出，资助机会较少，因此高校要专门设立针对少数民族学生的奖学金评选通道，以考察学生的学习态度和学习效果为主要标准，打破原有的以成绩排名为主的奖学金评选标准，给少数民族大学生更多自我实现的机会[3]。同时高校辅导员要积极发挥自身教育引导作用，在实际工作中秉承公平、公正、公开的原则，严格落实资助政策，真正为有需要的少数民族大学生争取更多的资助机会，帮助他们顺利完成学业，以便将来更好地建设和服务民族地区的经济发展。

参考文献

[1 杨怀林,徐静.少数民族贫困大学生资助育人工作发展困境与对策研究[J].机械职业教育,2018(7):48-50.

[2] 李娟.高校少数民族学生资助育人机制研究[J].工业技术与职业教育,2020,18(3):75-78.

高校少数民族大学生资助育人工作研究

王光宇
天津职业技术师范大学

习近平总书记在全国脱贫攻坚总结表彰大会上提出："我国脱贫攻坚战取得了全面胜利，现行标准下9899万农村贫困人口全部脱贫，832个贫困县全部摘帽，12.8万个贫困村全部出列，区域性整体贫困得到解决，完成了消除绝对贫困的艰巨任务。"虽然现在脱贫攻坚战已取得了全面胜利，但是相对贫困仍然存在。少数民族地区因为历史、文化、区域等原因仍然存在较多相对贫困地区。党和政府一直高度重视少数民族地区的教育发展，实行了一系列针对少数民族教育的优惠政策，如高考政策的倾斜，设置高校预科班等，政策的实施使得越来越多的少数民族学生有机会来到大学接受高等教育。[1]当前高校少数民族学生中困难生所占比例远高于汉族学生困难生比例，且少数民族学生在高校家庭经济困难学生中比例较大。但绝大多数高校的资助育人体系中却很少有针对少数民族学生学习、生活、文化认同等单独设置的资助政策，导致资助育人效果相对不尽如人意。[2]如何将资助工作真正落实到对少数民族学生的培养上，将"立德树人"切实融入少数民族学生资助工作，是新时代资助工作者必须回应的时代之问。

一、少数民族学生资助工作中存在的问题

（一）少数民族学生自身存在的问题

少数民族地区学生由于在生活环境、文化认同、语言交流等方面和内地大学生有所差异，这就使得少数民族学生有其自身独有的特点。少数民族的学生能够顺利考入大学，证明学生的学习能力很好，自身对教育很重视，但受各个地区教育水平差异的影响，整体来说少数民族学生的知识储备、受教育水平相对较低，这会导致少数民族学生在进入大学后不能马上适应大学学习的节奏，让少数民族学生逐渐感受到学习的压力，失去在当地的优越感；少数民族学生生活的地区相对贫困，娱乐项目缺乏，受到的诱惑较少，当少数民族学生从偏远地区来到大城市后，受到的诱惑会明显增加，学生的思想很容易受到不良思想的影响，导致价值观出现偏差；少数民族学生的生活、信仰、性格等方方面面都和汉族学生有差异，导致他们在进入大学后需要一段时间来适应大学生活，他们选择的方式往往是抱团取暖，还是生活在自己本民族学生的小圈子内，随着对学习生活的深入，会越发地感到自己在经济和学习方面的不足，从而产生厌倦学习的情况。[3]

（二）少数民族学生在认定困难生中的问题

1.精准认定困难生存在的问题

在高校资助工作中，其中最重要的一环就是困难生的认定，精准认定困难生是做好一切资助工作的前提，只有精准地认定困难生，才能有效地开展资助工作，使得资助项目能够真正落实、落地，帮助到有需要的学生，让学生在大学期间不为家庭经济情况担忧，能够顺利地完成学业，助力大学生成长成才。

（1）少数民族学生家庭经济信息准确度不高。

在认定困难生的过程中当前采用的是学生自己承诺的方式，不再需要当地相关部门进行盖章确认。在填报信息的过程中，有些信息学生掌握得不够精准，可能存在填写错误。有些学生在填写家庭收入的时候，可能有部分收入来源没有计算或计算不精准；有些学生可能都不知道自己家庭是建档立卡、低保等特困家庭，有些家庭可能已经取消了特困家庭待遇，学生自己却不了解；学生对影响家庭经济状况的信息了解得也不全；还有些学生因为自尊心、虚荣心的影响，故意将自己本不富裕的家庭写成家庭条件很优越；也可能有极少数学生为了自身利益而谎报信息，骗取困难生资格。对于刚升入大学的学生，学生档案中也没有明确的信息来佐证填写信息的真实性，以学生填写的家庭经济信息为依据对困难生认定结果的准确性有一定的影响。

（2）困难生班级评议不公平。

在困难生认定班级民主评议的过程中，少数民族学生很容易受到不公平对待，少数民族学生由于其自身的特点，班级内的同学可能和他们接触相对较少，不了解其家庭经济相关情况，可能完全凭感觉给学生打分，有失公允。在班级民主评议的过程中可能存在拉帮结派的现象，由于少数民族学生不擅交际，圈子小，往往就会成为受害者，使得真正家庭经济困难的学生不能认定为困难生或认定的等级相对较低。

2.少数民族学生对政策认识不够

（1）不了解资助政策

大部分少数民族学生都生活在相对贫困的地区，大多数少数民族学生的家长受教育的程度相对较低，对国家的资助政策知之甚少，甚至都不知道国家对家庭困难学生从小学到大学一直都有资助政策，这就使得部分学生还没有上大学就因为家庭贫困而失学。[4]有些学生来到大学后却不知道有国家助学贷款可以帮助他们完成学业，导致大学四年的时间都在为学费的事情疲于奔命，使学生在学业方面没有建树，大学期间收获甚少。

（2）少数民族学生对资助项目不积极

当前大多数高校都建立相对比较完备的资助体系，国家、地区和学校都有相应的资助项目。想要获得各种资助都有一定的前提，这个前提就是学生需要被认定为困难生。

而在认定困难生的过程中有部分少数民族学生受自尊心、虚荣心等的影响而不愿意主动申请认定；有些少数民族学生即使被认定为困难生，也没有努力学习，因成绩原因与国家励志奖学金等资助项目失之交臂。[5]

二、完善少数民族学生资助政策相关建议

（一）加大资助政策宣传力度、广度

为了保证每个家庭经济困难的学生不因为家庭经济困难而失学，必须保证资助政策进校园、进家庭，让每个学生的家庭都了解资助政策。这就要求我们在少数民族学生成长的各个阶段都要为其普及资助政策知识，学校可以通过线上线下相结合的方式开展宣传，线下可以通过资助知识主题班会、校园宣传栏、校园广播站、给学生家长的一封信、开家长会等方式为学生和家长普及资助政策知识；线上可以通过微信、微博等多种方式为学生和家长普及资助政策相关知识。

（二）帮助少数民族学生树立信心

少数民族学生进入高校后，高校思政教师应积极主动帮助少数民族学生树立正确的世界观、人生观、价值观，让学生理性认识困难生这一身份。辅导员教师可以通过私下的谈心谈话帮助少数民族理性认识困难生身份，让学生认识到困难不是罪过，而是我们前进的动力，生在困难家庭里也不是耻辱，而是更加激发我们追求成功的催化剂，要正确认识困难只是暂时的，更要立足现实，发奋自强，通过自身努力学习改善家庭环境。通过主题班会的形式教育学生不要歧视困难生，而是要更加关心困难生，从方方面面给困难生帮助。少数民族学生的学习基础普遍偏弱，我们可以通过优秀学子“一对一”活动为少数民族学生提供学业帮助，提升少数民族学生在学习方面的自信心，帮助少数民族学生获得国家励志奖学金等资助；通过举办少数民族风俗文化展，让普通学生有更多的机会接触少数民族学生，了解少数民族学生，让他们有意愿主动接纳少数民族学生；积极鼓励少数民族学生参与各种活动，加强他们和非少数民族学生的交流，让少数民族学生走出自己封闭的小圈子，真正融入大学生活。

（三）增强精准认定困难生的科学性

只有精准认定困难生才能精准施策，助力困难生德智体美劳全面发展。首先，应做好对困难生认定申请表的解读，减少因学生理解问题而产生的填报错误；其次，要充分利用好全国资助信息管理系统中提供的五类特殊困难生名单，对于系统提供的五类特殊困难学生中没有申请认定困难生的学生要及时了解学生的详细情况；最后，要做好诚信教育，通过开展诚信主题班会等主题教育，教育引导学生在进行困难生申请和开展班级民主评议要注重诚信，不能填报虚假信息，更不能歧视少数民族学生，必须保证少数民

族学生在困难生认定过程中受到公平公正待遇。

（四）动态调整困难生库

困难生认定结束后，我们并不能放松对困难生的关注，我们需谨记，困难生认定完成不是工作的结束，而恰恰是新工作的开始，我们不仅要做好困难生的资助，还要对困难生库及时进行动态调整。首先要做好监督举报工作，困难生认定结束后有些学生就显露出和困难生认定之前完全不同的形象，由勤俭节约变得大手大脚，我们要及时了解学生的真实情况，对于家庭条件确实不好的学生出现异常消费，我们要及时对其进行警醒教育，帮助学生树立正确的消费观；对于家庭条件优越骗取困难生资格的学生要及时将其移出困难生库，并对其进行批评教育。其次我们要充分利用学校大数据，对于一段时间持续消费很少的学生及时关注，了解其真实情况，如家庭情况确实困难，应将其及时纳入到困难生库中，使其享受困难生的资助政策。我们还要及时关心国家灾害发生情况，及时了解受灾学生的家庭情况，对于来自受灾严重地区的学生也应将其纳入困难生库，不断提升少数民族困难生资助的精确性。

三、总结

当前少数民族学生在困难生认定的过程中存在一定的问题，有少数民族学生自身存在的问题，也有少数民族学生对资助政策不了解，对困难生身份存在误解以及认定过程不精准的问题。面对这些问题我们应通过线上线下相结合的方式加大资助政策宣传力度、广度，帮助少数民族学生正确认识困难生身份，让少数民族学生融入大学校园生活，加强困难生认定的科学性、准确性；动态调整困难生库，不断提升资助政策的精准性，真正实现通过资助手段达到育人目的。

参考文献

[1] 黄丽洁.新时代背景下少数民族教育发展的新机遇分析[J].课堂内外:教师版(中等教育),2020(7):15-15.

[2] 陈柳.少数民族贫困大学生资助政策研究[J].理工高教研究,2005,24(6):55-57.

[3] 李旭,许光泉,唐永志,等.少数民族贫困大学生发展困境与高校资助育人对策研究[J].中国煤炭地质,2016(2):44-48.

[4] 李佳.新形势下内地高校新疆籍家庭经济困难少数民族学生资助帮扶工作探析——以内蒙古工业大学为例[J].教育现代化,2020,7(8):159-160.

高校少数民族新生入学阶段适应性教育探究

朱强
天津职业技术师范大学

在当前社会背景下，高校新生在入学阶段面对着全新的生活和学习环境，会产生多方面的适应性问题，因此高校新生入学阶段适应性教育日益受到重视。随着国家相关政策的倾斜和侧重，越来越多的少数民族学生进入大学，他们多是来自人文环境和地理环境独特的偏远地区，在语言、文化和价值观念方面与汉族学生相比有着很大的差异性，所以更加重视针对少数民族新生的适应性教育，他们所面对的适应性问题相对于非少数民族学生而言更多，大学这个新的环境给他们带来的冲击与其他学生相比也会更大。因此在高校新生入学阶段，要加强对少数民族学生的关注，针对少数民族学生的适应性教育既要包括针对全体学生的共性举措，又要制定个性化的教育和引导策略。做好高校少数民族新生的入学适应性教育工作不仅有利于他们更好更快地融入新的环境，更有利于民族团结和高校的和谐稳定。

一、高校少数民族新生入学阶段适应性问题

（一）生活方面适应问题

少数民族大学生在入学阶段出现的适应性问题多是从生活方面表现出来的，这些问题集中表现在语言障碍、生活习惯和群体融入等方面。少数民族大学生由中学阶段进入到大学，他们或是在内地生活学习过一段时间，或是直接由少数民族地区来到大学，对本民族语言和文字掌握得较为熟练，但是对普通话的掌握和使用或多或少会存在一定程度的困难，因此导致与非本民族学生交流欠缺，互相之间比较生疏，缺少群体间的归属感。其次，在生活习惯方面，少数民族大学生在饮食、气候等方面在入学阶段即表现出很强的不适应性，甚至出现了身体上的不适，加之身边其他学生的不理解，很容易加深他们在入学阶段的孤独感和不适感。最后，少数民族大学生长期受民族特色和地域文化的熏陶，在入学一开始就更愿意与同民族学生相处，他们往往更乐于和本民族的大学生进行交往，价值观的近似让他们很快就形成了一个小群体，并且这个群体只向本民族大学生开放，其他民族的大学生很难进入这个群体。[1]

（二）学习方面适应问题

少数民族新生入学阶段在学习方面有着很多与其他学生相似的问题，如存在学习方式不适应、学习进度跟不上、自主时间管理不好等共性问题。但同时也存在着一些特殊

的问题，首先在学习过程中的自控和自律能力相对较弱，他们一开始在大学课堂中不能集中精力去听课和学习，这主要是因为大学老师授课进度较快，加之语言理解困难，使他们不能集中注意力上课，甚至出现迟到早退、逃课等行为，对于规矩和纪律不够重视。第二，思想活跃，对于网络兴趣浓厚。少数民族新生在中学阶段因为经济、地域等方面原因接触到互联网的机会相对较少，进入到大学后，可以更加便捷地接触到网络，再加上思想活跃、想法新奇，在网络上能够找到存在感和兴趣空间，很容易因为上网耽误正常学习。第三，学习的危机感较差，在自主时间充裕和缺少足够监督的前提下，对于学习效果不够重视，也对于未来是否能正常毕业考虑不充分，在入学阶段对于自身学习的紧迫性和困难程度预计不充分。

（三）思想方面适应问题

文化问题、民族意识和宗教问题是少数民族新生在入学阶段无法绕开的问题，也是相对比较敏感的问题，这些问题对于少数民族新生的思想观念有着很重要的影响。一方面少数民族新生有着很强的民族意识，尤其是受过教育的少数民族学生，这种意识往往会更加强烈，甚至于这种意识他们有着很强的自尊心，而这种自尊心在刚入大学时与汉族学生的对比和竞争下，更容易引起他们的自卑，自尊和自卑这对矛盾的存在往往会在少数民族新生入学阶段体现得较为明显。另一方面很多少数民族新生来自偏远地区，当他们来到大学后，感受到了发达地区的水平，与之前自身所处的欠发达环境形成鲜明对比，他们会有通过努力来改变自己和家人生活水平的愿望，所以他们也会有学习的热情和进取心，积极接收新环境下的各类知识，但也很容易出现鉴别和判断能力的缺失，同时一些西方资产阶级的意识形态和文化观念容易渗透到他们的思想中，造成其思想观念的扭曲和价值观念的偏颇。

二、高校少数民族新生在入学阶段适应性问题的原因

（一）新环境与原先民族特色环境的冲击和碰撞

一个民族的文化特征和烙印对于人的影响是极其深刻的，而少数民族大学生大多生活在民族文化和传统氛围浓郁的地区，自小受到民族特色环境的熏陶和感染，形成了非常固定的生活习惯和思维方式。当这些少数民族大学生步入大学，远离自己之前所熟悉和已经深度适应的民族特色环境，进入到一个自己成为少数群体且全新的环境中，不可避免地会受到新环境的生活模式和特征的冲击，这种冲击会延伸到少数民族学生的思想和认知上。之所以少数民族大学生在刚入学阶段产生很多的生活适应性问题，在一定程度上是因为无法融入新的群体和逃避当前所属的环境，进而获得一种心灵归属感和同民族人群的依靠感。

（二）受教育环境和自身固有特点造成学习问题

少数民族新生在入学阶段学习方面的适应性问题，和过往受教育环境和自身的特征有很大关系。少数民族地区在国家政策的扶持和帮助下，虽然取得了明显的进步，但是区域经济的不平衡和教育的落后依旧存在，有些少数民族学生在中学阶段上课依旧使用民族语言或者地方方言，学习水平难以快速适应大学的上课要求，例如新疆高校，少数民族贫困生占大多数，家庭的贫困给他们无奈的心理带来巨大的压力，从而使其产生自卑心理，在物质基础薄弱的条件下,学生没有多余的钱买各种参考书，参加各种技能培训班，限制了他们各种能力和交往素质的提高，使贫困生无法和汉族学生站在同一起跑线上。

(三)民族意识和自我意识并存引发思想问题

自尊与自信是维系一个民族生存与发展必不可少的要素[3]。能够进入到大学的少数民族新生是有着一种天然的优越感的，他们也会被家人和周围人赋予改变命运的使命，所以他们自身会有着较为强烈的民族意识和自我意识。但是进入到大学后他们往往感到与汉族学生的明显差距，产生了不敢与他们竞争的心理，同时再加上来自经济基础比较薄弱的地区，许多少数民族新生的家境不富裕，所以会产生自卑甚至是不公平的消极心理。正因为在这种较为明显的现实和心理冲突下，很多学生民族意识和自我意识得到进一步强化，对于涉及民族政策的问题更为敏感。此外，少数民族新生由于民族语言、生活的不同，与其他民族的学生之间交往不多,增强了彼此的距离感,强化了小群体效应，也强化了他们对于民族和自我的维护意识，淡化了交流、分享和包容的意识。综合以上方面，少数民族新生在思想方面的适应问题是其他适应问题的根源，也是在入学阶段不易察觉却影响深远的问题。

三、针对高校少数民族新生入学阶段适应性教育的策略

（一）以尊重和理解为前提，加强群体融入

少数民族大学新生在入学阶段要重点进行关注和关怀，尊重他们在生活方面的特殊性与差异性，引导他们积极面对当前遇到的不适应性生活问题，同时也要做好其他学生的工作，注重营造团结、宽容的群体氛围，尤其注重和谐班风的形成。第一，加强在新生群体中进行以尊重和理解为主题的教育，使新生对彼此之间的差异能够有所尊重和理解，能够树立求同存异的观念，提升对民族团结的认知程度，在新生群体中形成包容向上的氛围，以便少数民族新生能够更快融入新环境的群体中。第二，关注少数民族新生群体的实际生活困难，适应性问题解决的根本在于帮助他们解决实际遇到的困难，使其尽快地适应大学生活，尤其在语言方面，更多从普通话练习的角度帮助他们不断提升普通话的使用水平，通过学生社团、学生活动呈现少数民族新生的文化特色的同时，也能使他们加强与其他学生的交流。第三，加强少数民族学生之间的朋辈教育，将一些优秀

的少数民族大学生组织在一起，互相之间传授经验、分享心得、加强帮助，使这些新生能够认识到目前生活的适应性问题只是暂时的，可以向这些优秀的学长学姐一样不断解决遇到的困难。

（二）以帮助和引导为方式，适应学习环境

首先，在少数民族新生入学阶段，需要对他们的学习水平和层次有一个准确的把握，通过入学测验、日常观察等方式，为少数民族新生建立个性化档案，对于他们的学习过程和学习表现进行记录，进而能够在后期针对少数民族新生实施有针对性的帮助措施，学校也要结合专业学科特征、培养方式等，为少数民族新生尽快适应大学学习方式制定相应的方案，使他们能够循序渐进地熟悉和适应大学学习环境，不至于在一开始就受到强烈冲击，进而使他们产生挫败感和自卑感，影响整个大学期间的学习。其次，引导少数民族新生转变观念，使他们认识到大学学习是需要靠自己把握和经营的，如果放弃和不够重视的话，会导致厌学、退学等严重后果，使他们能够具有危机感，使他们能够增强自控能力，对自己的不当行为能够及时正确评价。最后，切实加强对少数民族新生的帮扶措施。在入学阶段学习较多的公共基础课程，像英语、高数之类的课程，也往往是他们的弱项，所以要通过优秀学生帮扶、教师帮扶等措施辅导他们加强学习，提高学习效果，通过帮扶提高成绩，从而激发他们适应学习环境的热情和勇气。

（三）以关注和帮助为重点，强化正确思想

在新生入学阶段，对于少数民族新生的思想问题要格外关注和重视，需要通过多种方式引导他们形成正确的思想观念，避免走向自卑、消沉和封闭的状态。主要有以下几方面策略：第一，加强对少数民族新生思想状态的关注，及时与之进行情感沟通，使他们在入学阶段所产生的不适应感有表达和倾诉的渠道，内心的困惑和痛苦能够表达出来，能够意识到有人在关心他们，从而得到心理的依靠和慰藉，不至于积压在思想深处，随着自我调整的增强和思想观念的转化，他们能够慢慢形成正确的思想认识。第二，引导他们对于学习和未来发展的关注，在入学阶段需要通过校园活动、谈话等方式，使其认识到自己可以通过学习使自己和家人改变落后的状况，将目光和注意力转向对未来的期盼和努力上，而不是过多集中在目前与其他学生的差距上。第三，切实帮助在入学阶段存在困难的少数民族新生。少数民族新生面对不适应的新环境，想念家乡、回馈家人的情感会更加强烈，所以对于家庭经济困难的学生要多渠道、多方式地进行切实有效的帮助，比如提供勤工助学岗、申请奖助学金，给予尽可能多的帮助，同时提供渠道和方式，让他们能够与其他学生多交流，比如在校园活动、志愿服务和干部选聘等方面给予适当的倾斜，使他们能够分享和表现自己，进而增进了解，加强彼此之间感情的融合。

参考文献

[1] 沈定军.少数民族大学生心理特点及其高校教育管理创新研究[J].贵州民族研究，2018（7）.

[2] 姚文华，郎眉宁. 新疆高校少数民族学生心理健康问题探析[J].华中师范大学学报（人文社会科学版），2006（5）.

[3] 熊绍辉. 对普通高校少数民族学生思想教育的探讨[J].探索，2001（5）.

高校少数民族学生干部培养存在的问题及对策分析

袁嬬、胡杰
天津职业技术师范大学

一、高校少数民族学生干部培养存在的问题

（一）少数民族学生干部培养缺少针对性、科学性规划

2006年我国首次制定了针对高校学生干部培养的纲领性文件——《高校学生干部培养规划（2006—2010）》，这个文件对高校学生干部培养的指导思想、工作原则、主要任务、工作要求都提出了明确的规划。但少数民族学生干部存在其独特的行为习惯，一方面少数民族地区教育资源相对匮乏，相较于汉族学生，少数民族学生学习基础较为薄弱，对专业课知识的学习与吸收显得更为吃力。另一方面，少数民族学生来到内地，因地域、文化、习俗、语言等方面的差异，在环境适应、心理调适方面遇到诸多问题，在人格特质、情绪调节、心理适应等方面均呈现不同的心理特点和性格特征。目前高校对学生干部的培养并没有加以区分，对少数民族学生干部提出一个具有针对性、科学性的规划。不考虑学生干部之间的差异性，单纯地搞统一培养，这样导致的问题就是少数民族学生干部培养的效果不明显，学生干部自身的提升力度不大，培养工作也流于形式。

（二）少数民族学生干部主动性不强，缺乏自我提升意识

作为社会主义事业的建设者和接班人，学生干部要努力从自身出发，重视对自身能力的培养，并从思想落实到行动上。少数民族学生干部是接受能力培养的主体，他们自身的态度至关重要。他们是将参加学生干部培训视为提升自身管理水平的途径，反复思考、积极提升；还是将学生干部培训当作是应付差事、负担折磨，这是两种截然相反的态度，必将导致不同的培养效果。能否培养出优秀的少数民族学生干部，取决于学生干部本人的态度，更取决于高校对少数民族学生干部的培养规划。

造成少数民族学生干部缺乏自我提升意识的原因主要有两个：一是培训形式较为枯燥，流于形式，导致许多少数民族学生干部对学校安排的培训课程存在应付、抵触心理，久而久之在培训课上开小差、玩手机的情况越来越多，影响学校整体学生干部培养良好风气的养成；二是有些少数民族学生干部自身散漫，仅限于被动完成指导老师安排的工作，有的甚至不能完成自己作为学生干部的分内之事，抱着得过且过的心态。

（三）用人单位对学生干部整体素质缺乏信任

近年来，学生干部要官威、考试挂科的新闻频频成为社会热点，给学生干部队伍整体形象带来不利影响。一些用人单位认为，学生干部在校期间可能各方面素养表现得比较突出，但是进入用人单位后一些学生干部却显示出截然不同的状态。有些学生干部做事不踏实，急于求成，工作风格存在形式主义、官僚主义，性格过于浮躁，喜欢做表面文章；有些学生干部为人太过自信，个人主观意识太强，不易接受他人的意见与建议，工作稍有不顺心，就会选择跳槽；有些学生干部则非常注重个人利益，喜欢搞小团体。以上种种因素，导致用人单位对学生干部的整体素质缺乏信任。而少数民族学生干部作为其中的组成部分，加之文化背景差异，经常会给用人单位留下内向、执拗、不好沟通的表面印象，使得少数民族学生干部难以快速融入工作环境，导致他们内心产生挫败感。

二、高校少数民族学生干部能力提升培养对策

高校少数民族学生干部培养工作是一项长期性、复杂性的工作，需要高校、学生个人、社会三方面共同努力。分析当前高校少数民族学生干部培养问题的现状，从普遍性的问题来看，要进一步提升高校少数民族学生干部培养工作成效，首先要做到针对少数民族学生干部的特性提出有针对性的培养计划。其次，要突出问题导向，深挖根源，把握本质，注重在培养过程中发挥少数民族学生干部的主观能动性，实现其自我教育。最后，加强优秀少数民族学生干部群体正面宣传，树立模范典型，引领学生干部队伍整体风气持续向好。

（一）调动内在情绪，培养健康心态

一是开办课业帮扶网课夏令营，帮助少数民族学生干部跟上学习节奏，以优良学风感染他们。二是从主动培养积极情绪体验入手，以实践参与、共融共情、磨砺提升为着眼点，帮助少数民族学生干部融入校园生活，积极参与志愿服务，培养他们乐观、积极的参与意识。三是充分利用适当的时间节点，打造有效的学生活动平台，通过榜样力量、感动校园的人物等主题教育，在校园文化潜移默化的熏陶中培育少数民族学生干部积极、乐观的学习生活态度。四是举办人际交往培训班，帮助少数民族学生干部打破固定交友圈，有效提高人际交往能力，增强人际信任。五是通过积极开设以情绪调控为主题的讲座，以团体心理辅导的形式进行体验式心理调适，帮助少数民族学生干部构建适宜的心理调控自适应体系，提升自主情绪调节的效能感。

（二）倾注主题教育，唤醒时代使命

一是高校在少数民族学生干部教育培养工作中，应引导学生将个人的发展和前途命运与少数民族地区的稳定和发展结合起来，加强对他们的爱国主义教育、民族团结进步

教育、感恩教育，将中华民族共同体意识深植少数民族学生干部心中，鼓励他们为实现中华民族伟大复兴的中国梦而不懈奋斗。二是高校在少数民族学生干部培养工作中，还应重视引导他们走出校门，走进基层，鼓励少数民族学生积极参加各类社会志愿服务活动，在志愿服务活动中受教育、长才干、作贡献，不断增强人生价值实现的成就感、成长成才的获得感和为人民服务的幸福感，在体验国情社情中增强家国情怀、肩负时代重任。三是高校应适当利用重大节日时间节点，加强传统文化宣传，充分调动少数民族学生干部的独立自主能力，发挥少数民族学生的吃苦耐劳精神，在不断训练、强化中促进其良好行为习惯和优秀品格的形成。四是应充分发挥少数民族学生干部的天赋，通过文艺活动、体育运动等形式使其内在活力充分释放和彰显，激发其参加校园文化活动的兴趣，使其在活动中收获自信和快乐、找到价值，逐渐增强人际交往能力，不断提高少数民族学生干布在内地校园环境中的适应能力。

（三）营造积极氛围，驱散歪风邪气

高校党委统战和宣传部门也应当充分利用新媒体平台的实时互动机制，在宣传统战理论思想的同时，加强与高校少数民族学生的互动，促进各民族人士之间的公开交流，打破传统空间与时间上的局限性，积极为高校搭建凝聚思想的创新沟通平台。校园文化整体氛围是影响个体成长成才的关键因素。一是高校应通过多种形式、多种途径积极开展各民族学生参与的校园文化活动，营造共融、共享、开放、多元的校园文化氛围，帮助少数民族学生在各民族文化的交流中相互了解、相互尊重、相互包容、相互欣赏、相互学习，不断优化少数民族学生心理品质，构建各民族学生共有的精神家园。二是利用好网络媒体阵地，适度报道优秀典型案例，树立模范榜样，选取“学优榜样”“行优榜样”，让少数民族学生干部心有动力，有样可学。

做好高校少数民族学生干部培养工作，不仅需要有针对性、科学性的专业规划，还需要高校思政工作者的真情付出、积极引导。高校应给予少数民族学生干部更多的接纳、温暖和关爱，在点滴细微之处感染他们，在潜移默化之中不断引导他们走上成长成才之路，在耳濡目染之下增强他们的使命感、责任感，为民族地区培养更多中国特色社会主义的合格建设者和可靠接班人。

参考文献

[1] 凌诚.高校学生干部能力培养中的问题与对策.[J]开封教育学院学报,2014(9).

[2] 杨艳东.新媒体发展与高校统战工作的新问题及应对思考［J］.云南社会主义学院学报，2014(4).

高校少数民族学生思政教育与大数据的融合

孙文骏
天津职业技术师范大学

“数据，已经渗透到当今每一个行业和业务职能领域，成为重要的生产因素”。这是全球知名咨询公司麦肯锡在2011年提出的思想。伴随着信息与科技的高速发展，大数据时代已悄然到来，并为众多行业带来了挑战与变革机遇。高校是为国家输送人才的重要平台，是培养国家未来人才的重要堡垒，在校园中学习生活的青年大学生是信息化的主要受众群体，手机、电脑等设备逐渐用数据将青年大学生“包裹”起来。如何顺应信息化潮流，利用“包裹”学生的数据进行思想政治教育（以下简称“思政教育”）是如今高校面临的挑战与机遇。特别是对于高校少数民族学生，受地区经济发展水平与教育水平的影响，其思政教育具有自身特色，应将大数据技术与少数民族学生思政教育充分融合，创新教育模式，提升教育效果，为国家社会主义建设提供多样化人才。

一、大数据时代的特征

（一）数据体量巨大

数据伴随着科学技术的进步有了爆炸式的增长，其存储设备的更新使得高校能够将少数民族学生在学校的学习生活轨迹详细记录与分析，为思政教育优化提供指导依据，为制定有针对性的教育方案提供数据支撑。

（二）数据形式多样

技术的进步使得数据来源变得广泛，单一的数字表格不再是唯一的数据形式，高校大学生的学习生活习惯都将被数字化为数据，数据形式呈现出多样性。大数据技术可以对更多具有民族特色的信息进行分析，为高校少数民族学生思政教育提供更加准确的思政教育思路。

（三）数据处理速度增快

网络传输由2G、3G发展为现在的5G，处理器由单核、双核扩展为现在的8核，这些硬件设备的升级为数据的传输与运算速度提供了保障。大数据的体量逐渐增大，实时分析的要求越发严格，只有具备超强的处理能力，才能在短时间内分析大量数据，实时为高校少数民族思政教育提供帮助，否则，庞大体量的数据也只能成为“鸡肋”。

（四）数据创造更多价值

学生在日常学习生活中产生的数据体量巨大，如何在这些数据中找出有助于少数民族思政教育的高价值信息是大数据的核心价值所在。大数据技术就是通过对每个学生数据的不断学习、分析与模拟，挖掘出规律，为高校少数民族思政教育提供个性化指导方案。

二、大数据对高校少数民族学生思政教育的影响

青年大学生以“90 后”“00 后”为主，独立性、选择性和差异性是其鲜明的时代特点，伴随着科技的变革，其行为习惯深受信息化与大数据的影响。因此，高校思政教育作为解决“培养什么人、怎样培养人、为谁培养人”这个根本问题的重要手段，应将“大数据”这把双刃剑运用起来。通过对教师以及学生的数据采集来确定更好的教育方向，这能够让高校思政教育更专业。但在不断促进教育方向更加专业的同时，高校思政教育也会面临新的挑战[1]。少数民族学生思政教育工作是高校思政教育工作不可或缺的一部分，更应重视大数据技术带来的挑战与机遇。

（一）高校少数民族学生思政教育在大数据时代的挑战

1.信息具有双面性

目前，全国各高校基本都建有独立的学生工作管理系统，用于日常的学生管理工作。系统在日常管理学生的同时，记录着越来越多的学生在校信息，结合各种线上与线下的调查，学校能够更加全面地了解少数民族学生，并通过大数据分析，对汉族学生与少数民族学生进行对比，预测学生的行为趋势，更好地进行思政教育。

在学校掌握更多学生信息的同时，学生也能通过互联网等渠道更加全面地了解学校与老师，在入校前对学校与老师形成初步认识与了解，但学生收集信息渠道繁杂，因此所掌握的信息可能存在一定的偏差，对学校与老师的教育可能会产生一定的抵触情绪，这对学生入校后的思政工作提出了新的挑战。

2.对大数据的重要性认知不够

2019 年 3 月 18 日，习近平总书记在学校思想政治理论课教师座谈会上强调：“办好思想政治理论课关键在教师，关键在发挥教师的积极性、主动性、创造性。”[2]作为思政教育的关键，老师的思想观念与意识对思政教育尤其是少数民族学生思政教育有着重要影响。但受到高校现有系统没有及时更新等影响，目前大多数老师对大数据的运用只限于学生基础信息的统计，运用大数据全面收集、处理与分析学生信息的意识不足，不能很好地将少数民族学生思政教育工作与大数据技术融合，思政教育工作成效不显著。

3.高校信息化建设更新缓慢

大数据的首要特征是数据体量庞大，高校思政教育收集的学生学习生活数据逐渐增多，但因数据的格式不一致等原因，能够直接使用的数据不多，要从庞杂的数据中提取到少数民族学生独有的数据特点，就需要高校拥有完善的数据管理系统，具有较高的运算处理分析能力，这就对高校信息化建设提出了新的挑战。高校信息化建设具有投资大、周期长、风险高、技术含量高、涉及业务范围广的特点[3]。高校信息化建设与大数据技术存在一定时间差，因此，高校少数民族学生思政教育与大数据要想实现联动，需要高校创新信息化建设，在达到大数据处理要求的基础上减少投入，快速更新现有信息化建设系统。

（二）高校少数民族学生思政教育在大数据时代的机遇

1.转变教育主体，增强学生积极性

高校传统思政教育工作中，教师作为思政教育的主体对学生进行思政教育，学生缺乏参与感，接受程度不高，思政教育效果不显著，教师只有通过多次重复的思政教育才能达到教授正确思想、引导学生走正路和立德树人的目的。在大数据时代，数据的处理和分析成为将大数据技术与高校少数民族学生思政教育工作融合的关键，其数据的来源主体为学生。因此，学生逐渐成为大数据背景下的主体，老师只需提供更多学生喜欢的数据收集形式，采集更全面的学生信息，利用大数据统筹分析，将思政教育精准细分，从而让学生感受到思政教育的亲和感，增加学生参与的积极性。

2.开展统一性和多样性相统一的少数民族思政教育

习近平总书记强调："坚持统一性和多样性相统一。思政课的教学目标、课程设置、教材使用、教学管理等方面有统一要求，但具体落实要因地制宜、因时制宜、因材施教。"[2]高校少数民族较多且具有各自鲜明的特点，因此每个民族的学生思政教育要在坚持统一性的同时应制定多样化、个性化的指导方案。

依托大数据技术，老师可以精准地把握每个民族学生群体不同的学习生活特点与兴趣爱好等独有特征，将其特征作为思政教育的导向，进行个性化教育。开展"以人为本"的个性化教育[4]，将"精准教育、精细管理"的理念融入日常教育工作中，进一步提升高校少数民族学生思政教育的效率与水平。

大数据在为老师提供少数民族学生个性化分析信息的同时，总结共同点，提取少数民族之间的共同点及少数民族与汉族的共同点，将其融合到少数民族学生思政教育的工作中，更加突出民族团结教育、中华民族共同体意识教育、"五个认同"教育，帮助学生树立正确的理想信念，坚定马克思主义信仰[5]。

3.深挖数据信息，实时掌握学生动态

传统的思政教育过程中，由于少数民族学生思想很容易受到外界影响[6]，老师无法及时掌握学生思想状态的变化，及时更改思政教育的思路，只能依据经验对共性问题进行解决与教育，在一定程度上降低了少数民族学生思政教育的时效。如今在大数据技术的加持下，老师可以根据少数民族思政教育的特点，建立少数民族学生动态信息库，随时对学生思想动态进行分析，并结合线上动态调查等形式，以此增强高校少数民族学生思政教育的时效性。

三、高校少数民族学生思政教育与大数据的融合思路

当前少数民族学生思政教育在大数据的背景下还存在一定问题，需要高校与社会各界共同努力，不断加强老师的大数据意识，利用大数据的分析判断能力，推动传统思政教育模式向大数据思政教育模式的转变，使高校少数民族学生思政教育与时俱进，不断提升工作成效。

（一）用好信息“双刃剑”，引导学生“扣好人生第一粒扣子”

信息的双面性使学生可能通过非正规渠道得到学校与老师的错误信息，为高校思政教育增加困难，因此，高校老师要充分利用大数据技术，建立少数民族学生动态信息库，做到比少数民族学生自身更全面地了解学生，分析学生接触错误信息的方式与渠道，在其接触错误信息前，切断错误信息渠道，引导少数民族学生接受积极向上的正能量思想，在成长成才过程中树立正确的人生坐标和价值取向。

（二）提高大数据在高校少数民族学生思政教育工作中的应用程度

教师是思想政治教育的关键，高校应提高认识，在保证教师与学生之间正常交流与沟通的基础上，在思政教育工作的合理范围内强化少数民族学生思政教育工作人员的大数据意识，充分认识到大数据技术在日常思政教育工作中的重要作用，将其融入教育实践过程当中。学会使用大数据的分析功能，利用其分析的数据价值，不断探索对少数民族学生的精准教育与精细管理，推动新时代高校少数民族思政教育创新发展。

（三）加强社会各界对高校少数民族思政教育中大数据应用的重视

习近平总书记强调：“要建立党委统一领导、党政齐抓共管、有关部门各负其责、全社会协同配合的工作格局，推动形成全党全社会努力办好思政课、教师认真讲好思政课、学生积极学好思政课的良好氛围。”[2]高校少数民族学生思政教育与大数据的融合在高校自身努力的同时，需要政府及社会各界提供政策与资金等形式的支持，使其在一个良好的氛围中不断发展，从而建立规范化的体系，促进高校少数民族学生思政教育的不断创新。

四、结语

综上所述，高校少数民族学生有其自身独有的特点，思政教育工作者应充分利用数据体量大、实时处理快与数据价值高等大数据特征，与少数民族学生思政教育融合，增加学生的参与感，将思政教育统一性和多样性相统一，深挖数据信息，增强高校少数民族学生思政教育工作者大数据理念的同时，鼓励社会各界共同参与，促进高校少数民族学生思政工作与大数据不断融合发展，提高少数民族学生思政工作成效，努力培养出一代又一代拥护中国共产党领导和中国特色社会主义制度、立志为中国特色社会主义事业奋斗终身的有用人才。

参考文献

[1] 李玮玮. “微时代”高校学生思想政治教育面临的挑战[J].办公室业务,2020,339(10):30-31.

[2] 习近平.思政课是落实立德树人根本任务的关键课程[J].奋斗,2020(17).

[3] 孙丕波,周利江.智慧校园大数据交换中心构建策略研究[J].教育现代化,2018,005(50):354-355.

[4] 张鹏飞.大数据时代高校少数民族学生思政教育模式创新研究[J].产业与科技论坛,2020,19(22):130-131.

[5] 杨宁,向驰.民族高校思政课教学坚持“统一性和多样性相统一”论[J].学校党建与思想教育,2021(1):68-71.

[6] 邵临光.内地高校少数民族学生思政教育模式探究[J].武汉船舶职业技术学院学报,2020,19(3):60-63.

高校外语类少数民族学生精准帮扶模式的探索

安文浩
天津职业技术师范大学

外语类少数民族学生是当前高校学生中较为特殊的群体，主要为西藏籍和新疆籍学生。他们不仅需要克服学业困难还需要尽快适应高校的生活，努力去保持和其他民族学生“同样的节奏”。在帮扶他们适应当前校园生活的同时，必须尽快探索一条行之有效的精准帮扶模式。

一、外语类少数民族学生在学习和生活中存在的问题

（一）职业生涯规划不足，学习动力不够

高校外语类少数民族学生对职业生涯的认识不够深入，在学期间，常常抱着“走一步算一步”的心态度过大学生活，没有考虑过四年的大学生活该如何度过或者没有憧憬过自己的未来到底如何，只知道毕业后就回家。虽然每天能够保证按时出勤上课，但是课堂参与度不高，积极性不强，比如课堂上的小组讨论、课堂互动都会尽量规避，上课能不发言就不发言。

（二）学习上缺乏自信心

高校外语类少数民族学生在学习和参加校园文化活动时经常存在自卑心理，常出现“不合群”的现象。例如，在上课过程中，常常有各类课堂活动，如小组讨论、配音展示等，多数情况下，他们会选择逃避，不参加课堂活动，宁可放弃平时成绩，也不愿意和同学们去交流。在校园文化活动中，他们很少关注学校发布的各类活动信息，对校园文化活动的重要性认识不够深入，缺乏参加校园文化活动的自信心，课余时间只参加少数民族学生自发举办的各类交流、文艺活动。

（三）语言基础较为薄弱

高校外语类少数民族学生（新疆、西藏籍），他们的母语非汉语，在校期间，他们经常在“母语—汉语—英语”之间切换[1]。中学期间，他们学习汉语的时间要多于英语，中高考英语分数比较低。上大学后，他们和汉族学生按照同一标准要求开始学习大学英语，薄弱的语言基础导致他们跟不上课程的进度，加之缺乏学习自信心和主动性，也不善于去寻求帮助，结果他们的语言类课程慢慢出现“挂科”现象。虽然一些高校实施一些帮扶措施，如“少数民族学生英语帮扶班”“少数民族学生英语兴趣小组”等形式，

但是帮扶措施不到位，没有真正去解决少数民族学生在语言类课程中遇到的根本问题。

二、高校外语类少数民族学生精准帮扶工作模式的探索

（一）开展常态化调研，问需少数民族学生

外语类少数民族学生在学习过程中遇到的问题可能是一些不常见的问题，如四六级考试的做题方法技巧、记忆单词的效率等，因此要实时对少数民族学生开展常态化的调研，可以以“一对一”谈话、问卷调查、新媒体调研等形式动态了解学生们遇到的困难，建立工作台账，有针对性地解决少数民族学生出现的个性化问题。

（二）建立导师制度，“一对一”进行职业生涯规划

为外语类少数民族学生“一对一”安排生涯导师，生涯导师可以是教职工、优秀学生党员、学生干部等，从一年级开始，帮助他们规划大学时期学业、校园文化活动等生活的方方面面，帮助他们认识到职业生涯规划的重要性。经常性组织他们参加职业实践认识活动，可以开展“我与企业 HR（人力资源工作人员）面对面”“与优秀校友对话”等活动，帮助他们走进社会，了解社会，认识社会，积攒实践经验，增强生活自信心。

（三）组织参加劳动活动，培养吃苦耐劳精神

习近平总书记说，“幸福是奋斗出来的”。要经常性组织少数民族学生参加义务劳动，如参与学院日常管理工作，帮助学院师生解决力所能及的问题，或者走进一些基层单位参加暑期见习活动等，逐渐帮助少数民族学生学会如何去奋斗，如何为自己的人生拼搏。

（四）积极引导参加校园文化活动，提高综合素质

积极搭建工作平台，引导少数民族学生以一名“旁观者”的身份走进各类校园文化活动，可以从活动的最初开始，观摩活动的策划、宣传、开展、总结等环节，让学生们体会到参与活动的重要意义，增强少数民族学生参与活动的积极性。同时，利用导师制度，带领少数民族学生适时参与一些他们擅长的、较为简单的校园文化活动，如民族舞蹈大赛、小品话剧类表演等，在参加过程中，导师可以进行简单的指导，帮助他们找到参加活动的方式方法，逐渐适应后，可以利用“积分制”“荣誉册”等有效形式，动员少数民族学生自发参加各类校园文化活动，以最终成绩获得积分或相应荣誉。

（五）建立常态化帮扶措施，精准解决少数民族学业问题

目前，最困扰外语类少数民族学生的学业问题就是如何通过专业能力测试，获得学士学位证书。他们很难像汉族学生一样，通过“刷题”达到提高成绩的目的，他们往往做题速度慢且正确率也不高。通常这类情况急需进行精准攻关，需要从最基础抓起。因此搭建常态化帮扶平台最为关键，且帮扶内容是学生们极为重视的专业能力测试。笔者

曾开展“青春力行”少数民族学生帮扶工作计划，专门攻克外语类少数民族学生英语四、六级，专业四级，日语 N2、N1 等与学士学位相关的考试。每周利用课余时间组织少数民族学生分模块共同学习，邀请高分通过的学生讲解每一类考试每个模块的做题技巧、时间把控和开展做题训练。在训练过程中，及时发现少数民族学生存在的问题，而且立即找到解决问题的方式方法。例如在英语四级的学习过程中，每周会组织 2～3 次少数民族学生进行听力训练，从最初的 VOA《美国之音》慢速英语到快速的《经济学人》等，帮助他们不但能听懂，而且能够快速听写。在写作方面，每周邀请学院党员教师，面对面批改学生的作文，帮助学生建立良好的写作习惯，学会写作的技巧。

（六）建立激励机制，增强少数民族学生学习工作的主动性

制定高校外语类少数民族学生激励实施办法，定期举办阶段性表彰或评选，例如可以根据学生每个月的表现、任课教师的反馈等因素，评选学习标兵、校园文化标兵、劳动模范等，也可以在每个学期期末举办表彰大会，对学习成绩进步大或者参与校园文化活动获奖多的学生进行表彰和奖励并进行经验分享和交流，鼓励其他少数民族学生向先进典型看齐。

高校外语类少数民族学生是较为重要的一个群体，是推动“一带一路”建设中不可或缺的力量，外语教育是培养少数民族学生综合性人才的关键环节，应关注高校外语类少数民族学生的成长，实施多样化培养模式和帮扶模式，提高专业能力，增强综合素质，促进全面发展，培养外语类少数民族学生对于民族区域和谐，经济发展，社会繁荣具有重要意义。

参考文献

[1] 宋来.新时代少数民族大学生学业支持体系构建与优化[J].云南民族大学学报(哲学社会科学版),2019(1).

弘扬“胡杨精神” 引导支教团成员做好新疆职业院校少数民族学生思想政治工作

李彤 李佳 邹建勇
天津职业技术师范大学

“胡杨精神”作为扎根边疆、艰苦奋斗、自强不息、甘于奉献的民族精神，已成为当代高校学子立志支援与建设新疆的价值理念与行动指南。为深入贯彻习近平总书记在2020年9月第三次中央新疆工作座谈会上的重要讲话精神，充分发挥天津市职业教育优势，帮助和田地区职业教育“补短板、强弱项”，服务和田地区经济社会发展，助力社会稳定和脱贫攻坚，天津职业技术师范大学支教团一行55名师生于2020年9月至12月赴新疆和田地区职业院校开展了为其3个半月的支教活动。此次新疆支教活动在提升职业院校少数民族学生思想政治教育方面进行了大胆探索与创新，积累了宝贵的经验，是“胡杨精神”在新时代的有益探索。

一、支教团队在新疆少数民族学生思想政治教育中的创新思路

（一）组建作风过硬的特色团队

优秀的团队成员是做好支教工作、提升支援学生思想政治水平的前提。为此，首先要精心选拔支教团队成员。其一，天津职业技术师范大学致力于培养高素质职教师资，选拔出的支教大学生专业知识储备丰富，授课能力较强，课程上手容易，有利于教育教学工作的顺利开展；其二，支教团成员中包括了优秀学生党员与素质过硬的新疆少数民族学生，不仅为支教团其他成员树立了典型榜样，并且充分发挥少数民族支教学生的“同乡”优势，更有利于开展思想政治工作；其三，支教团领队、带队教师具备丰富的少数民族学生管理经验，在思想政治教育方面能够把握正确的政治方向。

（二）建立思想政治教育“二重管理”的工作思路

在选拔出优秀团队成员的前提下，还需要形成支教团队新颖独到的工作思路。支教团在引导支教团成员做好新疆职教院校少数民族学生思想政治工作的过程中，创造性地应用了“二重管理”思路进行思想政治建设。所谓“二重管理”，一方面是对支教大学生的思想政治管理，另一方面是支教团成员对当地少数民族学生进行思想政治教育。在思想政治“二重管理”的基础上，支教团队将少数民族学生的思想政治教育进行三个结

合：其一，结合“胡杨精神”，对支教大学生和当地少数民族学生进行价值引领和理想信念教育；其二，结合学校“动手动脑，全面发展”的校训，在实践中提升支教大学生的教学水平与政治理论水平，培养“工匠精神”；其三，结合当地少数民族学生的民族文化特点和已具备的知识水平，运用多种手段激发少数民族学生学习能力、动手能力和思想政治素质齐头并进。

二、支教团队在新疆少数民族学生思想政治教育的实践探索

（一）一重管理：提升支教大学生思想政治素质

1.全时段的思政指导，培养民族感情

思想政治指导覆盖了支教工作全过程，以确保支教学生在思想意识方面时刻保持积极的状态。支教前期，通过举办出征仪式和民族团结教育讲座，向支教学生阐明支教的重要性，使其了解和田地区的民族文化特点以及生活情况。支教中期，学校领导与当地教育机关领导多次看望支教师生，赋予了支教大学生为新疆和田地区职业教育服务的强大思想动力。支教后期，受援职业院校为支教团举办欢送仪式，使支教大学生与当地师生建立了更为深厚的民族情谊，感悟到更为深刻的援疆支教意义。

2.“以点带面”的思政建设，提升育人实效

“点”是指由校友典型和支教党员师生构成的先进力量，“面”是指支教团其他成员。第一，党员师生作为支教工作中坚实的引领力量，在临时党支部的带领下，不断加强学习党的理论知识、更新知识结构、学习业务知识；在举办党团活动、专题学习研讨、参观红色教育基地、开展志愿服务行动中充分发挥模范带头作用，使整个支教团队保有昂扬的斗志；在艰苦的支教生活中不断探索适合少数民族学生的教学方法与教学理念，为教育脱贫贡献青春力量。第二，邀请援疆支教、毕业后留疆工作的校友（马顺武、欧阳海怡）分享在新疆期间的基层工作经验，为支教团队带来精神鼓舞与实践指导，带动支教团队思想意识的提升，增进支教团队对“文化润疆”使命的理解和认同感。

3.系统的思政教育，武装学生头脑

支教团队中领队和带队教师发挥引领作用，一方面以史为证，向支教学生宣讲抗美援朝精神，举办“四史”主题教育讲座，以增强支教学生的思想政治理论知识储备；另一方面立足当下，通过宣讲十九届五中全会精神、解读“十四五”规划，使支教学生在理论与实践两个方面实现了思想政治素养的提升。

（二）二重管理：提升少数民族学生思想政治意识

支教大学生在开展日常教学与管理工作的过程中，以潜移默化的方式推动了当地少数民族学生思想政治意识的提升。

1.管理与关怀同步，建立师生感情纽带

少数民族学生的思政教育不是现成的教条，而是实践的、拥有丰富情感内涵的教育。传统的少数民族学生思政教育以学习理论为主，而本次支教活动中支教团采取“管理与关怀同步”的管理策略，在尊重少数民族学生民族习惯的同时，对学习和生活上需要帮助的学生进行一对一的帮扶。支教大学生通过担任班主任、谈心谈话、家访等方式，及时了解少数民族学生的思想动态，对少数民族学生的思想困惑做到及时发现、及时引导、及时纠正。例如，在“三进两联一交友”工作中，支教大学生进宿舍、进教室、进食堂与学生沟通交流；积极联系学生和家长，构建家校合作平台；与学生交朋友，建立新型师生关系。在这个前提下，对少数民族学生进行社会主义核心价值观的教育，更能激发少数民族学生热爱党、热爱祖国、热爱社会主义的正确价值观。

2.提高共情能力，增进情感导入

开展少数民族学生思想政治工作，不仅要传授理论知识，还要通过“共情”方式实现思想政治内容的情感导入。例如，支教大学生与少数民族学生共同参加升旗仪式，激发二者的爱国主义情怀；共同观看《金色胡杨林》教育扶贫话剧，一方面增强了支教大学生“文化润疆”使命感，另一方面增进了当地少数民族学生对支教的情感认同，使其更加积极配合支教工作；疫情防控形势严峻期间，支教大学生每日线上联系少数民族学生，逐一了解思想动态、安抚情绪、舒缓压力，同时采用线上教学方式，鼓励学生保持良好的学习状态，共渡难关，以此增进二者之间的师生情。

3.教学与思政共进，学习成绩与思政能力双提升

支教团将思政教育深度融入日常教学活动中，长期开展“课前三分钟”思政进课堂活动。结合所授学科特点，以朗读、观影等多种方式融入党史国情、传统文化、民族团结等内容，激发了学生的爱国热情，增进学生对祖国和中华民族的荣誉感、自豪感和归属感。同时，支教团高度重视宣传工作在实践育人体系中的独特作用，充分利用学校广播站平台，定期推送优质信息内容，使其成为学生了解时政新闻以及获取教学信息的重要信息渠道。

新疆和田地区职业教育水平落后，学生普遍存在学习意识淡薄、重实践轻理论、书写不规范、语言沟通能力较弱等问题。支教团通过开展职业技能大赛、考试学情分析、交流研讨会以及一对一学习帮扶等方式激发少数民族学生学习技术、钻研技能、实践成才的热情和创造活力，为培养适应和田地区发展的技能型人才奠定了基础。

此次支教团队在新疆和田地区职业院校探索教学工作与思想政治教育工作方面的做法与经验，已转化为新时代“文化润疆”的有益实践，成功地提升了当地少数民族学生思想政治教育工作，也为天津市各高校少数民族学生思想政治教育提供了有益借鉴。

立德树人视域下新时代少数民族大学生思想政治教育工作路径探究

赵波
天津职业技术师范大学

处理好民族问题、做好民族工作，是关系国家统一、民族团结和社会稳定的大事，是关系国家长治久安和中华民族繁荣昌盛的大事。近年来全国高校扩招人数整体呈递增趋势,加上民族教育政策的普及推广,内地少数民族大学生的人数逐年攀高。少数民族学生的培养工作是党中央着眼于社会稳定和国家长治久安的重要举措，有利于维护祖国统一，促进民族团结。习近平总书记在全国民族团结进步表彰大会上强调，要高举中华民族大团结的旗帜，促进各民族交往交流交融，不断铸牢中华民族共同体意识，推动中华民族走向包容性更强、凝聚力更大的命运共同体。如何做好少数民族大学生思想政治教育工作，切实增强“五个认同”，是新时代内地高校思想政治教育工作的一个重要课题。

一、立德树人的含义

国无德不兴，人无德不立。习近平总书记一贯高度重视教育工作，发表了一系列重要阐述，重视培养社会主义建设者和接班人，把立德树人作为教育的中心环节。2016 年 12 月，习近平总书记在全国高校思想政治工作会议上的讲话指出，高校立身之本在于立德树人。要坚持把立德树人作为中心环节，把思想政治工作贯穿教育教学全过程，实现全程育人、全方位育人，努力开创我国高等教育事业发展新局面。2017 年 10 月,习近平总书记在中国共产党第十九次全国代表大会上的报告强调，要全面贯彻党的教育方针，落实立德树人根本任务，发展素质教育，推进教育公平，培养德智体美全面发展的社会主义建设者和接班人。2018 年 5 月 2 日，习近平在北京大学师生座谈会上的讲话指出，要把立德树人内化到大学建设和管理各领域、各方面、各环节，做到以树人为核心，以立德为根本。2018 年 9 月 10 日，他在全国教育大会上的讲话中指出，要把立德树人融入思想道德教育、文化知识教育、社会实践教育各环节，教师要围绕这个目标来教，学生要围绕这个目标来学。2020 年教师节前夕，习近平向全国广大教师和教育工作者致以节日祝贺和诚挚慰问，强调不忘立德树人初心，牢记为党育人为国育才使命。总书记对高校的根本任务——立德树人进行了一系列重要阐述，本文在这一背景下，研究探讨新时代提升少数民族大学生思想政治教育工作的创新路径。

二、新时代少数民族大学生的特点

少数民族学生受生态地域、经济条件、语言文化等方面的影响，具有一定的地域和民族特色，通常表现在以下几个方面。

在思想上，少数民族学生从小就生活在多民族、多宗教、多文化的民族地区，多数受到复杂的社会环境的影响，他们远离家乡来到内地高校求学，环境的差异也会给他们自身带来一定的心理压力，当“己文化”遇到“他文化”时，会有一定的排斥心理。少数民族学生自我意识较强，比较敏感、孤僻、自卑，遇到问题更倾向于和本民族的同学交流，很少主动寻求老师的帮助，容易造成“小团体”的现象。同时，内地高校的学生对于少数民族的风俗习惯也不甚了解，存在着对少数民族学生轻视、敌意、好奇等负面情绪，使得少数民族学生校园生活的融入度较差，从而容易产生抵触情绪，造成“自我封闭”的心理。

在学业上，少数民族学生，尤其是新疆、西藏籍少数民族学生，大多数来自比较偏远的地区，由于这些地区师资力量匮乏，教育理念不足，教学设施落后，学生整体文化素质偏低。大多数是享受少数民族政策的学生，他们来到内地求学，由于学习基础差、视野封闭、起点不高，又加之汉语水平有限，面对快节奏、大容量的教学内容，多数出现学习跟不上，难以适应教学节奏的情况，使他们对大学的学习生活产生困惑，进而对学习失去兴趣，久而久之会出现挂科、学业预警、留级、延长学制等现象，寄希望于学校“降低合格线”等。整体来说，较之内地的学生，他们的学习主动性、竞争意识较差。

在生活上，少数民族学生与内地学生相比，在生活习俗上存在差异。习俗是一个民族在其长期的演化过程中形成并遵循的风俗和习惯，它既反映了民族的共同生活活动，也体现了该民族的外在风貌；它不仅是具体的文化内容，也是文化的载体。少数民族学生长期生活在具有民族特色的环境中，来到内地求学，这些民族特色会让他们感受到自己与其他人的不同，少数民族地区经济、文化水平等都相对较低，少数民族学生家庭经济来源多数以务农为主，家庭经济负担较重，少数民族学生尤其是新疆、西藏籍少数民族学生，在校期间大多数都会申请认定贫困生。

三、提升少数民族大学生思想政治教育工作

少数民族学生的培养工作关系到民族地区的发展，内地高校要以立德树人为根本任务，创新少数民族大学生思想政治教育路径，培养一代又一代拥护中国共产党领导和中

国特色社会主义制度、立志为中国特色社会主义事业奋斗终身的有用民族人才。

（一）加强日常教育管理服务

（1）发挥基层党支部的作用，开展党员结对帮扶少数民族学生工作。抓住少数民族新生入学的关键时间节点，高校党员与少数民族学生结成“一对一、一对多、多对一”的帮扶对子，开展党员结对帮扶工作，力争做到少数民族新生全覆盖，对其他年级学生有针对性地进行帮扶，给予思想引领、生活关照、学业指导、发展指引，积极主动关心和了解少数民族学生，让他们真正消除陌生感，感受到学校的温暖，更快更好地融入大学生活。

（2）开展丰富多彩的主题实践活动，促进各民族交往交流交融，铸牢中华民族共同体意识。发挥第二课堂作用，搭建形式多样、主题积极向上的实践活动平台，如民族团结教育月活动、“党旗在我心中，国旗在我心中”主题教育、发声亮剑宣讲活动、少数民族大学生文化创意设计大赛、暑期家访活动、邀请优秀少数民族毕业生家长来津活动等，同时抓住重要节日时间点，如中华人民共和国成立 70 周年、五四运动 100 周年、建党 100 周年等，引导少数民族学生更好融入校园生活，践行社会主义核心价值观，不断增强对中华民族和中华文化的认同。

（二）创新思想政治理论课

习近平总书记在学校思想政治理论课教师座谈会上强调，思政课是落实立德树人根本任务的关键课程，思政课作用不可替代，思政课教师队伍责任重大。思政课教师要不断提升自身的教育教学水平，与时俱进，在教学过程中引入新技术、新手段，充分利用各种新媒介技术，使思想政治教育课堂变得更加有趣、有内容、有新意，改革原有的填鸭式、一刀切的教学方法，改革教学方式，将“灌输”变为“互动”。对于少数民族学生，应该在现有思政课程的基础上，开设一些与少数民族学生关联性强、兴趣点高的课程，比如“民族理论与政策”“中华优秀传统文化”等课程，同时创新预科班思政课改革，将少数民族预科班作为思政课改革、民族团结进步创建试验田，开展“四史”教育和民族团结教育，带领学生参观周邓纪念馆、红色基因爱国主义教育基地，加强对各民族的认识与了解，进一步铸牢中华民族共同体意识，从内心深处感谢党和政府对少数民族学生的关心和爱护，培养一代又一代拥护中国共产党领导和中国特色社会主义制度、立志为中国特色社会主义事业奋斗终身的有用人才。

（三）完善少数民族专职辅导员队伍建设

2014 年，教育部等十二部委印发的《关于切实加强有关内地民族班学生教育管理服务工作的若干意见》（教民〔2014〕3号）文件中提出，“在少数民族学生集中的学校按照50:1的生师比、不足50人的配备1名，要配齐配强政治素质高、懂双语、会管理的少数民族教师”，在这一政策背景下，天津市各高校公开招聘少数民族专职辅导员。少数民族专职辅导员的引进工作，能够优化内地高校辅导员队伍建设，为辅导员队伍注入新鲜血液，同时少数民族专职辅导员懂民族语言，熟悉和掌握民族习俗和宗教知识，对于少数民族学生的思想政治教育更有针对性。同时，对于兼职负责少数民族学生管理工作的老师，应开展针对性培训，如党的治疆方略和新疆工作形势、国家有关民族宗教政策、正常宗教活动和民族风俗习惯的界限、做好内地高校少数民族学生意识形态领域工作、抵御“三股势力”向校园渗透、强化民族团结进步教育等内容，把民族团结进步教育作为学习提升的重要内容，明确工作职责，把握新形势下高校思想政治工作的特点与难点，提升少数民族专职辅导员思想政治水平、政策理论水平及工作能力水平，培养他们成为一支热心民族团结进步事业的高素质辅导员队伍。

参考文献

[1] 黄秋燕.少数民族大学生民族文化认同状况研究——以中央民族大学生为例[J].今日中国论坛，2016(5).

[2] 于百江,王寅秋,贾绘泽.少数民族大学生的思想政治教育工作创新路径探索[J].贵州民族研究，2018(4):227.

[3] 张楠.立德树人视域下普通高校少数民族大学生思想政治教育工作的提升路径探析[J].湖北开放职业学院学报,2020(15):85.

[4] 杨日晨.民族团结视域下高校少数民族大学生思想政治工作创新路径研究[J].创新创业理论研究与实践,2020(12):132.

内地新疆西藏少数民族大学生学业情况浅析

李浩鹏　刘玲玲
天津职业技术师范大学

中国是一个多民族国家，当下我国高等教育事业实现了快速发展，各民族大学生的数量和质量均得到了较大提升。在大学生群体当中，新疆西藏地区少数民族学生作为高校中的一个特殊群体，由于相对于其他学生来讲人数较少，教育上较为薄弱，同时，新疆西藏少数民族学生家乡远离内地，学习成绩与其他民族学生相比有一定差距，如何培养新疆西藏少数民族学生的学习能力，提高他们的学习成绩，是我们目前面临的一个重要问题。深入研究新疆西藏少数民族学生的学业状况，有利于培养更多少数民族人才，从而提高新疆西藏少数民族地区经济发展水平，有利于维护国家统一和民族团结。

一、研究对象和研究方法

为了解新疆西藏少数民族学生的学习特点和现状，本文以内地某二类本科理工类院校为例，该学院共有新疆西藏少数民族学生 84 人，在研究过程中，通过教务系统，导出该学院全体学生累计至 2020—2021 学年第 1 学期的成绩进行分析对比，设计了针对新疆西藏少数民族学生的调查问卷，并通过网络进行发放，共收回有效调查问卷 71 份，有效率达 84%。本文通过以上两种方法分析探讨目前新疆西藏少数民族学生当下的学习现状，并给出相关建议，以此来培养和提升其学习能力。

二、新疆西藏少数民族学生成绩分析

经过分析学院全体学生截至 2020—2021 学年第 1 学期成绩基本情况，我们发现，本学院共有在校生 2222 人，共有 658 人挂科，挂科率为 29%；学院共有少数民族学生 198 人，截至 2020—2021 学年第 1 学期，仍有挂科科目学生 98 人，挂科率为 46.46%；本学院共有新疆西藏少数民族学生 84 人，截至 2020—2021 学年第 1 学期，仍有挂科科目学生 47 人，挂科率为 64.38%。由此可见，新疆西藏少数民族学生挂科率不仅高于其他少数民族学生的挂科率，同时远高于学院整体挂科率。

通过进一步分析新疆西藏少数民族学生不及格科目及不及格学分，我们发现，不及格学分 10 分以下有 25 人，不及格学分 10 分～19 分有 15 人，不及格学分 20～30 学分有 5 人，不及格学分 30 分以上有 2 人。同时，通过统计新疆西藏少数民族学生不及格科目情况，我们发现，在47名挂科学生中，在机械制图等基础课程挂科的高达43人，占比91.48%，累计不及格科目共132门，专业课程挂科人数为12人，占比31%，累计科目共21门。我们可以看出，新疆西藏少数民族学生学习成绩较差，挂科率较高；大部分学生不及格学分及科目较少，但同时，基础课学习上掌握没有专业课好。

三、新疆西藏少数民族学生学习情况分析

通过分析调查问卷，学生年级分布较为均匀，男生共有38人填写，占比53.52%，女生共有33人填写，占比47.48%。男女生分布较为均匀；新疆籍学生共有40人，占比56.34%，西藏籍学生共有31人，占比43.66%，新疆西藏籍学生分布也较为均匀，数据较为合理。

本调查问卷，主要从新疆西藏少数民族学生的日常在校生活和学习两个方面入手进行调查，通过调查得出以下关于新疆西藏少数民族学生的学习特点和现状。

（一）陌生环境影响学生生活和学习

新疆西藏少数民族学生来到内地，首先面对的就是和自身民族风俗相差较大的生活环境，和普通同学相比，除一般的学习环境、学习方式和学习内容等方面的不同外，他们还面临着语言、思维方式、管理方式、价值观等多方面的不同，在调查问卷中，有49.3%的学生表示自己完全适应天津的气候以及食堂饭菜等基础生活条件；有54.93%的学生表示自己可以流利地用普通话和老师同学进行交流，但同时，有7.04%的学生表示自己的普通话较差，无法很好交流。在日常生活中，仅有69.01%的学生表示和其他学生相处较好，其他同学则表示自己仅和本民族学生相处较好或和自己宿舍的同学相处较好。这些生活方面的不同，必然给少数民族学生的学习带来更多的影响和障碍。

（二）新疆西藏少数民族学生学习动机明确

学生学习动机一般分为内部动机和外部动机。内部动机是指因学习生活本身所引起的动机，外部动机是指因学习生活的外部后果而引起的动机。一般来讲，内部动机要比外部动机更能激发学生的学习兴趣，能够让学生更加积极主动地参加学习过程。

调查发现，新疆西藏少数民族学生的学习目的和学习动机较为明确，从内部动机来看，73%的大学生认为上大学可以开阔自己的眼界，73.24%的学生同样认为上大学可以学到更多的知识，57.75%的学生认为上大学可以提高自己的综合素质，与此同时，从外部动机来看，63.38%的学生认为上大学可以获得好工作。我们可以看出，不论是内部学习动机还是外部学习动机，新疆西藏少数民族学生学习动机都是比较强的，同时内部动机稍强于外部动机，这些都有助于新疆西藏少数民族学生提高学习能力。

（三）新疆西藏少数民族学生学习归因存在偏差

根据调查，仅有36.62%的学生认为自己足够努力，61.97%的学生认为自己努力程度比较一般，另有1.41%的学生认为自己不太努力。但当询问挂科原因时，62%的学生认为是考试题目太难，32%的学生认为期末考试前，老师所标注的复习范围不准，还有10%的学生认为老师上课效果不好。同时，分别有14%、24%和30%的学生认为自己上课没认真听讲、课下和期末考试前没有认真复习。

根据韦纳的归因理论，学生的努力程度、考试复习以及认真听讲均为内部可控不稳定归因，考试题目太难、老师所标注的复习范围不准以及老师上课效果不好为外部不可控稳定归因。学生将成败归因于稳定因素，则对未来结果期待和目前的结果一致。因此，学生若归因为题目太难，则在今后的考试中，学生会想当然地认为考试题目特别难，这不利于学生提高成绩。同时，学生若将失败认为是不努力造成的，学生将有可能在今后更加努力，遇到困难也能坚持。因此，我们应该强化新疆西藏少数民族学生对于努力不够的归因，同时降低学生对于题目太难等外部归因，以提高学生对成功的期望。

（四）新疆西藏少数民族学生与教师互动不足

学习不是一个单方面的学习过程，更多的是教师和学生进行互动的一个过程。在调查中，我们发现，大部分新疆西藏少数民族学生和教师的互动性较差。课堂是教师传授新知识、学生接受新知识最主要的场所，但调查发现，仅有8.45%的学生表示会在课堂上积极回答老师的问题，不积极回答老师问题的学生占比高达64.79%。同时，课下能够积极主动找老师询问问题的学生占比仅为49.3%。对于不会的题，也仅有28.7%的学生表示会立刻找老师咨询。由此可见，学生和教师之间互动非常少，再加上部分班级里新疆西藏少数民族学生为少数，教师很少能够做到给予学生更多的关注。长此以往，很容易导致新疆西藏少数民族学生对学习失去兴趣，从而导致挂科。

四、新疆西藏少数民族学生学习能力提升对策及建议

鉴于上述阻碍新疆西藏少数民族大学生学业情况的分析，我们提出如下对策建议，以改善新疆西藏少数民族大学生学习现状。根据以上分析可以看出，新疆西藏少数民族大学生的难以适应学校环境、学习动机、课堂表现、师生互动是影响其学习结果的主要因素。

（一）加强低年级学生教育，丰富学生生活

客观来讲，由于经济发展以及文化等多方面差异，新疆西藏少数民族学生与内地学生在学习基础、文化基础上有一些差距。通过上面的成绩分析，我们得出结论，新疆西藏少数民族学生基础课较为薄弱，而根据培养方案，基础课一般为低年级开设课程，低

年级学生刚入学不久，面对大学生活，不仅要面临学习上的压力，还有生活和交友等多方面的压力，这提醒我们在今后工作中，应着重加强低年级学生的教育和引导工作。

此外，在大学培养环节中，可设置更为丰富的课程，如与少数民族相关的文化、传统技艺等课程。在调查中，部分学生也表示，希望增设相关少数民族学生社团，以加强少数民族学生的归属感，因此，可以适当引导新疆西藏少数民族学生积极参加学生社团，组建包括新疆西藏少数民族学生的相关民族文化社团，以此加强民族团结和少数民族文化推广。

（二）加强学生学习动机和正确学习归因观的培养

根据调查，目前，新疆西藏少数民族学生有明确的学习动机，在工作中，教师可以通过谈心谈话、树立榜样等多种形式，强化学生对学习动机的正确认识，引导新疆西藏少数民族学生结合自身实际情况制定学习目标，学会独立思考，养成良好学习习惯。同时，在面对学习困难时，可以安排其他学生进行帮扶从而提高新疆西藏少数民族学生学习自信心。

在学生学习过程中，学生对学习成败的归因影响着他们的学习行为。学业成功与失败是学生在学习中经常遇到的，不同的归因倾向经常会导致不同的期望，由此而产生不同的学习行为。因此，教师应对学生进行正确归因倾向的培养和成就归因训练，提高学生学习效率和质量。由于大部分少数民族学生认为成绩不好的原因是考试太难，努力程度一般，因此在工作中，应着重强化学生对于努力不够的归因，引导学生努力学习而不是抱怨考试太难和老师所标注的复习范围不准以及老师上课效果不好。

（三）鼓励学生主动联系教师，增进师生之间的互动

新疆西藏少数民族大学生与教师互动意愿不足、互动频率低，这是造成学生学习成绩不理想的一个主要原因，一方面是因为班级人数较多，很多学生得不到与教师沟通交流的机会，同时，部分新疆西藏少数民族大学生汉语不太流利，并受民族传统文化的影响，性格上较为腼腆、内向，教师应首先鼓励学生积极和身边同学交流，必要时，可要求班级班委带领他们一起找任课教师沟通和交流。

此外，大学教师作为高级知识分子，并不一定对新疆西藏少数民族文化有所了解，这在一定程度上阻碍了其与少数民族大学生的互动交流，因此在组织开展少数民族文化活动时，除积极吸引鼓励新疆西藏少数民族大学生、非少数民族大学生参加外，也应该邀请学校任课教师积极参加，让任课教师走进他们的日常生活，更深入了解他们的生活习俗，这在一定程度上也可以促进师生互动。

参考文献

[1] 陈琦,刘儒德.教育心理学[M].2 版.北京:高等教育出版社，2011.

[2] 王伟鹏,宋飞.少数民族大学生学习能力提升研究——以西南民族大学为例[J].才智,2015(11):28-29.

[3] 陆卫群，杨慧勤. 少数民族大学生学习状况的影响因子分析[J].信阳师范学院学报（哲学社会科学版）,2020(1):73-79.

[4] 阿布都卡依木・艾海提,西仁古・阿不来提,徐晓峰.少数民族学生学业现状及其影响因素分析——以浙江大学新疆籍少数民族学生为例[J].教育教学论坛，2020（50）：69-70.

浅谈微时代下高校少数民族辅导员的学生思想政治工作

普尔凯提江·居来提
天津职业技术师范大学

据 CNNIC（中国互联网信息中心）发布的第 47 次《中国互联网络发展状况统计报告》,截至 2020 年 6 月,全国短视频用户规模达到 8.18 亿，占网民总数的 87%。预计到 2025 年,短视频平台用户量将可能近 9 亿。另据 QM（Quest Mobile）报告,2020 年 12 月短视频月人均使用时长达到 42.6 小时,同比增长 39.7%,是所有泛娱乐细分行业中时长最长且增长最快的。根据企鹅智库 2019 年调研数据分析,通过网络获取资讯信息和社交渠道的来源中,微信公众号、朋友圈、微博、微信群分类前四位,微信订阅号的占比最高达到了 64.9%。87.8%的“00 后”网民有通过手机看时事新闻的习惯,并且其中的 42.7%人有过阅后发表评论的行为。

可以看出,无论性别和民族,微信、微博、微视频等微媒介已然成为国民思想教育与信息舆论的重要战场。“95 后”“00 后”大学生是主要的网民群体,高校学生辅导员应认真思考利用好这一新载体,应势而谋、因势而动,主动寻求与时代相适应的大学生思想政治教育工作方式方法,提高工作的时效性。

一、微时代下的高校学生思想政治工作

(一)加强大学生思想政治工作的时代紧迫性

习近平总书记在 2021 年两会上指出,要在各族干部群众中深入开展中华民族共同体教育,特别是要从青少年抓起,引导广大干部群众全面理解党的民族政策,树立正确的国家观、历史观、民族观、文化观、宗教观。中华民族伟大复兴的中国梦、建设社会主义现代化强国的奋斗目标将在一代代青年的接力奋斗中变为现实。

当前,我国正处于改革发展的重要时期,国内外险恶势力对中国的改革开放崛起虎视眈眈,各项改革任务艰巨。信息获取的便利性也促使老百姓对社会热点、国计民生、国际时事等关注度越来越高。同时,伴随着网上各种社会思潮和信息传递不对称等问题出现,当下的各种社会突发事件社会矛盾燃点低、传播快、范围广,处置不当就会产生严重社会不良影响。其中,很多网民尤其是青少年网民由于缺乏正确思想认识和政治引领,恶意围

观、盲目跟风,起到了扩大负面影响的作用。这给我国社会治理及和谐发展带来严峻挑战。

首先,世界未来的竞争说到底就是人才的竞争,也是意识形态的竞争。从某种意义上,就是对青年学生的争夺,是对学生思想教育阵地的争夺。由此可见,我们要赢得青年学生,赢得国家民族的未来,就必须牢牢抢占思想教育主战场。大学思想政治教育将是加快中国特色社会主义现代化建设、实现中华民族伟大复兴中国梦的重要思想保障性工作。

再者,思想政治教育是青年学生获取知识、提升能力、强化素质的最基本保障手段。正确有效的思想政治教育是一个人成长期获得全面协同发展的素质保证。只有用正确人生观、价值观和世界观武装头脑,才能让广大青年知识分子产生强烈的国家认同感和使命感,积极投身于国家治理和民族振兴建设中,为国家和社会作出应有的贡献。

(二)微时代给大学生思想教育带来的变化

2021 年 3 月初,针对微媒介对大学生思政教育工作的影响,笔者在学生中开展了一次问卷调研,共有 184 名在校大学生参与,其中大都为少数民族学生,占 84.24%,大一大二新生占 65.22%。主要结果显示如下。

面对各类新闻热点,大学生们更关注时事新闻(85.33%)、思政理论(48.37%)和人文历史(51.63%);而获取热点新闻的渠道方面,69.02%的学生优先选择抖音、快手等短视频 APP,其次是微博(62.5%)和微信(55.43%)。

有 85.33%的学生希望通过思想政治教育提升自己的思想道德素养,了解国际国内形势与政策。而在最希望采用的线上思想政治教育的教育方式上,选择 QQ、微信、微博等新媒体学习的占 70.11%,系列微课学习占 55.98%,而在线课堂学习降到了不足半数的 44.02%。

可见,随着微时代的到来,微信、微博等微媒介已经成为大学生们关注社会信息、热点问题和获取精神食粮的重要平台,新形势下,学生辅导员作为高校思想政治教育最前线的工作者应顺势而为,积极主动变化,想方设法利用好微时代教育工具,因势利导,把握并利用好主流舆论教育平台,认真倾听大学生们的声音,积极引导,为他们营造融入时代贴近生活的网络环境,让微媒介微工具成为对青年人开展思想政治教育的主要阵地。不断丰富思政教育内容和形式,提高大学生的思政学习兴趣和参与度,从而推动大学生思政教育的高效开展,培养大学生健康成才。随着新时代学生思维方式、思想政治教育方式和教育信息渠道的不断变化,微时代给大学生思想政治教育工作带来了更加丰富和深刻的变化。

二、“微时代”下高校少数民族学生思想政治教育工作面临的挑战

作为少数民族大学生最接近的教育者和管理者,高校少数民族学生辅导员发挥着校

园生活“第一引路人”和思想“前沿岗哨”的关键作用，尤其在青年学生的思想政治引领上，作用十分关键。新形势下，我国青少年仍处于包括国内外敌对思想、极端宗教思想在内的各种意识形态侵袭的高压环境中。内地高校少数民族学生思想政治教育除了具有一定的民族文化特点外，还面临信息化高速发展带来的多元化价值观的肆意传播、青少年网络沉迷带来的身体及心理问题频发等问题和挑战。

一是微时代海量信息传播林林总总、真伪难辨，而大学生社会经验不足，对事物的甄别能力较弱，很容易受到各种不良思想意识形态、有害信息的侵袭，进而出现思想蜕变和道德滑坡。

二是微工具微媒介中不乏吸引青少年的大量网络游戏(其中甚至包含暴力等不良内容)，使很多大学生沉迷其中，对学校青少年学生的身心健康造成了很大的伤害。

三是微媒介获取信息更便捷、快速、精准。容易使学生产生依赖性和惰性，进而对思考和创新能力造成冲击，导致创新和思维能力下降。

四是大学生获取信息及阅读学习大多以电脑和手机为主，“手机依赖症”在校园盛行，传统图书阅读量下降，学生的体质及视力也急剧下降。

五是微时代带来的网络社交盛行对大学生人际交往带来一定负面影响。现在的大学生现实社交能力趋弱,甚至影响辅导员和学生之间的师生信任度,以致使思想交流产生障碍。

除了上述问题，少数民族大学生还受民族传统文化习俗、自身成长环境、校园交流能力等诸多因素影响,“微形势”更加复杂，这都给高校少数民族辅导员学生思想政治工作带来很大挑战。微时代下，只有研究把握好学习生活和社会交往方式的新变化新特点，利用好新时期大学生的心理特征，多途径多方式用好用活“微工具”，高校少数民族学生辅导员思想政治教育工作才能利用好自身优势，将挑战变成机遇，成功筑起大学生思想教育“第一防线”。

三、对微时代下高校少数民族学生思想政治工作的建议

习近平总书记在全国高校思想政治工作会议上指出：“做好高校思想政治工作，要因事而化、因时而进、因势而新。”这就为新时期高校思想政治教育工作指明了方向。要把高校思想政治工作同新形势、新目标、新环境、新思维紧密结合，勇于改革创新，不断增强高校思想政治工作实效性。

广大高校少数民族学生辅导员要不断加强自身思想政治理论学习，在教育观念上，要以社会主义核心价值观教育应对思想观念多元化问题，以优秀传统文化教育解决文化自信不足问题，以马克思主义民族观和宗教观教育解决民族宗教观混乱问题,以道德素养

和心理健康教育解决德行困惑问题。尤其针对大学生最关心、最现实、最困惑、最尖锐、最敏感的思想和理论问题，要能够“大胆讲，讲清楚，说明白”。

为将这个基本理念贯穿到大学生辅导员思想政治工作实践，结合微时代下大学生思想政治工作特点和挑战，笔者提出以下几点工作建议。

(一)提升自身"微工具"运用能力，提高教育主体引导力

当代大学生个性鲜明思想活跃,崇尚使用新媒体“微工具”。辅导员应主动出击,及时学习更新网络应用知识和能力,熟练掌握使用“微工具”，充分利用好“微工具”的快捷性、灵活性和吸引力，并由此作为开展学生思想政治教育的重要手段和载体。

同时，辅导员还要不断学习，紧跟新形势，随时把握青年政治思想动态，学习提高将思想政治教育理论化繁为简、取其精髓的能力，以适应微媒介的简洁明了、快速方便的要求。牢牢掌握思想政治教育工作的主动权，及时把现实生活中积极向上的信息整理传递给学生，通过微博、微信公众号及其他微平台与学生分享探讨热点话题等形式对学生进行潜移默化的引导和教育，不断增强思想政治教育的引导力。

(二)紧跟时代脉搏，紧扣学生实际需求，促进教育实效性

习近平总书记在全国高校思想政治工作会议上指出，高校思想政治教育要“因时而进”，就是要求高校教育者要提升思想政治教育亲和力和针对性,满足学生成长发展需求和期待。找准与大学生思想的共鸣点、利益的交会点,做到贴近大学生的生活和学习实际。传统的思想政治教育方式方法机械、枯燥、缺乏吸引力,已经不能完全适应微时代的要求,必须抓好微时代所带来的机遇,灵活使用微工具这类媒介,在思想政治教育方式上进行不断创新,吸引学生眼球,以学生感兴趣的方式进行引导式教育,努力做到春风化雨润物无声,使广大青年学子的精神动力越来越强劲。

还要到大学生群体中去,和他们交朋友,了解学生思想、学习、生活实际需求,帮助他们解决实际困难,将主流教育融入学生日常学习生活的关心服务上,用健康向上的舆论和思想文化占领微信、微博等阵地,引导学生树立正确的世界观、人生观和价值观,提高学生对网络信息的辨识能力,摒弃垃圾信息,使微媒介真正成为学生学习生活的好帮手,真正达到微媒介思想教育的时效性。

(三)多形式多渠道多维度形成合力,引领微媒介关注点

习近平在全国高校思想政治工作会议上指出,“要运用新媒体新技术使工作活起来”。我们要利用好微时代“微工具”信息量大、便捷性好等特点,结合新科技发展和人才优势,融合各种宣传平台,多方合作,合理利用微媒介,大力弘扬中国好传统好故事,传播中国正能量,将各种形式、渠道相结合,打造各种创新学习平台,丰富学习方式,提升青年学习兴趣。

首先,辅导员可以联合学生党员干部、联络思想政治理论课骨干教师,发挥人才优势,形成合力,针对不同学生网络群体,培养意见领袖,加入热门微信群体,关注群体动态,发挥领袖话语的权威性,保证校园媒体舆论导向的正确性,掌握主动权,形成强大引导力。

其次,根据我们校园问卷调研,在学生喜欢的网络思政教育形式上,抖音、快手等短视频和微信微博分别占据了半壁江山(分别为 54.89%和 42.93%)。我们大学辅导员也应积极利用微媒介的工具,结合校园特点,制作和建立各种短视频、微信微博平台,将思想政治教育的时事内容灵活应用,占据有利的宣传阵地,有效引导媒介关注点。

再者,充分利用高校科学技术优势,多渠道多形式研究制作网络新媒体产品,引发校园技术新潮和关注热度。例如,北京理工大学就研究出了将“重走长征路”做成一款教学软件,将 VR（虚拟现实）技术运用到大学生思想政治教育工作中,将广大青少年追捧的新媒体技术寓教于乐,相互促进融合,自然而然博得青睐。

(四)线上线下精细结合联动,促进学生思想教育与现实融合发展

随着我国社会主义建设和改革不断深入,大学生思想活跃度越来越强。少数民族大学生受民族传统和成长环境的影响,思想观念和受教育程度也不尽相同。再者,微时代给青少年带来的诸如沉迷网络、身体素质差、视力下降等现实问题在大学生群体也广泛存在。

作为一线思想政治教育工作者,少数民族大学生辅导员一方面应积极做好线上线下结合联动的思想工作计划,在把控引导好线上微媒介话语权的同时,积极策划灵活多样的线下思想教育活动,然后通过微媒介组织发起线上讨论活动,寓教于乐,形成良好的教育活动循环。另一方面,精准做好学生思想档案,把握每一个少数民族学生的特点,做好学生思想动态预警。结合线下活动,精细安排每一个学生的活动计划,因才施策,积极引导学生走出虚拟世界,走进自然,走进现实生活,锻炼身体,为今后更好地融入社会生活做好充分准备，从而实现思想政治教育与现实相结合的良好效果。

四、结语

每个时代都有属于自己的时代特征，微时代的到来是信息时代的必然。新时期的高校少数民族学生辅导员在做学生思想政治工作的方式方法上应积极应变，保持健康向上的工作态度，创新工作方式方法，不断增强自身素质和能力建设，做大学生的贴心人，不断给学生思想政治教育带去生机和活力。提高大学生思想政治教育的针对性和有效性，促进大学生思想政治教育工作的持续健康发展。

参考文献

[1] 刘彦平.微时代大学生思想政治教育工作面临的挑战与应对策略[J].决策探索(下),2018(12):55-56.

[2] 苏琳.微时代背景下高校辅导员工作所面临的机遇与挑战[J].求知导刊,2018(3).

[3] 潘虹.微时代高校思想政治教育的困境及对策[J].科教导刊(上旬刊),2019(4):73-74.

“大思政”格局下少数民族大学生思想引领教育研究

齐向阳
天津职业技术师范大学

一、少数民族大学生思想引领教育指导思想

全国高校思想政治教育工作会议于2016年12月7日至8日在北京召开，习近平总书记在会议上提出，要把立德树人作为高校的根本任务落到实处，进一步做好高校青年学生的思想政治教育工作。大会上，习近平总书记系统地回答了“中国高校要培养什么人、怎样培养人、为谁培养人”这一教育的根本问题，为思政教育工作指明了方向。

在第三次中央新疆工作座谈会中，习近平总书记指出，新疆经济社会发展和民生改善取得了前所未有的成就，各族群众的获得感、幸福感、安全感不断增强。加强中华民族共同体历史、中华民族多元一体格局的研究，将中华民族共同体意识教育纳入新疆干部教育、青少年教育、社会教育，教育引导各族人民树立正确的国家观、历史观、民族观、文化观、宗教观，让中华民族共同体意识根植心灵深处。

以上两次会议为少数民族大学生思想引领教育奠定了坚实基础。近年来，随着思政工作不断发展，“大思政”工作格局已经在悄然形成，所谓“大思政”工作格局，主要是指依托多种具有思想政治教育的因素或介质通过特定的活动或联系机制所形成的合力体系；然而，建构“大思政”工作格局不是一蹴而就的，它需要各个部门通力合作，密切配合，具体来说：学校的各部门、各单位和学校工作的各环节都要纳入思想政治工作的范围，从而形成教育合力，共同承担“为党育人，为国育才”职责。正如《高校思想政治工作质量提升工程实施纲要》中所强调的，要充分发挥课程、科研、实践、文化、网络、心理、管理、服务、资助、组织等方面的育人功能，这也切实为少数民族大学生思想政治教育工作提供了具体可行的理论依据。

二、“大思政”格局下的少数民族大学生思想引领教育

高校少数民族学生思想引领教育是以高校为教育平台，以少数民族学生为教育对象，组织有计划、有目的的教育活动，从而促使少数民族大学生将爱国和爱党、爱社会主义高度统一，树立爱国主义情怀。

党的十九大报告指出：全面贯彻党的民族政策，深化民族团结进步教育，铸牢中华

民族共同体意识，加强各民族交往交流交融，促进各民族像石榴籽一样紧紧抱在一起，共同团结奋斗、共同繁荣发展。深入推进高校民族团结进步教育工作，在学生中普及民族文化和民族知识，增强学生民族团结进步意识，对加强党对意识形态工作的领导，维护校园及社会的和谐稳定，实现高校人才培养目标，具有重要意义。

接下来，笔者将从课堂教学、文化育人、网络育人、资助育人四个方面探究“大思政”格局下的少数民族大学生思想引领教育的发展现状。

（一）发挥课堂教学主渠道的作用

在全国思政工作会议上，习近平总书记要求要用好课堂教学这个主渠道，提升思想政治教育亲和力和针对性，其他各门课程要守好一段渠，种好责任田，使各类课程与思想政治理论课同向同行，形成协同效应。

目前各高校均设有思想政治理论课、哲学社会科学课等课程，它们作为少数民族大学生思想引领教育的主渠道，帮助、引导少数民族大学生树立正确的世界观、人生观、价值观。通过理论和案例的讲述，使学生们对于自身的发展、努力的方向有了更为明确的定位，努力做到让青春梦想与社会发展同频同振，与时代同行，与祖国同心，到国家最需要的地方建功立业，回馈人民。

（二）提升文化育人筑根基的地位

推进中华优秀传统文化、革命文化、社会主义先进文化教育，结合学校发展特色和教育特点开展民族团结宣传月、“传承红色基因，担当复兴重任”主题讲座、少数民族文化进校园等系列活动。努力打造一批具有广泛影响力、感召力、吸引力的品牌活动。号召全体学生广泛参与，通过与活动现场少数民族学生进行交流，及时了解学生思想动态，加强对学生的思想引领和教育工作,切实达到文化育人的目的。

（三）推进网络育人新途径的目标

作为思政工作者，我们要推动思想政治工作传统优势与信息技术高度融合，构建网络思想政治教育重要阵地，积极传播先进文化。运用好主题教育网站、专业学术网站、“两微一端”等大学生们喜欢的方式开展思想政治教育工作。

通过网络，一方面，我们可以快速了解到学生，尤其是少数民族学生在学习生活、择业交友、思想状况等方面的问题；另一方面，党和国家关于少数民族学生的各种优惠政策，重要通知可以第一时间下发至学生，从而极大地提升了工作效率，切实增强了思想政治教育的实效性。

（四）巩固资助育人暖人心的基础

经济作为教育的基础，是确保贫困家庭学生顺利完成学业的重要保证，为贯彻好《国家中长期教育改革和发展规划纲要》明确提出的“不让一个学生因家庭经济困难而失学”

的目标要求，国家在资助育人方面做了大量工作，切实形成并不断推进“国家资助、学校奖助、社会捐助、学生自助”的教育经济援助格局。

在开展资助育人过程中,应加强诚信教育,培养学生的诚信意识和责任意识，让学生实实在在地感受到党和国家的关怀,树立感恩回报社会的意识。在各项资助工作中,要特别发挥勤工助学的育人功能。通过劳动实践,不仅提高了勤工助学学生的劳动技能和工作方法,改变了大学生们过去对体力劳动的偏见,同时还增强了对同学劳动成果的尊重和保护意识,培养了勤工助学学生敬业爱岗精神和吃苦耐劳品质。

三、“大思政”格局下的少数民族大学生思想引领教育的不足

“大思政”工作格局为思想引领提供了广阔途径，我们可以运用多角度、全方位的教育方式，达到预期的教育目标；然而，在目前实际的教育工作中，仍存在不少需要进一步提升的地方，接下来，笔者将具体提出不足和需改进的方向。

作为思政教育者，我们要充分发挥好课堂教学主渠道的作用，思想政治理论课要在改进中提升，要不断适应新时代的发展需求。要努力解决思想政治理论课、哲学社会科学课等课程教材更新滞后、与当代大学生思想实际结合不够紧密等问题，并向着以下方面不断改进：第一，思想教育引领工作要贴近生活、贴近学生、贴近实际；第二，思想教育引领工作要体现出政治性、针对性、时代性、趣味性；第三，思想教育引领工作要具有耐心、爱心、细心。

教育改革发展背景下，高校对学生的思想政治教育不仅局限于思政课程的开展，还应调动全校教育资源营造全员育人的教育氛围。

比如在文化育人中，我们要充分认识到目前所存在的问题。如活动前期宣传动员不足，导致参加活动的少数民族学生数量有限，未能起到很好的思想教育引领的作用；再有就是文化活动开展的创新性不够，往往只是因循守旧，参照往年活动进行。为了更好地解决这些问题，一方面要运用多种宣传方式，如召开主题班会、活动动员会、少数民族学生座谈会等，引导更多的学生尤其是少数民族学生积极投入到活动中来；而另一方面，作为思政工作者，我们要思考如何创新活动形式，丰富活动内容，不断增强文化育人的吸引力和感染力，从而更好地实现教育、引导的目的。

在网络育人的过程，主要存在以下几个问题：第一，思政工作者更多的是充当文字的搬运工，有思想深度的原创网络育人作品较少；第二，网络育人作品有时与受众群体的契合度匹配不高，吸引力不足，部分甚至脱离了学生思想实际。因此，思政工作者必须牢牢抓住思想引领教育的重点，向少数民族大学生群体推送有内涵、有价值、有深度的高质量内容，可以通过走访调查、谈心谈话、座谈交流等多种方式深入了解，努力从

大学生生活学习实际出发，尽可能引发少数民族大学生群体的共鸣，从而不断提升思政育人的效果。

在资助育人的评定环节，有的少数民族大学生由于语言障碍，不能很好地表述个人家庭实际情况或者因学生本身较为内向，不愿意主动提出申请，因此导致贫困生认定不够科学、合理；再有就是，部分少数民族学生在获得国家资助后存在过度消费的问题。这就要求班主任、辅导员老师在平时加强与学生的沟通，以便更加全面了解学生家庭的现实情况，此外，要教育学生树立正确的消费观念，努力做到量入为出，不盲从，不攀比，不炫耀，引导学生合理消费、理性消费、适度消费。

四、结语

习近平总书记说："青年一代有理想、有本领、有担当，国家就有前途，民族就有希望。"少数民族大学生是党和国家民族政策的受益者，深化民族团结进步教育的宣传者，铸牢中华民族共同体意识的推动者，加强各民族交往交流和文化交融的传播者。长期以来，他们都为少数民族事业的发展进步发挥着积极作用，因此加强对少数民族大学生的思想引领教育意义重大。

在"大思政"格局工作背景下，通过课堂教学、文化育人、网络育人、资助育人等有效方式，切实加强对少数民族大学生的教育和引导，让他们不断成长为又红又专、德才兼备、全面发展的中国特色社会主义合格建设者和可靠接班人，引导他们为人民、为社会、为祖国多做贡献。

参考文献

[1] 祁琼，邓纯余.少数民族大学生经济资助政策的特点与走向[J].湖南大众传媒职业技术学院学报，2014(6)：58-59.

[2] 吕海宁，蒋娇，刘东宇."大思政"格局下"课程思政"与"思政课程"的协同发展研究 [J].湖北开放职业学院学报，2021（2）：72.

[3] 刘雪晶.探究新媒体时代高校大学生与网络育人的新路径[J].农村青年,2019(7):44-45.

浅谈产品思维下融合开展少数民族大学生职业生涯规划与思想政治教育的路径

刘秀丽
天津职业技术师范大学

习近平总书记在党的十九大报告中指出："全面贯彻党的民族政策，深化民族团结进步教育，铸牢中华民族共同体意识。"在融媒体时代，互联网产品深刻影响了当代大学生。在此背景下，随着少数民族大学生数量的增加，如何帮助少数民族学生在大学阶段尽快地融入校园生活、树立明确的职业生涯目标，有效地将开展生涯规划教育和思想政治教育结合起来，这些都对高校思想政治工作者提出了新的要求。同时，少数民族大学生毕业后，既是少数民族地区的中坚力量，也必将是社会主义事业的建设者，更是维护社会稳定的重要力量。因此融合性地开展少数民族大学生的职业生涯规划和思想政治教育事关民族发展，事关民族团结，具有重要意义。

一、产品思维的定义

互联网进入中国20多年来，我国社会经济发展、意识形态领域都发生了深刻变化。2011年小米1代工程机上市，拉动了智能手机的普及；同年，微信的推出，改变了人们的社交习惯和消费习惯；近5年，抖音、快手等短视频媒介的出现，更是在影响经济发展的同时，也深刻地改变着社会发展，更对我们的教育对象"00后"产生了很大的影响。纵观这些互联网产品的兴起及蓬勃发展，都离不开互联网"产品思维"。

2017年国务院印发的《关于加强和改进新形势下高校思想政治工作的意见》中指出："高校思想政治教育要坚持不断的创新与改革，不断革新教学手段和方法，跟随社会发展的时代大潮，采用大学生喜欢的手段开展思想政治教育。"在经济社会领域，互联网产品思维是目前比较热门的话题之一。在社会科学领域，学者们对于互联网的研究和引用也从最初的质疑、观望到现在的迎头而上。所以，借助产品思维开展少数民族大学生职业生涯规划和思想政治教育工作，为高校育人工作提供了新的路径。随着互联网的发展，产品的设计与表达需要体现特定价值观，"用户"只有热爱产品的内涵及外延，并在记忆中形成深刻标识，持续地使用才会最终形成价值观的认同。所以产品思维的核心理念是围绕用户需求来进行产品生产。而网络媒体时代，用户的需求是极其多元的，包括信息需求、娱乐需求、社交需求、服务需求等。对于“00 后”大学生而言，他们的生长环境与互联网密不可分，他们也是被各种越来越人性化的“产品”所包围的一代，高校在开展思想政治教育工作时，也要顺应这一潮流。实践证明，部分高校团队制作的抖音短视频在踩上互联网热点后引得学生纷纷转发、点赞，取得了不错的教育效果。

二、融合开展少数民族大学生职业生涯规划与思想政治教育的重要意义

（一）融合开展少数民族大学生职业生涯规划与思想政治教育是帮助学生成长成才的现实需要

少数民族大学生是在各种选拔中出类拔萃的当地青年人才。少数民族大学生与汉族学生有着不同的生活习惯、饮食习惯、文化背景和文化习俗。由于家庭教育和传统观念的不同，他们的行为习惯、人生规划等都有着较为明显的民族和地域特征。特别是对于来源于民族聚居地区的少数民族大学生，他们到内地后在融入集体、学习学业、求职观念、人生规划等方面都有很多需要重新适应和重新考虑的方面。部分少数民族学生学习基础薄弱、家庭经济相对比较困难，需要依靠政府资助和国家助学贷款或者国家助学金来完成学业，因此伴随着一定程度的适应性问题，同时可能会产生一定的自卑心理。随着互联网的发展，这种影响越来越明显。这些问题都直接影响着少数民族大学生在校的学习状态和生活状态，更决定了其毕业后的奋斗方向。对于这一群体的职业生涯规划和思想政治教育很大程度上可以帮助学生作出对未来的预判，帮助他们形成良好的人生观和价值观，帮助他们真正成长为对社会有价值的人才。

（二）融合开展少数民族大学生职业生涯规划与思想政治教育是培养少数民族骨干的迫切需要

习近平总书记在全国脱贫攻坚总结表彰大会上指出：“9899 万农村贫困人口全部脱贫，832 个贫困县全部摘帽，12.8 万个贫困村全部出列，区域性整体贫困得到解决，完成了消除绝对贫困的艰巨任务。”少数民族聚居地区因为地理位置等原因，存在经济相对落后、教育相对薄弱的现象。融合性地开展少数民族大学生的职业生涯规划和思想政治教育，调动学生参与活动的积极性，鼓励他们更好地投入人生奋斗和祖国建设的进程中，从实践活动中获得感悟，同时要兼顾少数民族大学生的特点，尊重肯定各自的民族情感以及文化心理，强化大学生的能动性和集体意识，激发少数民族大学生的责任意识和担当精神。在内地高校用习近平新时代中国特色社会主义思想武装头脑的少数民族学生，在毕业返回家乡或者留在内地后，都将是一支活跃的干部队伍。特别是对于边疆地区而言，掌握先进科学技术、拥有坚定理想信念、具备干事创业精神的优秀毕业生，对于推动当地经济文化发展、促进民族团结具有非常重要的意义。

三、融合开展少数民族大学生职业生涯规划与思想政治教育的路径

总体而言，互联网产品思维里对于产品开发和用户的格局可以归纳为“三观”，即微观体感、中观套路和宏观视野。

（一）打造思想政治教育产品的“微观体感”，强化少数民族大学生职业生涯规划教育的基本元素

全国高校思政工作会议后，大学生的思想政治教育模式逐渐由过去的大水漫灌转向了精耕细作。对于学生的生涯规划，很多院校也在基本的课堂授课以外，增加了职业生涯规划体验周、职业生涯规划咨询室等形式，帮助大学生们解决人生规划、就业指导等方面的问题。因此，有针对性地开展少数民族大学生职业生涯规划教育，就是另一个层面的思想政治教育。在打造思想政治教育产品时，包括宣传海报、视频、线下活动室，务必要注重用户的“微观体感”，也就是针对职业生涯规划领域的少数民族大学生本人的兴趣、性格、价值观和技能进行探索，帮助他们认清在今后的生涯发展道路上，生活角色和工作角色同样重要，都是人生的重要部分；帮助他们了解兴趣是内心快乐的源泉，职业兴趣和职业稳定度、职业满意度有着非常密切的联系，不是所有的兴趣都能转化为相应的职业，也不是所有的兴趣都能在今后的人生中一一实现。少数民族大学生只有把个人的兴趣和社会需要结合起来，才能在今后的发展中做到事半功倍。对于少数民族大学生性格、技能和价值观的探索，也同样需要将其精心浸润在思想政治教育的“成品”中，让学生深刻认识到自身肩负的社会责任、自觉做“共同理想”和“远大理想”的忠诚拥护者和践行者。

（二）优化思想政治教育产品的“中观套路”，丰富少数民族大学生职业生涯规划教育的科学工具

在对少数民族学生开展思想政治教育，提供“思想政治教育产品”时，要注重解决实际问题与解决思想问题相结合。认识自己、了解社会、设定目标，这都是职业生涯规划中需要完成的环节。而优化“中观套路”，就是教会少数民族大学生澄清价值观的方法、面对多个选择时如何利用决策平衡单去进行分析和决策的方法、如何挖掘自己在技能方面潜能的方法、如何利用“生涯人物访谈”来获取一手的关于职位和行业信息的方法等。在职业生涯规划领域，常见的工具有霍兰德职业兴趣测试、决策平衡单、生涯人物访谈、SWOT 优劣势分析、STAR 法则撰写成就故事以及澄清价值观“三步法”等。以上工具皆由国外生涯规划界所提出和认可，在本土化的过程中，应充分理解和照顾少数民族学生心理和文化需求，可以适当结合历史故事讲解、现实案例分析，在开展职业生涯规划教育的过程中引入丰富多样、精彩新鲜的思想政治教育平台和手段。

（三）拓宽思想政治教育产品的“宏观视野”，培育少数民族大学生职业生涯规划教育的精神基础

实践表明，少数民族大学生在大学阶段，心智尚未成熟和定型，其理想信念、价值取向容易受到政治、经济、文化等多维影响。从国际环境看，面对新冠肺炎疫情带来的影响，当今世界正处在大发展大变革大调整时期，“灰犀牛”“黑天鹅”事件不可预估。世界各国各民族思想文化交锋，西方国家对少数民族大学生的思想渗透形势严峻。拓宽“宏观视野”，就是要让学生充分去了解世界的宏观现状，同时要引导学生懂得感恩。很多少数民族大学生在求学路上都受到过资助，要教会他们学会感恩，同时要建立以社会主义核心价值观为主的价值体系。同时在少数民族大学生中弘扬中国精神，这就是以爱国主义为核心的民族精神和以改革创新为核心的时代精神。在进行职业生涯规划教育时，要紧密结合少数民族大学生思想观念发展变化的时机，坚持不懈地用爱国主义的典型例子来培育学生的民族认同感，用改革创新的例子激励学生认识社会主义的幸福生活来之不易。帮助少数民族大学生在进行职业生涯规划时将自己置身在建设社会主义、实现百年中国梦的时代洪流中，认识到个人命运和国家发展息息相关，认识到职业选择和社会进步密不可分。

四、结语

少数民族大学生的职业生涯规划和思想政治教育关系到少数民族大学生的成长成才和民族地区的稳定与发展。作为内地高校思想政治工作者，在互联网快速发展的背景下，一定要结合少数民族大学生的思想特征、心理特点和成长规律，有针对性地构建创新型教育模式，铸牢中华民族共同体意识，将其培养成实现中华民族伟大复兴中国梦的建设者和接班人。

参考文献

[1] 黄泽文.5G 时代下高职院校隐性思想政治教育的实施途径研究[J].襄阳职业技术学院学报,2021(1):49-52.

[2] 刘晨,杨雪,薛军,等.互联网思维下高校党建工作的基本思路与方法[J].教育教学论坛,2018(15):24-25.

[3] 田静，赵群.产品思维是媒体融合转型基点[N].吉林日报,2018(11):008.

浅析少数民族大学生心理特点和心理健康教育

刘岩
天津职业技术师范大学

大学阶段是个体心理健康发展的关键期,也是心理特点变化与发展最频繁的时期。我国是一个多民族国家,各民族大学生作为民族文化的传承者，在心理特点、思维方式、情绪反应等方面也带有民族文化的特殊印记。因此，准确把握少数民族大学生的心理特点，对有效开展少数民族大学生心理健康工作具有重要的指导意义，对帮助少数民族大学生适应新环境、构建和谐包容的民族关系、推进我国民族政策的落实具有重要的实践意义。

一、少数民族大学生的心理特点

（一）存在自卑、敏感等负面情绪

对于刚步入校门的少数民族大学生来说，他们除了要面对远离家乡、走向新环境的陌生感，还要面临语言、饮食、生活方式、价值观念等文化因素不同的冲击与影响。而受家庭经济条件、地区教育条件的影响，在面对来自经济发达地区的同学时，易产生自卑心理。

（二）自我意识强烈

在日常学习生活中，少数民族学生逐渐意识到自身的成长环境、思维观念会和其他同学有所不同，他们在被动受到评价与考量的同时，更激发了强烈的自我意识，使得少数民族大学生更注意自我形象和自我价值。由于我国各地教学水平的不同，有些地区少数民族学生进入大学之后，在适应学习方面存在一定困难，与学习基础较好的大学生相比，他们需要接受更多的知识，而传统的思维方式会使他们在学习新知识、适应新环境时产生更多困惑，这更加激发了他们对获得自我肯定的追求，在学习动机上会表现出更高的要求，希望通过学习知识技能，达到成功成才的目的，这也从另一方面显现了少数民族大学生较强的自我意识。

（三）民族意识强烈

我国少数民族在分布上呈现“大杂居，小聚居”的特点，大部分少数民族大学生从小就生活在少数民族聚居区，受民族文化熏染。因此，同一个民族或者来自同地区的大学生表现出极为相似的生活习惯和价值观念，他们热爱本民族文化。步入大学校门后，他们把这种民族意识带到自己的学习、生活中。面对不同民族的价值观念，他们偏向于和本民族的大学生交往，主动寻找或者构建一个本民族小群体，并表现出一定的排外性。在实际工作中我们发现，这种本民族的小群体往往跨学院，甚至跨学校存在，具有很强的凝聚力。

二、少数民族大学生心理特点成因

（一）少数民族学生自我调节能力较弱

少数民族大学生的心理调节机制不完善，面对学习中的语言沟通障碍、人际交往障碍，很难积极主动地发挥个体的主观能动性。究其原因，他们从小的生活环境节奏慢、竞争少，这种环境养育了他们热情真诚的性格，但也造成他们时间观念不强，做事缺少计划性和目的性，这很难在发达地区保持竞争力，形成了与社会环境的反差。

（二）对少数民族大学生进行心理健康教育的体系不完善

对很多高校来讲，针对少数民族大学生进行心理健康教育的体系并不不完善。首先在课程设置方面，心理健康课程的设置在实践和应用方面不能完全满足少数民族大学生日益增长的心理需求，目前开设的心理健康课程存在理论性过强、应用性欠缺等问题，缺少对少数民族大学生心理问题的具体指导；此外，在学校组织的心理活动上，少数民族学生参与度低，缺少关注度和融入感。

三、少数民族大学生心理健康教育的有效方式

（一）培养少数民族大学生健康积极的自我意识

培养健康积极的自我意识,对个体的成长成才起到“内驱力”的作用。在对少数民族大学生培养教育的过程中，教育者尤其要引导他们在真实、丰富、鲜活的现实情境中学会积极行动，增强积极情绪体验，学会适应，完成一个循序渐进的习惯养成过程。

首先，要教育他们立志。在与少数民族大学生交流的过程中，我们发现，他们对家乡都有着深沉的情感，很多毕业生回归家乡、建设家乡的心情很迫切，这就是一个很好的“立志”切入点。有了奋斗目标后，也就有了行动动力。

其次，要培养意志力。要使他们懂得，通向成功之路并非笔直平坦，它包含着探索时的迷惘，突破前的犹豫，曲折中的懊丧和烦恼。跨越当下学习生活的困境，强化自身的人格和毅力,也就是生存的意义所在。只要有了健康的自我意识,他们就不会觉得自己低人一等,从而理直气壮地迈开成功的第一步。

（二）探索“隐形”关怀模式

探索“隐形”关怀模式。以高效资助工作为例，不少高校通过分析学生校园卡消费

数据来给经济困难学生发补助，这就不失为隐形关怀的好办法。在对少数民族大学生进行资助的过程中，高校如果能多从人文关怀的角度去考虑，做到无痕资助，往往会取得事半功倍的效果。

（三）丰富并完善心理健康教育体系

各民族学生的文化背景不同，其实际的心理需求也存在着显著的差异，高校在心理健康服务上必须立足少数民族学生的特点，创设多样化、民族化的心理健康教育体系。

首先是开展带有民族文化特色的心理健康教学。在开展心理健康教育的过程中，教师要结合民族文化多样性来探究心理健康教育开展策略。将原有的教学内容作为基础，积极吸收真正能够帮助少数民族大学生心理健康发展的重点内容，更具针对性以及灵活性地与民族内容结合，让学生感觉更“接地气”。其次是结合民族文化，开展心理健康教育活动，鼓励少数民族大学生加入，通过面对面的趣味心理活动和团体辅导来消除各民族大学生之间的隔阂，帮助少数民族学生更快地适应高校生活，提高大学生群体的凝聚力。

高校心理健康工作是高校当前工作的重要内容之一，剖析少数民族大学生心理特点、有针对性地开展少数民族大学生心理健康教育，对于提升少数民族大学生的大学适应能力、促进心理健康都有着重要作用，更有利于高校内民族大团结。

少数民族大学生思想政治教育和心理健康教育的结合研究

邢骏杰
天津职业技术师范大学

在当下，随着社会的不断发展，心理问题已经逐渐成为当代人们主要的问题，在大学生群体中心理问题尤为突出。少数民族大学生由于受语言、文化等因素影响，往往会对大学生活产生一定不适感，从而导致少数民族大学生极容易产生心理问题。因此对少数民族的心理健康教育和思想政治教育的结合进行研究具有极强的现实意义，对于提高少数民族大学生的生活与学习质量具有非常积极的作用。

一、少数民族大学生心理分析

（一）焦虑心理

少数民族大学生的焦虑心理主要体现在学习方面，而产生此方面焦虑心理的最大原因就是语言方面的障碍，虽然少数民族大学生在步入大学前多会进行一年的预科学习，但是在其学习过程中，依然是以本民族的语言作为主要交流用语，从而导致少数民族大学生在步入大学校园后，语言水平无法满足其生活以及学习的需求，从而会为其带来交流以及理解的双重压力，进而造成其焦虑心理，使其产生一定心理问题。

（二）困惑心理

少数民族大学生的困惑心理主要体现在对环境的适应方面，主要会表现出焦虑、困惑以及压力等。首先，生活环境发生变化。少数民族大学生在步入大学时，其生活氛围以及语言环境都会发生变化。其次，需要少数民族大学生独立面对生活中的各种问题。在以往的生活过程中，往往都会有家人的照顾与陪伴，帮助其解决生活中的各种问题，而在大学生活中，其需要独自生活，并且由于语言环境以及民族等因素影响，其独立生活相较于汉族学生而言更为困难。除此之外，高校教师通常会用普通话进行授课，而从少数民族大学生的角度来说，其与同学、教师间的沟流存在一定障碍，从而使其学习难度有所增加，进而使其产生困惑心理[1]。

（三）挫折心理

首先，少数民族大学生由于地域环境、语言以及生活习俗等因素影响，在校园生活中缺乏人际交往的积极性，甚至会对其自尊心造成一定程度的打击，从而引发少数民族大学生产生抑郁、焦虑等心理问题。其次，由于生活环境以及地域等差异，少数民族大学生在形体外貌上会与汉族学生存在一定差异，所以在大学校园生活中，会使其不由自主地增加心理上的不适感。除此之外，少数民族大学生与汉族学生在饮食方面也存在较大差异，虽然全国各个高校已开设专门的少数民族食堂，但食品种类较少，并且缺乏与汉族学生的交流，从而会对少数民族大学生形成对社会的认同感以及学校的归属感产生一定不良影响[2]。

二、少数民族大学生思想政治教育与心理健康教育结合的有效措施

（一）满足少数民族大学生思想政治教育特殊性的需求

一方面，要使全国高校思想政治教育的指导思想、教育目标等方面统一。另一方面，在思想政治教育目标方面，不仅要使少数民族大学生对本民族优秀的传统文化进行继承与发扬，逐渐成长为民族中的优秀人才，还要使少数民族学生热爱祖国，使其积极主动地投入国家的建设与发展之中。高校要积极开展社会公益、文化、教育等活动，从高校校园内的人际交往、师生感情、友谊以及校园生活等方面，提高少数民族大学生对大学校园生活的适应能力，要为少数民族大学生提供展示自我平台和机会。除此之外，由于少数民族大学生的思想政治教育工作具有极强的复杂性，进而对高校少数民族大学生思想政治教育以及心理健康教育提出更高要求，高校必须要对其教育模式进行创新与优化，从而使少数民族大学生思想政治和心理健康教育的作用得以充分发挥[3]。

（二）营造和谐的校园文化

校园文化对于少数民族大学生教育具有非常重要的作用，它属于隐性教育范畴，所以对校园文化进行建设，可以陶冶人的情操，净化人的心灵，从而为少数民族大学生创造一个良好的生活学习环境。高校可以组织读书报告、研讨会、电影评论、节庆活动、主题班会等多种活动，从而丰富少数民族大学生的学习生活，促进少数民族大学生全面发展；并且高校可以通过学风建设、纪律教育，引导校园内和谐相处、诚信友善的学校风尚，因此高校要充分利用校园文化资源，从而使少数民族大学生的心理素质和身体素质得到有效发展[4]。

（三）不断加强网络建设与管理

高校对少数民族大学生进行思想政治教育和心理健康教育时，不仅要利用传统的教学手段，还应该利用好当前先进的互联网信息技术教育平台。高校应有针对性地开设相关的网络心理辅导，针对少数民族大学生的校园状况配备相应的心理辅导教师，加强少数民族大学生与教师间的交流，打造高效的信息沟通渠道，做好心理疏通工作，营造满

足当代大学生精神需求的网络文化，帮助少数民族大学生丰富他们的精神世界[5]。

（四）充分发挥校园心理咨询室的作用

从当前高校的心理健康教育现状来看，部分高校的心理咨询室未被充分利用，部分原因是其自身建设有不足，而另一方面是高校缺乏对心理辅导工作的重视，要想将少数民族大学生心理健康教育的效果充分发挥出来，就必须要对高校心理咨询室进行充分利用。首先，要帮助少数民族大学生克服心理顾虑，充分利用各种渠道，开设相关的选修或必修课程，从而使学生切实认识到心理健康教育的重要性。其次，要为高校心理咨询室配备优秀的心理辅导教师，加大对心理健康咨询室的资金投入，对其基础设施进行完善，从而保证将心理咨询室的作用充分发挥出来。最后，高校要对心理健康辅导教师进行培训，心理咨询工作由综合素质以及能力水平较高的心理教师担任，并要为心理教师提供优秀的学习、进修机会，要不断提高心理教师的专业能力与综合素质，提高其辅导以及教育质量[6]。

综上所述，少数民族大学生对于国家建设以及社会发展具有极为重要的作用，是我国非常宝贵的人才资源，所以将少数民族大学生的思想政治教育和心理健康教育有效结合发展，将其培养成新时代中国特色社会主义出色接班人，对维护国家统一，推动各民族团结发展具有极为重要的作用。高校在对少数民族大学生进行思想政治教育和心理健康教育时，要事先对少数民族大学生的特点进行细致了解，要对少数民族大学生的个性、差异以及其民族文化予以尊重，采取满足少数民族大学生思想政治教育特殊性的需求、营造和谐的校园文化、不断加强网络建设与管理以及充分发挥校园心理咨询室作用等措施，从而丰富少数民族大学生的精神世界，促进其全面发展，进而将少数民族大学生培养成新时代中国特色社会主义的合格接班人，使其积极主动地投入国家建设与发展之中。

参考文献

[1] 迪丽娜尔·阿不力孜.思想政治教育人文关怀与心理疏导新理念——以新疆少数民族大学生思想政治教育为例[J].边疆经济与文化,2018(1):71-73.

[2] 李淑芝.提升少数民族大学生思想政治教育亲和力的路径——基于民族心理关怀的视角[J].学理论,2017(10):244-246.

[3] 卢秋婷.少数民族大学生社会主义核心价值观教育探索[J].吉林省经济管理干部学院学报,2016,30(1):54-56.

[4] 薛丹.当代大学生思想政治教育与心理健康教育结合的现状,问题和对策研究[D].呼和浩特:内蒙古大学,2014.

[5] 张军.浅议大学生特殊群体思想政治教育应注意的几个问题[J].传

承,2009(24):80-81.

[6] 孙强.注重对少数民族贫困大学生的思想政治和心理教育[J].科技资讯,2009(23):221，223.

少数民族大学生信仰教育研究文献的可视化分析

晏爽
天津职业技术师范大学

“深化民族团结进步教育”是党的十九大报告提出的重要命题。习近平总书记在全国民族团结进步表彰大会上指出要以铸牢中华民族共同体意识为主线，把民族团结进步事业作为基础性事业抓紧抓好。青年学生在大学阶段是人生的“拔节孕穗期”，高校要帮助学生们系好思想的“第一粒扣子”。由于家庭教育、生活环境、民俗文化不同等原因，少数民族大学生信仰教育的过程存在一定的特殊性。所以，少数民族大学生的信仰教育成为高校开展民族团结教育工作所面对的一个重要课题。当前学术界已有关于少数民族大学生信仰教育研究成果，既有马克思主义信仰养成、宗教信仰教育等宏观视角研究，也有关于文化适应、心理成因分析等微观实证探索。但是归纳总结少数民族大学生信仰教育相关研究的综述类论文很少，且基本上没有采用大数据和可视化工具进行分析。为此，笔者采用文献计量工具 Citespace5.5.R2 对中国知网（CNKI）的 113 篇相关期刊文献进行归纳和总结，从研究的各个角度进行了梳理和综述，以期合理地总结少数民族大学生信仰教育发展历程与现状，对未来的相关研究提供参考和借鉴。

一、数据来源和工具方法

（一）数据来源

以中国知网为平台，以“少数民族大学生”与“信仰”为关键词进行检索，检索时间为“2001～2021 年”，经过严格筛选，剔除会议综述、报纸通知等文章，最终有 113 篇文献纳入分析样本。以 Refworks 格式导出的文档，经过数据转化形成数据源。

论文分布年度与刊发期刊统计。如图 1 所示，少数民族大学生信仰教育领域研究基本呈上升趋势。自 2010 年起发文量有了大幅提升，2017 年发文 17 篇，是发文量最多的一年。2016 年至今发文数量存在波动。载文量最多的是《贵州民族研究》（4 篇），第二是《黑龙江教育学院学报》（3 篇）。

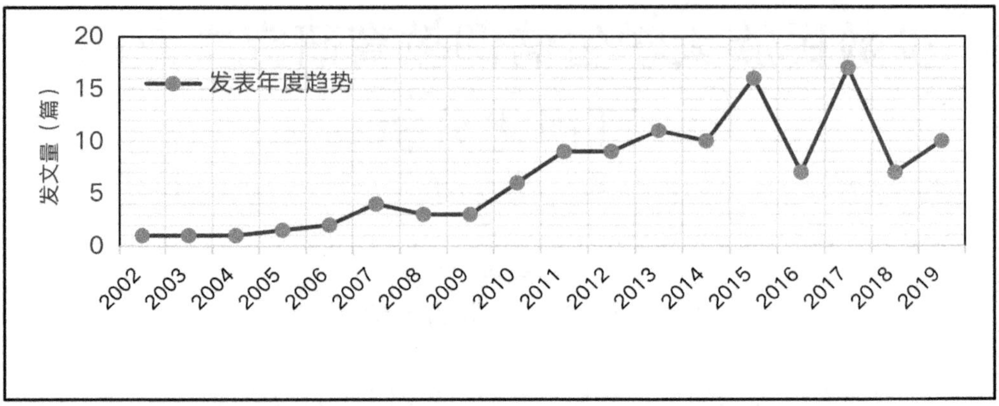

图 1 2001-2021 年 CNKI 中少数民族大学生信仰教育领域发文量趋势图

（二）工具方法

知识图谱是通过将应用数学、图形学、信息可视化技术、信息科学等学科的理论与计量学引文分析、共现分析等方法结合，把复杂的知识领域通过数据挖掘、信息处理、知识计量和图形绘制显示出来，并利用可视化的图谱形象地展示学科的核心结构、发展历史、前沿领域以及整体知识架构，以揭示知识领域的动态发展规律，为学科研究提供切实的、有价值的参考。本文借助可视化知识图谱工具 CiteSpace 软件对上述文献进行可视化分析，对高校少数民族大学生信仰教育工作的主要内容、发展历程、研究趋势等进行梳理和探讨。

二、实证分析

（一）作者及研究机构共现分析

本文利用 CiteSpace 软件，以“Institution（机构）”与“Author（作者）”作为节点，得到“少数民族大学生信仰教育”领域作者分布图，其中圆点越大发文量越多，连线粗细代表作者合作强弱。研究领域高产作者为：巴哈尔古丽・哈力克（4 篇）、于欣荣（3 篇）、甄喜善（3 篇）。高产机构为：新疆师范大学政治与公共管理学院（3 篇）、南昌工学院（3 篇）、郑州工业应用技术学院（3 篇）。共现知识图谱显示研究力量分散，合作较少，如图 2 所示。不同机构之间存在合作研究显现，同一学者也可以与不同机构合作。比如：夏依旦・艾山与新疆医科大学人文社科部、新疆医科大学马克思学院均存在合作关系。

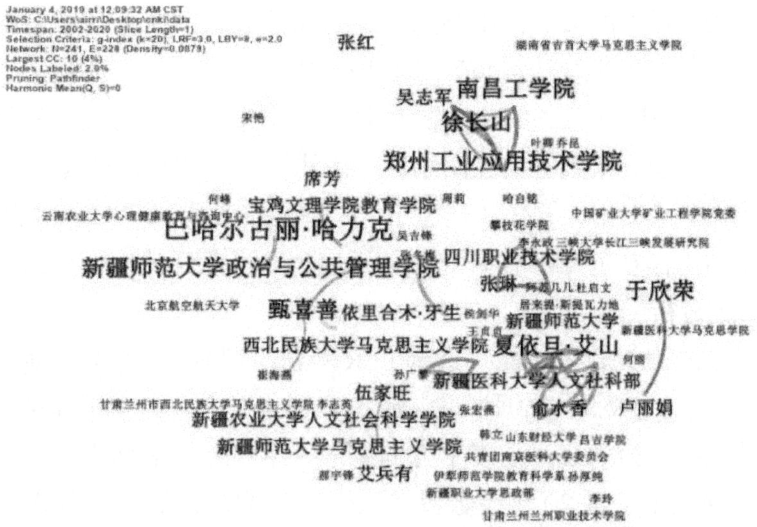

图 2 作者与研究机构共现图谱

（二）近二十年少数民族大学生信仰教育研究热点分析

1.关键词共现分析

关键词作为一篇论文的核心与精要，是对论文的高度概括，也是文献计量分析的重要参考依据。关键词使用的频率越高，越能表示该主题内容是相关研究领域的研究热点。时间区间设置为 1 年，Top=50，TopN%=50，选择 Pathfinder 修剪算法，对数据进行聚类分析，得到可视化共现聚类知识图谱。如图 3 所示，共生成 195 个关键词，377 个连接。

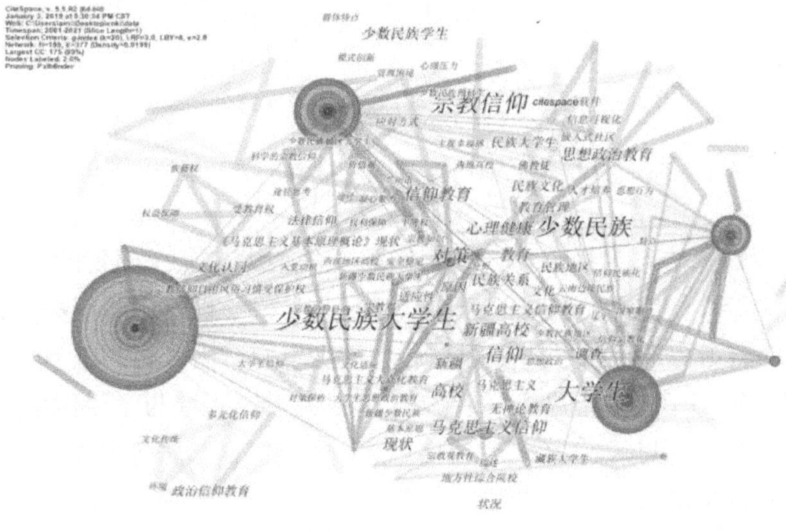

图 3 2001—2021 年少数民族大学生信仰教育研究领域的关键词共现知识图谱

知识图谱中节点大小与关键词出现频次成正比关系。在图 3 中显示，“少数民族大学生”是整个图谱中最大的节点，围绕这一节点又形成联系紧密的关系网络。周围分布“宗教信仰”“大学生思想政治教育”“心理健康”“对策”“新疆”“马克思主义信仰”等，表明这些关键词常与“少数民族大学生”相结合研究，其次是关键词“大学生”也处于研究核心，周围分布着“民族团结”“信仰教育”“影响因素”“政治认同”等。还有关键词“教育”“文化认同”“党建工作”“网络时代”“大学生职业生涯规划”，虽然共现联系较弱，但在近几年在研究中频繁出现，可以说代表了未来的研究趋势。

2.关键词聚类分析

采用软件当中的聚类分析功能，选择 LLR 算法，得到 11 个聚类标签，结果显示，Q 值为 0.6155，S 值为 0.823，依据标准，此次聚类分析出来的结果显著。分析发现，研究热点以“少数民族”为核心，向多个方向发散，主要包括信仰教育、民族关系、教育管理等。图 4 直观显示了近 20 年少数民族大学生信仰教育的聚类分析，其中前三大类如下。

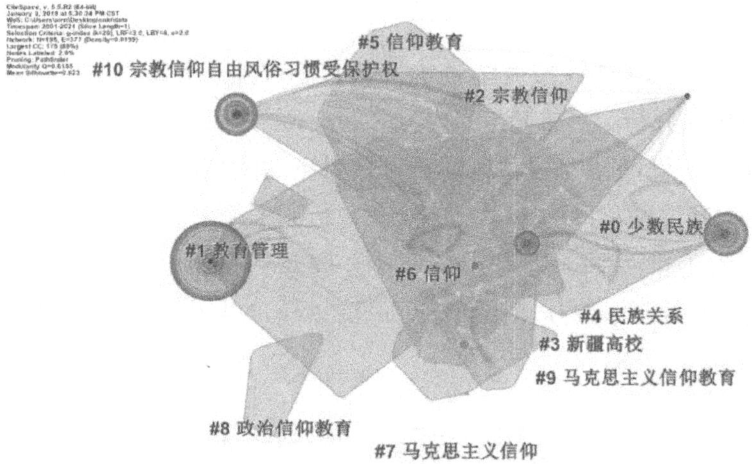

图 4　2001—2021 年少数民族大学生信仰教育研究关键词知识图谱

聚类#0“少数民族”为最大类，是当前研究的最大热点，出现的平均年份是 2013 年，主要有“90 后”“宗教信仰”“云南边境民族”“心理健康”等关键词。侧重从心理健康、生活关怀等方面出发，对少数民族大学生思想行为分析，进一步开展宗教信仰问题研究。吴志军等学者以南昌工学院为例,通过问卷调查和与学生深度访谈的形式,分析了少数民族大学生的思想行为特点,包括思想引领、饮食起居等方面，并阐述了这些特点的成因与正负面影响 。

聚类#1 为教育管理，出现的平均年份为 2013 年，其中文化认同、思想政治教育、宗教信仰、心理健康等为其研究重点。畅军亮从文化适应视角提出高校少数民族学生教育管理策略，提出从提升少数民族大学生文化认同感、营造良好成长环境等方面开展教育管理工作。王秋莲借助罗森塔尔效应和传播学中的态度改变说服理论,尝试构建少数民族大学生思想政治教育工作有效性的期望模型。

聚类#2 为宗教信仰，出现的平均年份为 2017 年，涉及的研究内容“积极引导”、“意识形态安全”、“社会主义核心价值观”等。2020 年高长华等学者从巩固主流意识形态地位、注重新媒体阵地建设和强化思政队伍 3 个角度探讨了加强和改进高职院校少数民族学生意识形态教育的对策。

三、少数民族大学生信仰教育研究展望：Burstness 图谱分析

CiteSpace 软件的突发性检测（Burstness）功能可以对某个突发节点进行识别，从而反映出该研究领域在某一方面的活跃度与趋势。通过对关键词进行突发性检测，共得到 21 个突发强调较高的关键词，如图 5 所示。

21 个突发强调较高的关键词

Keywords	Year	Strength	Begin	End
宗教信仰	2002	2.28	**2002**	2009
马克思主义宗教观	2002	1.18	**2006**	2009
宗教观教育	2002	0.87	**2006**	2011
文化认同	2002	0.75	**2008**	2011
大学生	2002	2.52	**2009**	2010
对策	2002	2.72	**2010**	2011
现状	2002	2.19	**2010**	2011
宗教观	2002	1.09	**2010**	2011
原因	2002	0.81	**2011**	2012
调查	2002	1.67	**2012**	2014
民族大学生	2002	1.13	**2013**	2015
新疆少数民族大学生	2002	0.75	**2013**	2015
少数民族地区	2002	0.61	**2013**	2016
新疆	2002	1.67	**2014**	2015
民族文化	2002	0.94	**2014**	2015
马克思主义信仰	2002	3.14	**2015**	2016
文化	2002	0.73	**2015**	2017
入党动机	2002	0.99	**2016**	2017
高校	2002	2.48	**2017**	2020
教育引导	2002	0.9	**2017**	2020
政治信仰教育	2002	0.65	**2017**	2020

图 5　2001—2021 年少数民族大学生信仰教育研究关键词突发性图谱

根据图 5 显示结果，可以看出研究热点在与时俱进地进行主题更迭转换，其中“宗教信仰”“马克思主义宗教观”“宗教观教育”持续 5～6 年。自 2017 年开始，“教育

引导”“高校”“政治信仰教育”一直保持热度。由此可见，在本研究领域将针对少数民族大学生政治信仰教育开展相关工作。

（一）加强对少数民族大学生政治信仰教育的思想引领

积极引导学生们用习近平新时代中国特色社会主义思想武装头脑。特别要对有宗教信仰的少数民族大学生加强“五个认同”教育（对伟大祖国、中华民族、中华文化、中国共产党、中国特色社会主义的认同）。除此之外，高校还要加强国家观教育、民族观教育、文化观教育、历史观教育，使学生们明白我国历史上各民族的融合与发展、56个民族是相互联系且不可分割的。

（二）注重少数民族大学生政治信仰教育的工作创新

根据研究结果，各类论文的分析对象均是“90后”，所提出的部分教育措施不适用于“00后”，因此，在思想政治教育过程中要改进工作方法，推陈出新，采用学生们喜闻乐见的方式开展工作。要对少数民族大学生的知心朋友辅导员老师与少数民族骨干教师进行专业培训，提高其教育引导能力，使学生们自觉维护国家统一与民族团结。要充分发挥新媒体作用，根据学生在抖音、微信、微博的动态及时掌握其思想状况，做好线上监督，有针对性地开展工作。

（三）切实解决少数民族大学生实际问题

加强对少数民族大学生的人文关怀，可以有效减轻他们在心理、学习、就业、人际交往等方面产生的压力。首先，辅导员、班主任要对新生开展入学适应性教育，避免少数民族大学生形成“小圈子”。开展丰富多彩的民俗文化活动，拉近同学之间的距离。其次，针对少数民族大学生存在学习困难的问题，可以采取一对一帮扶的方式，帮助学生提高学习成绩。对于少数民族毕业生，积极向他们推送就业培训、招聘会等信息。通过对学生的帮扶，不断增强学生对学校、班级的归属感，潜移默化地让政治信仰教育入脑入心。

参考文献

[1] 秦长江，侯汉清.知识图谱——信息管理与知识管理的新领域[J].大学图书馆学报，2009（1）.

[2] 汪海彬，陈妍，姜士成，等. 文献计量研究方法在青少年研究中的应用[J].青年学报，2016（1）.

[3]吴志军.少数民族大学生的思想行为特点——以南昌工学院为例[J].智库时代，2018(42).

[4] 王秋莲.增强少数民族大学生思想政治教育工作有效性的研究——基于罗森塔尔

效应和态度改变说服理论的期望模型构建及应用[J].东华大学学报(社会科学版)，2014(14).

[5] 高长花，刘明鑫，谢林辉.加强高职院校少数民族学生意识形态教育研究[J].延边教育学院学报，2020(34).

[6] 李杰，陈超美. CiteSpace：科技文本挖掘及可视化[M].北京：首都经济贸易大学出版社，2017：132.

中职院校少数民族学生思政教育探索

李倩
天津第一商业学校

习近平总书记一直高度重视少数民族工作，他强调，“处理好民族问题、做好民族工作，是关系祖国统一和边疆巩固的大事，是关系民族团结和社会稳定的大事，是关系国家长治久安和中华民族繁荣昌盛的大事”。职业教育东西协作行动计划是中央在东西部扶贫协作框架下，以职业教育和培训为重点，以就业脱贫为导向，瞄准建档立卡贫困人口精准发力实施的专项教育计划。计划的实施使得更多的少数民族学生有机会来到内地接受高水平职业教育，能够使少数民族学生获得专业知识技能，通过受教育实现脱贫，改变人生。

一、中职少数民族学生中存在的问题

我国是一个多民族国家，少数民族总人数约占全国人口总数的 8%。虽然我国脱贫攻坚已经取得了全面胜利，全国人口实现全面脱贫，消除了绝对贫困，但我国部分地区仍然面临着相对贫困的问题，由于历史、文化、地域的原因，有不少少数民族地区仍然处于相对贫困的状态。少数民族学生来到内地接受中职教育，能够有效地提升少数民族学生的职业技能水平，开拓视野，增加才干，但少数民族学生在内地接受教育仍然面临着一系列的问题。

（一）中职少数民族学生文化差异大

少数民族地区学生由于在生活环境、文化认同、语言交流等方面和普通学生有所差异，这就使得少数民族学生有了自身独有的特点[1]。少数民族学生基本一直生活在相对封闭的民族聚居区，很少接触到其他民族的文化，少数民族学生从自己的舒适圈来到一个陌生的文化、生活差异非常大的地区，必然会产生一系列的不适应。少数民族学生的生活、信仰、性格等方方面面都和汉族学生有所差异，他们在进入内地后很难快速适应新环境，选择的方式往往是抱团取暖，还是生活在自己本民族学生的小圈子内，缺乏与非本民族学生的交流、沟通，不能适应自身生活的环境。

（二）少数民族学生教育基础薄弱

受各个地区教育水平的影响，整体来说少数民族学生的知识储备、受教育水平相对内地学生而言较低，而中职教师也缺乏对少数民族学生的特殊考虑，授课过程完全按照给内地学生讲课的正常节奏进行，忽视了少数民族学生的特殊性[2]；中职教师教课普遍使用的是普通话，少数民族学生普通话相对较差，导致少数民族学生在听课以及和教师之间的交流方面出现困难[3]；少数民族学生成长的环境相对落后，接触新事物较少，动手能力较差，而中职教育注重的是动手动脑全面发展，少数民族学生在这两方面都有所欠缺，这就导致少数民族学生来到内地学习后不能马上适应中职教育的节奏，因而逐渐失去学习的兴趣，进而自暴自弃，导致挂科等。

（三）价值观冲击大

中职学生正处于思维活跃时期，容易冲动，易于接受新事物、新思维，明辨是非能力差，欠缺社会经验，非常容易受到不良思想的冲击[4]，尤其是少数民族学生，他们生活的地区相对贫困，娱乐项目缺乏，受到的诱惑小，民风淳朴，来到内地大城市学习后必然会受到很大的冲击，很容易受到城市中一些不良思想的影响，导致少数民族学生被城市中金钱至上思想、享乐主义影响，而荒废学业，误入歧途。

（四）生活压力大

少数民族学生来到内地学习生活，会面临生活中方方面面的问题[5]。来自少数民族地区的学生，家庭条件普遍较差，内地的中职院校普遍在相对发达的地区，消费水平较高，少数民族学生不得不面对较大的经济压力，导致少数民族学生在学习的同时还要考虑经济问题，而分散学习的注意力，影响学生的全面发展。少数民族学生的生活习惯、语言等都和汉族学生有所差异，他们在中职院校很难适应，而他们选择的方式往往是抱团取暖，还是生活在自己本民族学生的小圈子内，随着他们在学习生活的深入，就会越发地感到自己在经济和学习方面的不足，使他们越发地厌倦学习，导致形成恶性循环。

二、提升中职院校少数民族学生思政教育路径建议

面对当前少数民族学生在内地中职院校中的种种压力，内地中职院校必须不断有针对性地创新少数民族学生发展的思政教育方式方法，不断深挖三全育人教育内涵，健全思政教育体系，加强对少数民族学生的关怀，让少数民族学生尽快融入内地中职院校，提升少数民族学生学业水平，使少数民族学生全面发展。

（一）提高思政教育针对性

加强对少数民族学生的理想信念教育，帮助少数民族学生树立正确的世界观、人生观、价值观，使少数民族学生在成长的路上不至于迷失自己。积极用习近平新时代中国特色社会主义思想武装学生头脑，教育少数民族学生认识中国能够发展到现在靠的就是艰苦奋斗，靠的就是中华民族自强不息的精神，鼓励少数民族学生也要自强不息艰苦奋

斗。加强少数民族学生的爱国主义教育，通过最能引起学生共鸣的事件来教育引导学生：用抗疫斗争胜利彰显出的我国国家制度和国家治理体系的优越性来教育引导学生爱党、爱国、爱社会主义；用国家脱贫攻坚的胜利来增强少数民族学生对国家的认同感。举办少数民族风俗文化展，给少数民族学生展示自己的机会，帮助少数民族学生树立自信，同时让普通学生有更多的机会接触少数民族学生，了解少数民族学生，让他们有意愿主动接纳少数民族学生；积极鼓励少数民族学生参与各种活动，加强和非少数民族学生的交流，让少数民族学生走出自己封闭的小圈子，真正融入中职生活。

（二）充分发挥三全育人作用

中职院校应深入总结研究少数民族学生思政教育中的经验，加大各种资源在少数民族学生思政教育中的投入力度，制定系统联动机制，充分做好三全育人工作，提升三全育人实效。思政教师应充分发挥思政课程育人的功效，在授课过程中增加关于民族团结、稳定和国家少数民族政策的相关内容，让少数民族学生感受到祖国对于少数民族发展的重视；专业课教师应充分发挥其在少数民族学生心中备受尊敬的地位优势，不断调整授课内容、节奏，使之适应少数民族学生学习，同时加强对少数民族学生的激励，增强少数民族学生民族自尊心和自豪感，引导少数民族学生爱党、爱国、爱社会主义；加强行政教师管理育人的作用，管理育人作为十大育人体系之一对于学生的发展非常重要，行政教师应该不断思考探究在各方面给予少数民族学生关爱，可以通过为少数民族庆祝特有节日，开设少数民族学生特供餐厅窗口等形式来关爱学生。

（三）加大对少数民族学生的资助关怀

来到内地中职院校学习的学生，其中很大一部分都是建档立卡家庭学生，家庭经济非常困难。少数民族学生因为成长环境、生活习惯、民族文化差异等原因，出现自尊心强，不愿与人交往，内心自卑，抵制困难生身份，不愿意接受资助等情况。面对这种情况中职思政教师和班主任应积极主动帮助少数民族学生树立正确的世界观、人生观、价值观，让学生理性认识困难生这一身份。通过私下的谈心谈话了解少数民族学生家庭情况，帮助少数民族学生理性认识困难生身份，让学生认识到困难不是罪过，而是我们前进的动力，生在困难家庭里也不是耻辱，而是更加激发我们追求成功的催化剂，要正确认识困难只是暂时的，更要立足现实，发奋自强，通过自身努力学习改善家庭环境。同时通过主题班会的形式教育本地学生不要歧视少数民族学生，而是要更加关心少数民族学生，从各方面给困难生提供帮助。针对少数民族学生的学习基础普遍偏弱的情况，可以通过优秀学子“一对一”活动为少数民族学生提供学业帮助，提升少数民族学生在学习方面的自信心；针对少数民族学生普通话水平较低、不愿与人交往的问题，可以开设普通话课堂，让内地学生作为教师帮助少数民族学生提高普通话水平，增加同学之间的了解，增进他们之间的感情。

三、总结

少数民族学生来到内地接受中职教育时，会面临学习、经济、生活习惯、文化冲击等各方面的问题。作为中职院校教师必须不断创新思政教育方式方法，为少数民族学生量身定制有针对性的思政教育方式，帮助少数民族学生树立正确的世界观、人生观、价值观；充分发挥三全育人作用，让少数民族学生在学习生活的每个细节处都能感受到关爱；加大对少数民族学生的资助力度，不仅在经济上给予帮助，还要在生活学习中给有予针对性的帮助，助力每一个来到内地学习的少数民族学生成长成才。

参考文献

[1] 耿振振,卢东霖.内地高校新疆少数民族学生就业问题调查研究——以南京中医药大学为例[J].新疆职业教育研究,2017,8(4):70-72.

[2] 崔丽萍,孔彦平.提升少数民族学生的心理资本:民族教育的新视点[J].文存阅刊,2018(2):172-172.

[3] 韩亚文.内地高校少数民族学生英语课程学习政策困境与应对策略[J].常熟理工学院学报,2017(5).

[4] 李萍兰.双语环境下少数民族中学生数学学习目标意识培养的方法[J].中华少年.科学家,2017.

“1+2+3+4”培养模式助推少数民族大学生融入内地高校的途径研究

滕薇　刘晶　陈东炜　胡杰　马树清
天津职业技术师范大学

一、研究概述

（一）研究背景和意义

很长时间以来，偏远地区的人才建设与内地省区市相比，无论是在数量还是在质量上，均存在着较大差距，无法满足当地经济社会发展的需求。为了加快偏远地区人才培养步伐，国家相继启动实施了国家协作计划，在这一计划的扶持下，大批偏远地区少数民族大学生来到内地高校求学。做好内地高校少数民族大学生思想政治教育工作，帮助少数民族大学生更好地适应内地学习和生活环境，培养具有坚定理想信念、心系民族地区事业发展的少数民族大学生，是新时代高校统一战线工作的重要组成部分。在全面建成小康社会、决战决胜脱贫攻坚、建设社会主义现代化强国的关键时期，少数民族地区对熟悉当地文化、了解民族政策、愿意投身当地事业发展的人才需求数量不断上升，同时，少数民族学生前往内地求学的人数也在逐年增加，少数民族大学生已逐步成为当前高校教育、培养、服务的关键群体。但由于生源地基础教育水平总体不高，以及地域文化、成长环境、语言及风俗习惯等因素的影响，加之少数民族学生自身的文化素质、思维方式和生活习惯等方面存在差异，少数民族大学生在内地高校教育培养过程中产生了一定程度的适应性和融入性困难，这对我们做好当前高校学生思想政治教育工作提出了挑战。

基于上述原因，本研究从少数民族大学生思想政治工作一线实践的角度出发，以坚持党的教育方针为前提，努力探索少数民族大学生成长成才、适应融入内地高校环境的新机制和新途径，为进一步做好少数民族大学生教育管理工作积累宝贵经验，总结理论成果；针对少数民族大学生在内地求学过程中因思想、文化、语言、风俗等方面存在差异而遇到的困难，通过牢牢把握一个总目标、两个主阵地、三个重点领域、四个关键节点的工作方法，打造少数民族大学生“1+2+3+4”培养模式，实现从入学到就业、从入口到出口的全过程培养、全方面帮扶，不断提高管理服务的效能，帮助少数民族大学生真正融入校园生活，助力少数民族大学生成长成才，进而为少数民族地区事业发展培养高质量人才。

本研究所探索的“1+2+3+4”培养模式，将紧紧围绕助推少数民族大学生融入内地高校这一目标，通过第一课堂和第二课堂两个主阵地，开展思想、学习、生活（助学）、就业方面的教育、指导和帮扶，不断提升少数民族大学生的理想信念、专业素养和实践技能。这种培养模式是针对少数民族大学生的适应性和融入性困难而提出的立体化、全方位的教育培养理念，也是新形势下提升思想政治教育工作思想性、理论性、针对性和亲和力的探索。“1+2+3+4”培养模式贯穿少数民族大学生接受高等教育的全过程，属于一种全周期培养模式，也是在基层教育实践过程中凝练而成的理论成果，更加贴近少数民族大学生实际情况，对开展少数民族大学生思想政治工作、做好高校统一战线工作具有现实性的指导意义。

（二）国内外研究现状

关于少数民族大学生适应内地高校环境的研究方面，刘清华（2016）在《内地新疆籍少数民族大学生环境适应能力培养方法与途径探究》一文中分析了新疆籍少数民族大学生在内地高校学习过程中存在的语言、文化、风俗、民族意识方面的适应性问题，并提出内地高校需要通过推进理念、思路、机制的创新，来助力少数民族大学生成长成才。吴儒练（2015）在《融入与重塑:内地高校少数民族大学生文化适应研究》一文中从文化适应的角度，提到少数民族大学生文化适应分为 3 个阶段：兴奋阶段、危机阶段和适应阶段，探究了跨文化适应策略和模式，并以此来解释跨文化适应问题。徐静（2016 年）在《少数民族大学生在内地高校的融入状况及干预策略研究》一文中调查了少数民族大学生在社会心理和文化方面的融入情况和现状，调查结果表明，少数民族大学生融入现状不容乐观，然后通过重建社会支持网络的方法，帮助他们融入内地高校学习环境之中。陆如霞（2016）在《内地新疆籍少数民族大学生教育管理趋同化研究》一文中研究了新疆籍少数民族学生的特点，并与内地学生进行比较，更加有针对性地对少数民族学生开展教育管理服务，提出要加强对少数民族大学生趋同化教育管理。

关于教育帮扶少数民族大学生具体措施的研究方面，王志红（2014）在《用“四个结合”助推内地高校少数民族新生教育工作——以三峡大学为例》一文中提出，通过“将个体思想实际与适应新环境客观要求相结合”“将民族意识与中华民族的群体价值相结合”“将学生基础水平与学校人才培养目标相结合”“将严格管理与人文关怀相结合”来开展少数民族大学生入学教育工作。彭骥（2020）在《新时代高校少数民族学生思想政治教育研究》一文中，针对少数民族学生思想政治教育的特点，提出了少数民族学生思想政治教育的新路径，即营造优良教育环境、加强理想信念教育、加大困难资助力度、打造互学互鉴平台，以此帮助少数民族学生在新环境中建立自信，助力成长成才。李明立（2018）在《基于“学长计划”工作的少数民族学生学业帮扶模式探索》一文中研究了集“思想引导、学业帮扶、生涯规划”于一体的传帮带教育模式，该模式对少数民族大学生进行思想引领、提高其学业能力具有积极意义。高英（2019）在《高校少数民族贫困生教育精准资助研究》中提到，当前高校少数民族学生资助工作存在认定不准确问题，同时缺乏与资助体系相配套的系统性育人体系，因此要将少数民族学生资助体系与育人工作相结合，真正实现资助育人的统一。李根（2019）在《少数民族大学生就业现状分析及就业帮扶对策研究——以西安工程大学为例》一文中分析到，当前少数民族大学生普遍存在就业准备不足、就业能力欠缺、就业质量不高的就业现状，应该通过建立规范化、科学化、精准化的就业帮扶体系，帮助少数民族学生提升自我认知水平，提升就业能力。

综上所述，目前关于少数民族大学生融入内地高校的研究，主要分为两类：一是基于文化、环境展开的适应性研究，主要是从少数民族大学生的思想、文化、语言、风俗等方面的独特性入手，探讨融入途径和适应机制；二是基于思想政治教育措施展开的教育帮扶研究，对少数民族大学生进行思想教育、学业指导、资助帮困和就业帮扶，帮助少数民族大学生缩小差距感、增强认同感、获得归属感。

（三）主要研究思路

本次研究主要针对少数民族大学生在内地高校学习生活中普遍存在的适应性和融入性困难，将“基于文化、环境展开的适应性、融入性研究”与“基于思想政治教育措施展开的教育帮扶研究”相结合，提出了新的适应机制和融入途径，重点探讨了从根本上解决少数民族大学生适应性困难的“1+2+3+4”培养模式理论，即围绕助推少数民族大学生融入内地高校这一目标，积极深入第一课堂和第二课堂，运用思想政治教育方法，从思想引领、学业指导、资助帮困、就业帮扶方面对少数民族大学生开展教育培养工作，提高他们的思想认识水平，增强他们的专业学习能力，解决他们的实际生活困难，建立他们的正确就业观念，培养具有坚定理想信念、扎实专业素养、过硬实践技能的少数民族优秀人才。此种培养模式通过提升少数民族大学生自身思想认识和本领技能，从根本上缩小乃至消除少数民族大学生与内地大学生的距离，增强少数民族大学生在内地高校的认同归属感，降低其不适应感，最终达到使少数民族大学生真正融入内地高校学习生活环境的目的。

（四）研究对象与研究方法

本研究以在内地高校求学的少数民族大学生为研究对象，以统战工作基本理论、学生思想政治教育规律为基础，运用文献研究法、实证调查法、思想政治教育工作法等方法，从思想政治工作一线实践的角度出发，努力探索少数民族大学生成长成才、适应融入内地高校环境的新机制和新途径。

二、少数民族大学生融入内地高校过程中存在的适应性问题

（一）适应性问题的具体表现

1.学习方面

能够来到内地高校就读的少数民族大学生大多在生源地是成绩比较优秀的学生，带着较强的求知欲和上进心来到内地高校求学，试图汲取内地先进的科学文化知识，从而不断充实自己，立志反哺家乡。经研究发现，在内地高校就读的少数民族大学生中，曾有过在预科班学习经历的少数民族学生，在语言、学习、沟通方面具有更好的基础，有较为端正的学习态度，其中有一部分学生成绩优异，能够积极参加各类活动，甚至能够获得奖学金、荣誉称号等。但是，多数内地高校就读的少数民族学生由于受地区教育水平限制，课堂学习效率较低，在学习方法和知识基础上存在不足，导致英语、数学、计算机等基础科目学习水平与内地学生相比较为薄弱，从入学之初就处于落后、追赶状态，问题不断积累，后续再学习专业性较强的学科课程时，这一差距就更为明显。随着课程知识的加深，课程难度的增大，少数民族学生的学习压力越来越大，长此以往就会形成恶性循环，造成两种不良后果:一种后果是一部分学生继续迎难而上，但由于自身条件限制，即使努力了也感觉进步不大，从而产生挫败感，甚至对自我能力产生怀疑;另一种是一部分学生干脆采取消极态度，自我放逐，进而厌恶学习，最终甚至选择放弃学业。

2.生活方面

目前，我国内地高校大学生学费、住宿费、生活费和交通费等支出大约每年为20000元左右，这对于来自中西部经济欠发达地区的少数民族学生来说是一笔巨大的开支。少数民族学生由于受民族生活习惯、家庭环境等的影响，生活作息规律、饮食文化等与内地学生相比都存在较大差异。来到内地后，由于生活习俗、语言交流等方面的不同，导致他们在求学过程中产生语言障碍、生活方式不习惯等一系列问题，部分学生会产生心理失衡、压抑自卑、茫然失落等负面情绪，严重的甚至会产生心理问题、心理疾病，这对于他们的学习生活以及成长成才都将造成不良影响。

3.人际交往方面

少数民族学生性格开朗直爽，待人真诚，有利于和同学们建立起良好的关系。但有时过于豪爽直率、粗犷倔强的个性使得他们在遇到问题时缺乏自我控制与调节能力，更喜欢以自我为中心，缺乏足够的耐心，习惯于选择简单粗暴的处理方式解决问题，进而较多出现争吵、打架甚至是打群架的现象。另外，少数民族学生在与同学的交往交流过程中，不同民族的语言习惯、思维方式可能也会让他们对说话者的本意产生误解，容易

引起摩擦和纠纷。

（二）适应性问题的产生原因

1.思想认识差异

当前，国内外形势正发生着深刻而复杂的变化，国外敌对势力正加紧对高校意识形态阵地的侵略和渗透。少数民族大学生思想主流是积极、健康、向上，但少数民族学生具有青春性和盲目性特点，加之文化、教育与语言上的差异，各种思潮、文化相互激荡，恐怖主义、极端思想不断渗透，使得他们无法准确甄别外界的不良思想，容易被不良价值观左右，造成思想滑坡，甚至上当受骗，被别有用心的组织群体所利用，进而影响他们形成正确的世界观、人生观、价值观。

2.成长环境差异

少数民族多聚居在自然条件和生存环境较为恶劣的山区、高原，经济社会发展水平相对落后，个别边境地区教育文化水平亟待提升。一些少数民族学生容易受到极端宗教思想的侵蚀，成为境外反动势力的棋子。当地民族风俗、生活习惯与饮食习惯与内地有较大差异，加之不法分子、敌对势力不遗余力地对他们进行渗透，在客观上增加了少数民族学生教育管理的难度。

3.语言文化差异

少数民族有自己的民族文化和民族语言，其在生源地的生活、学习过程中较少使用汉语，部分地区的教材也只有民族语言版本。他们来到内地后，因汉语水平相对较低，在与内地学生、老师的交流沟通方面存在不同程度的语言障碍，导致他们无法准确理解教师讲授的内容，造成知识点掌握不准确、不完全，进而会影响到学习成绩。少数民族地区因受师资力量、教学设施等教育条件的限制，教育水平相对滞后，通信、网络信号较差，部分少数民族学生进入内地高校学习之前，未曾使用过计算机、手机等电子产品。随着社会的发展、智能化水平的提高，他们需要接触、学习的课程无论从内容还是难度上，都比汉族学生面临的困难更多，挑战更大，也更容易产生学业问题。

三、解决少数民族大学生适应性问题的意义

（一）解决少数民族学生适应性问题是助力少数民族学生成长成才的必要条件

1.学生成长成才的一般规律

任何事物和问题的产生和变化，都是由事物的发展规律所决定的，因此要解决少数民族大学生的适应性问题，我们必须要正确认识、把握和遵循大学生成长成才的一般规律，从学生成长成才的规律中找到解决适应性问题的着力点。

大学阶段是大学生世界观、价值观和人生观形成的关键时期，大学生的成长成才规

律外化为大学生鲜明的个体性格特点和群体成长特征。个体性格特点包括：心理尚未成熟，认知能力不强，看待问题不全面，缺乏独立处理问题的能力；思维稳定性较弱，容易受外部环境变化的影响；融入集体和社会的意愿较强，但是缺乏融入经验和抗挫折能力。群体成长特征包括：大学生活初期，大学生对高校生活充满期待，对知识、实践、人际关系的渴望强烈，期待美好生活，憧憬未来；大学生活中期，随着对现实的认识不断加深，适应性困难逐渐凸显，心理压力、学业困难、人际冲突等问题开始出现；大学生活后期，随着认知能力的进一步提升，形成了较为成熟的思维方式，发现、分析、解决问题的能力得以提高，世界观、价值观和人生观基本形成[1]。从大学生群体成长特征来看，大学生在大学期间的生活，实际就是一个“接触—冲突—改善”的过程，在这个过程中，大学生会表现出鲜明的个体性格特点。只有做好思想政治教育工作，合理介入大学生成长过程，帮助大学生解决心理冲突、学习问题、适应困难，才能更好地助力大学生成长成才。

2.适应性问题对于少数民族学生成长成才的制约

适应性问题对少数民族大学生成长成才的制约主要表现在以下三个方面：一是民族文化意识强烈，少数民族大学生来到内地高校之后容易产生文化意识冲突，与内地教师和同学的沟通交流较少，获取信息、知识的渠道单一，制约少数民族学生成长成才；二是语言环境发生变化，以母语为载体的教育背景转变为汉语教学背景，少数民族大学生虽然接受过双语教学、预科语言学习，但是语言基础薄弱的情况依然存在，在交流上无法融入，学习又跟不上，严重制约少数民族学生成长成才；三是风俗习惯融入困难，风俗习惯的不同带来的是日常饮食和生活起居方面与内地大学生的巨大差异，无形产生的“一道墙”阻碍了少数民族大学生融入内地高校学习生活环境，亦制约了少数民族学生成长成才。

3.解决适应性问题对少数民族学生成长成才的意义

受文化、语言、风俗等方面的影响，少数民族学生在内地高校学习生活过程中表现出的个体性格特点更加明显，适应性困难更加突出，“接触—冲突—改善”过程中“冲突”阶段的时间更长，因而不利于少数民族大学生更好地获取新知识、新文化、新思想。只有运用思想政治教育的方法，对少数民族大学生及时进行教育、管理和帮扶，解决他们的适应性困难，使其更好地融入内地高校学习生活之中，才能帮助他们改变传统思维方式、提升文化认知能力、学习先进科学文化知识，从而最终助力少数民族大学生成长成才。由此可见，解决适应性问题是助力少数民族学生成长成才的必要条件。

（二）解决适应性问题是培养少数民族地区建设人才的基础工作

1.少数民族地区对于大学生人才的强烈需求

人才是实现中华民族伟大复兴中国梦、赢得市场竞争主动权的战略资源。由于地理位置、工作环境、福利待遇等因素的影响，少数民族地区出现了“引进难，流失快”的人才流动现状，经济社会发展缺乏足够的人才支撑，人才缺失显然成为制约少数民族地区发展的重要因素之一。随着中国特色社会主义进入新时代，在全面建成小康社会、决战决胜脱贫攻坚、建设社会主义现代化强国的关键时期，少数民族地区对熟悉当地文化、了解民族政策、愿意投身当地事业发展的人才的需求更加强烈，少数民族大学生无论是从专业知识还是文化认同方面，无疑都是少数民族地区发展最需要的人才。

2.解决适应性问题对于少数民族大学生价值取向的影响

少数民族地区独特的民族文化深深地影响着少数民族学生的思想认知和文化认同。少数民族大学生在求学过程中，常常会面临两个价值取向方面的挑战：一是少数民族学生来到内地高校之后，不同民族文化间的初期碰撞，给他们带来文化适应上的巨大困难，这种困难甚至在一定程度上造成了“文化隔离”，从而阻隔了文化思想的交流；二是因历史、文化、宗教等方面的独特性，少数民族大学生容易成为西方敌对势力渗透极端民族思想和破坏民族团结的突破对象。内地高校在面对这两个价值取向方面的挑战时，关键要解决好少数民族大学生的适应性问题。应当运用正确的思想政治教育工作方法，通过全方位的帮扶、教育和指导，将解决实际问题与解决思想问题相结合，从而提高教育者的感化能力，增加教育者和被教育者之间的情感黏合度，帮助少数民族大学生真正融入内地高校学习生活之中，并且培养少数民族学生的爱国主义情怀，帮助少数民族学生树立社会主义核心价值观，增强少数民族学生的国家认同感、民族自豪感，最终促进民族团结和祖国统一。

3.解决适应性问题对少数民族学生人才培养的意义

坚持社会主义办学方向，培养坚决拥护党的领导、认同国家治理理念的社会主义合格建设者和可靠接班人，是新时代高校少数民族人才培养的目标。面对少数民族大学生的适应性和融入性困难，面对多样多元文化给树立正确价值取向带来的挑战，面对少数民族地区对大学生人才的强烈需求，内地高校应该将解决少数民族大学生适应性问题、帮助少数民族大学生增强国家认同感、培养服务于少数民族地区事业发展专门人才这3个方面结合起来，努力谋划少数民族大学生培养工作的新思路、新途径和新机制。说到底，高校必须坚持贯彻党的教育方针，弄清“培养什么人，怎样培养人，为谁培养人”这一根本问题，即解决适应性问题是方法和途径，增强国家认同感是方向和保障，培养少数民族地区高素质人才是目标。由此可见，解决适应性问题是少数民族人才培养的根本和前提，是培养少数民族地区建设人才的基础性工作。

（三）解决适应性问题是做好内地高校统一战线工作的关键环节

1.高校统一战线工作的相关要求

习近平总书记指出："做好新形势下统战工作，必须掌握规律、坚持原则、讲究方法，最根本的是要坚持党的领导，实行的政策、采取的措施都要有利于坚持和巩固党的领导地位和执政地位"。高校统战工作是全国统战工作格局中不可缺少的重要组成部分，做好少数民族大学生思想政治教育工作，在解决少数民族大学生适应性问题、帮助少数民族大学生增强国家认同感、培养服务于少数民族地区事业发展专门人才 3 个方面同向发力、同频共振，正是高校统战工作的要求。

2.适应性问题对内地高校统一战线工作的影响

少数民族大学生从小深受民族自身影响，部分少数民族大学生还拥有自己的宗教信仰，他们对党的教育方针和民族政策知之甚少，缺乏对国家和社会的归属感，甚至极个别少数民族大学生会成为西方意识形态渗透的对象。少数民族大学生来到内地高校之后，遇到因文化、语言、风俗带来的适应性和融入性困难，如果不加以教育帮扶，其不正确的思想认识会变得更加严重，还会产生更大的适应性困难，与内地高校教师、同学之间的距离将会变得更远，甚至会背离社会主义高校人才培养理念，更加不利于高校统一战线工作的开展。

3.解决适应性问题对少数民族学生统一战线工作的意义

新时代的统战工作就是要团结和凝聚最广泛的阶层、团体和民众，这也是中国共产党取得社会主义事业建设和改革胜利的重要法宝。高校少数民族大学生统战工作的目的，就是通过不断发现少数民族大学生在学习和生活中的适应性和融入性困难，运用有亲和力、有艺术性的思想政治教育方法，帮助少数民族大学生解决实际问题和解决思想问题，让他们充分了解党的教育方针和少数民族帮扶政策，不断增强其国家认同感，使其学会感恩、学会奉献，鼓励他们自愿服务社会主义现代化建设、投身实现中华民族伟大复兴中国梦的伟大征程之中。

四、助推少数民族大学生融入内地高校的"1+2+3+4"培养模式

（一）"1+2+3+4"培养模式的内涵特点

"1+2+3+4"培养模式，围绕助推少数民族大学生融入内地高校这一目标，通过第一课堂和第二课堂两个主阵地，开展思想、学习、生活（助学）、就业方面的教育、指导和帮扶，不断提升少数民族大学生的理想信念、专业素养和实践技能。该模式具有以下 3 个特点。

1.闭环式培养模式

“1+2+3+4”培养模式从少数民族学生入学开始，根据他们所遇到的适应性和融入性困难，开展符合学生成长成才规律的帮扶、教育和管理工作，直到少数民族大学生毕业就业，这种模式实现了从入学到就业、从入口到出口的全过程培养、全方位帮扶，属于一种全周期、闭环式培养模式。

2.实现全员、全过程、全方位育人

“1+2+3+4”培养模式的帮扶对象是全体少数民族大学生，帮扶贯穿于少数民族大学生学习生活的各个阶段，同时该模式涉及实践育人、文化育人、网络育人、心理育人、资助育人、条件保障等各个方面，是“三全育人”理念的最好体现，是全员、全过程、全方位育人的理论结晶和实践范例。

3.注重解决学生实际问题

“1+2+3+4”培养模式是在基层教育过程中凝练形成的实践成果，该模式更加强调思想政治教育的针对性，即对少数民族大学生在学习、生活、就业等方面遇到的实际问题开展帮扶、教育和管理工作，把解决实际问题作为思想政治教育工作的基础和前提。

（二）“1+2+3+4”培养模式的结构框架

1.一个总目标

“1+2+3+4”培养模式是一种解决少数民族大学生适应性和融入性困难的新机制，该模式下帮扶、教育和指导的目标就是要助推少数民族大学生融入内地高校，解决少数民族大学生适应性问题，帮助少数民族大学生增强国家认同感，培养服务于少数民族地区事业发展的专门人才。

2.两个主阵地

传统模式下的思想政治教育把第一课堂作为大学生思想引领和教育帮扶的主要平台，而“1+2+3+4”培养模式下，不仅重视第一课堂在思政工作中的作用，还要充分挖掘第二课堂在教育管理过程中的潜在优势，将第一课堂和第二课堂相结合，将其共同作为开展少数民族大学生帮扶、教育和管理工作的主阵地。

3.三个关键环节

“1+2+3+4”培养模式的 3 个关键环节分别是：理想信念、专业素养、实践技能。高校要培养具有坚定理想信念、扎实专业素养、过硬实践技能的少数民族优秀人才，通过提升少数民族大学生自身思想认知水平和本领技能，从根本上缩小少数民族大学生与内地大学生之间的差距，增强少数民族大学生认同感和归属感，降低不适应感，最终达到真正融入内地高校的目的。

4.四个主要方面

少数民族大学生进入内地高校后遇到的适应性和融入性困难，主要表现在思想、学习、生活和就业 4 个方面。“1+2+3+4”培养模式也是围绕这 4 个方面对少数民族大学生开展相关的帮扶、教育和指导。

（三）“1+2+3+4”培养模式的措施分析

1.思想方面

注重以文化人，增强文化认同。高校可围绕“传承中华优秀传统文化”“弘扬爱国主义精神”“学习社会主义先进文化”“激发校园文化活力”4 个方面，借助传统节日时间节点，打造校园文化活动品牌，努力建立文化教育长效机制，帮助少数民族大学生培育和践行社会主义核心价值观，增强少数民族大学生的国家认同感和文化归属感。

开展思政课堂，做好价值引领。高校思政工作者应该围绕立德树人根本任务，借助线上线下多种渠道，通过主题团日、主题党日、志愿服务、课外实践等思想教育途径和方式，开设专题思政课堂，讲好中国故事，做好“爱国荣校”教育，不断在厚植少数民族大学生爱国主义情怀上下功夫。

加强人文关怀，提高情感黏度。少数民族大学生进入内地高校学习，接触不同文化后，难免会出现文化意识冲突，会有适应性障碍，此时统战工作者和思政工作者应当加强人文关怀，帮助少数民族大学生克服心理情感上的敏感，拉近与少数民族大学生之间的距离，开展有温度的思想教育，提高教师与少数民族学生之间的情感黏合度，为进一步开展帮扶、教育和指导打下情感基础。

2.学业方面

结合学习实际，单独组班教学。针对少数民族大学生文化课基础薄弱的实际情况，避免混班教学可能出现的“学习跟不上，知识吃不透”的情况，高校可以开展高等数学、大学英语、大学物理等基础课的单独组班教学，根据少数民族大学生的知识理解能力、语言沟通情况，制定符合其自身学习实际的教学方案，改善少数民族大学生学习适应性困难。

发挥党员作用，开展学业帮扶。在帮扶少数民族大学生学业过程中，要积极发挥党组织的战斗堡垒作用和党员的先锋模范作用，建立党员学业帮扶小组，定期开展一对一学业帮扶活动，在提升少数民族大学生文化课水平的同时，要让少数民族大学生感受到来自党组织的关怀和温暖，帮助少数民族大学生了解中国共产党，积极向党组织靠拢。

创新帮扶模式，实施学长计划。高校可创新学业帮扶模式，依托学生组织、学生社团等组织机构，发挥朋辈引领作用，由高年级学习优秀的学生担任不同文化科目的帮扶负责人，通过线上和线下模式积极开展相关科目辅导答疑活动。同时也可针对少数民族大学生进行职业生涯规划指导，帮助少数民族大学生合理规划大学生活、树立学业目标、增强学习信心。

3.经济方面

完善资助体系，加强制度保障。高校应制定奖助工作实施细则，健全“学生申请—班级评定—学院审核—院校公示”4级资助认定工作机制，强化关口管理、注重分类施策、建立资助台账、跟进资助情况，精准帮扶家庭经济困难少数民族大学生，推进少数民族学生资助工作规范化，保证少数民族大学生不因家庭经济困难丧失高校学习的宝贵机会。

提升资助实效，建立激励导向。在传统资助模式下，个别受资助的少数民族大学生存在“等、靠、要”的情况，高校应该改变单向资助模式，多设立少数民族大学生勤工助学类工作岗位，建立激励资助导向，用激励代替单向经济资助，教育引导学生珍惜学习机会，提升资助工作的实效性，实现资助工作的真正意义。

资助育人结合，做好感恩教育。高校要充分利用各种资助育人载体，通过精准资助、评奖评优、助学贷款、勤工助学、社会实践等平台，着力培养受助少数民族大学生自立自强、诚实守信、知恩感恩、勇于担当的良好品质，同时广泛宣传受资助少数民族大学生的先进典型，充分发挥榜样的示范引领作用，真正做到资助和育人的结合。

4.心理方面

完善工作机制，建立预警体系。高校各学院应成立心理危机预防与干预领导小组，做好心理危机预防与干预的顶层设计，同时完善学生心理健康工作机制，建立学校心理指导中心、学院、班级、宿舍“四级”预警防控体系，探索“24小时守护，24小时沟通，24小时解决”的“3×24”心理危机干预工作模式。

注重科学方法，加强心理宣传。高校应注重建立心理健康工作长效机制，将心理健康教育纳入人才培养方案；将心理健康教育作为大学生必修课，并且作为大学生思想政治教育的重要内容，同时注重区分不同学制、专业、生源地、年级的少数民族学生特点并加以分类指导；充分利用新生入学第一课、年级会、班会等契机，提高少数民族大学生心理卫生方面的知识普及。

成立交流小组，促进文化互融。少数民族学生来到内地高校之后，因民族文化的不同，容易产生文化适应性心理障碍，同时阻隔了少数民族学生与其他同学之间的沟通交流。高校可以通过成立文化交流小组的方式，加强少数民族文化和汉族文化之间的融合，增加少数民族大学生和同学之间的文化互信，帮助少数民族大学生消除内心焦虑不安，拉近彼此之间的情感距离，从而促进民族团结，文化互相交融。

5.就业方面

做好生涯规划，提升就业能力。因文化、语言、风俗等方面的差异，与内地学生相比，少数民族大学生相对欠缺就业竞争力。高校应从新生入学伊始即注重提高少数民族大学生职业生涯规划意识，通过帮助少数民族大学生制定符合实际的生涯规划模型、树立就业目标、完善自身专业技能，提升其就业的核心竞争力。

制定帮扶方案，跟进就业进展。少数民族毕业生属于就业重点关注群体，高校应制定详细的就业帮扶方案，发动教工党支部书记、教工党员、指导教师、辅导员等全体教师的帮扶力量，形成全员促就业的局面，在就业信息推送、就业技能培训、就业资料共享等方面加强对少数民族大学生的就业指导力度。除此之外，高校应该建立少数民族毕业生就业帮扶台账，及时掌握就业进展情况，及时开展行之有效的就业帮扶活动。

鼓励基层就业，支持返乡工作。少数民族地区对熟悉当地文化、了解民族政策、愿意投身当地事业发展的人才需求强烈，少数民族大学生无论是在专业知识方面还是文化认同方面，无疑都是少数民族地区发展最需要人才。高校应该增加少数民族地区基层就业信息的精准推送，鼓励少数民族大学生积极投身家乡事业建设。

（四）“1+2+3+4”培养模式的统战成效

1.进一步探索少数民族学生培养模式

过去，少数民族学生培养模式更多体现的是趋同化管理。但实际上，少数民族学生与内地学生之间存在着文化、语言、风俗等方面的巨大差异，对少数民族学生的帮扶、教育和指导不能完全与内地学生一样。而“1+2+3+4”培养模式摆脱了趋同化管理方式，把少数民族学生因文化、语言、风俗等方面差异产生的适应性和融入性困难作为思政和统战工作的切入点，在尊重少数民族学生群体本质和差异的情况下探讨如何更有针对性地帮助其融入内地高校，是对传统培养模式的一种改进。

2.进一步提升少数民族毕业生质量

“1+2+3+4”培养模式是一种从入学到就业的全周期培养模式，就业工作是该模式框架中的一个重要方面，也是人才培养的出口。高校通过全方位、全过程的帮扶、教育和指导，帮助少数民族大学生掌握扎实的专业素养、练就过硬的实践技能，再通过职业生涯规划教育和精准就业帮扶，实现少数民族大学生顺利就业，培养出符合少数民族地区事业发展要求的合格人才，从而提升少数民族毕业生质量。

3.进一步增强少数民族大学生认同感

在“1+2+3+4”培养模式下，对少数民族学生进行思想教育和价值引领是一项重要的工作。该模式强调要将解决实际问题与解决思想问题相结合，引导少数民族学生树立中华民族共同体意识，帮助他们树立社会主义核心价值观，增强其国家认同感和文化归属感。

4.进一步丰富思想政治教育途径方法

“1+2+3+4”培养模式是针对少数民族大学生适应性和融入性困难而提出的立体化、全方位教育培养理念，该模式是思政工作方法的集合体，也是新形势下提升思政教育与统战工作思想性、理论性、针对性和亲和力的理论性总结。

五、结语

少数民族大学生是当前高校教育、培养、服务的关键群体。做好高校少数民族大学生思想政治教育工作，帮助少数民族大学生适应内地学习环境，培养具有坚定理想信念、心系民族地区事业发展的少数民族大学生，是新时代高校统一战线工作的重要组成部分。“1+2+3+4”培养模式从少数民族大学生思政教育基层实践的角度出发，坚持党的教育方针，提出了少数民族大学生成长成才、适应融入内地高校环境的新机制和新途径，是新时期做好少数民族大学生管理育人工作和新时代高校统战工作的理论成果和实践范例。

参考文献

[1] 李永华,吴端玲.当代大学生成长特点及基本规律探讨[J].文教资料,2011(34):221-222.

[2] 张泰琦,魏晓柳.国家认同——新疆少数民族大学生爱国主义教育的核心价值取向[J].塔里木大学学报,2014,26(3):106-111.

[3] 任艳妮.新时期在高校大学生群体中开展统战工作的路径探析[J].湖北省社会主义学院学报,2015(2):24-28.

[4] 彭骥,谢丞.新时代高校少数民族学生思想政治教育研究[J].三峡大学学报(人文社会科学版),2020,42(2):73-77.

[5] 李明立,安树庭.基于“学长计划”工作的少数民族学生学业帮扶模式探索——以中南民族大学生物医学工程学院为例[J].科教导刊(中旬刊),2018(11):176-177.

[6] 高英.高校少数民族贫困生教育精准资助研究[J].经济研究导刊,2019(33):183-185.

[7] 梁菁.高校少数民族贫困大学生资助对策探析[J].新西部,2019(05):122-123.

[8] 徐静.少数民族大学生在内地高校的融入状况及干预策略研究——以新疆维吾尔族大学生为例[J].科教导刊(上旬刊),2016(7):190-192.

[9] 威娜.内蒙古高校少数民族大学生职业生涯规划教育的现状和对策[J].课程教育研究，2020(15):10-11.

[10] 李根,张冬梅.少数民族大学生就业现状分析及就业帮扶对策研究——以西安工

程大学为例[J].创新与创业教育,2019,10(6):87-90.

[11] 陆如霞,朱秋语,戴上秦.内地新疆籍少数民族大学生教育管理趋同化研究[J].新经济,2016(17):110-111.

提升第二课堂对少数民族大学生育人实效的路径探析

高婧 田嘉欣
天津职业技术师范大学

少数民族大学生思政教育是高校思想政治教育的重要组成部分，随着新媒体时代的到来，多元文化主义对少数民族大学生自身文化认同带来的冲击日益增强，这对针对“95后”“00后”少数民族大学生的思想政治教育工作提出了新的挑战。少数民族学生前往内地高校学习，在文化、生活习惯等方面面临着冲击，因此，本文对天津市部分高校少数民族大学生第二课堂参与情况进行了调研分析，充分发挥第二课堂对少数民族大学生的育人实效，有助于“大思政”格局的构建，也能够有效地引导少数民族大学生不断增强对伟大祖国的认同、对中华民族的认同、对中华文化的认同、对中国共产党的认同、对中国特色社会主义的认同。在第二课堂建设过程中应因地制宜，最大限度地凝聚少数民族大学生的智慧和力量，使他们在弘扬本民族优秀传统文化的基础上，进一步提升民族自信心和自豪感，将个人发展与国家发展、民族复兴紧密相连，为区域社会经济文化发展贡献力量。

一、少数民族大学生第二课堂建设的重要性

教育部党组印发了《高校思想政治工作质量提升工程实施纲要》，其中明确提出“文化育人”的基本任务是要“注重以文化人以文育人”。少数民族文化对于丰富高校文化育人的载体和内涵有着先天的优势，可以更有针对性地基于少数民族大学生群体打造第二课堂，在丰富少数民族学生校园文化生活的基础上，不断提升少数民族大学生的适应性和创造性，在活动中培养和提升少数民族大学生的综合素质，充分践行文化育人的方针和任务。

二、高校针对少数民族学生的第二课堂建设现状分析

（一）高校对依靠第二课堂开展少数民族学生思政教育认识不足

高校普遍存在把第二课堂活动看作共青团、学工部、少数民族管理中心等学生工作部门的事，与核心部门、核心工作割裂开，因而影响了第二课堂活动发挥育人作用。部分地区少数民族学生基础较差，在创新创业、社会实践等活动中参与率不高，相关教师

没有主动引导少数民族学生参与，在一定程度上不利于少数民族学生人才培养质量的提升。

根据对天津市部分高校少数民族在校学生的调研发现，52.68%的学生认为课堂内容太多难以消化，造成了学习困难。学习基础差、学习兴趣低让绝大多数接受访谈的学生在学业上自信心不足。目前高校针对少数民族学生的学业帮扶、第二课堂开展的活动，并没有弥补第一课堂存在的不足。从某种程度来看，高校对利用第二课堂加强对少数民族学生育人工作实效性的认识不足。“大学的教学方式对您的学习带来的最大困难是什么”问卷调查如图 1 所示。“很多学生在学习上感觉信心不是很足，您认为这是什么原因导致的”问卷调查如图 2 所示。

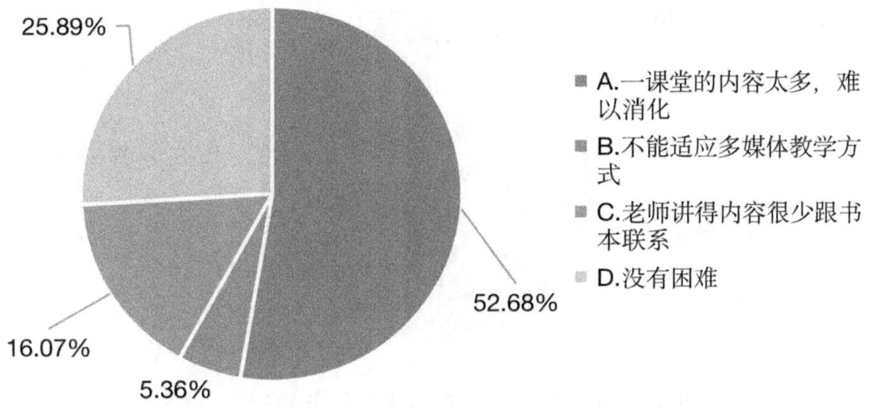

图 1 “大学的教学方式对您的学习带来的最大困难是什么”问卷调查

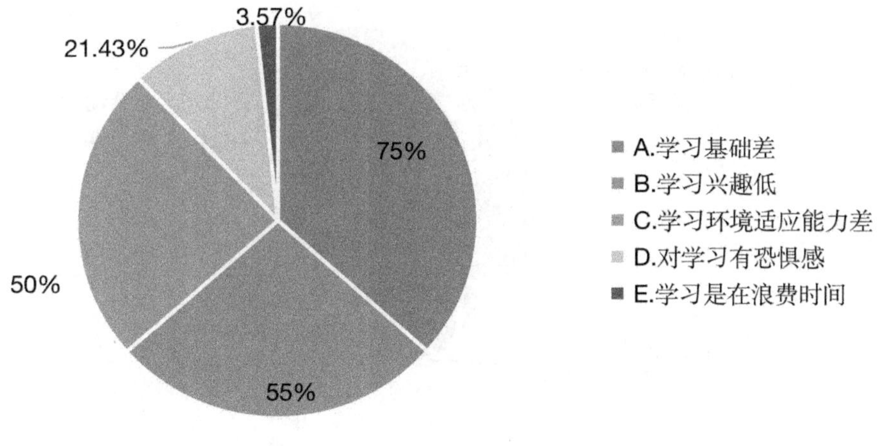

图 2 “很多学生在学习上感觉信心不是很足，您认为这是什么原因导致的”问卷调查

（二）少数民族学生第二课堂活动参与率不高

高校针对少数民族学生开展思政育人工作的主要途径是主题班会、专题讲座等形式，或者通过辅导员一对一谈心谈话等深入了解少数民族学生思想动态。高校现有的第二课堂建设情况不能满足少数民族大学生的兴趣，学生参与的主动性不强。根据对天津市部分高校少数民族在校学生的调研发现，接受调研的学生中，仅有38.39%的少数民族学生经常参与第二课堂活动；47.32%的学生对目前已有的活动和社团不感兴趣；50.89%的学生希望学校为少数民族学生提供除饮食之外的其他活动。“是否经常和当地同学一起参与第二课堂活动”问卷调查如图3所示。“不想参与社团组织或者第二课堂活动的原因”问卷调查如图4所示。

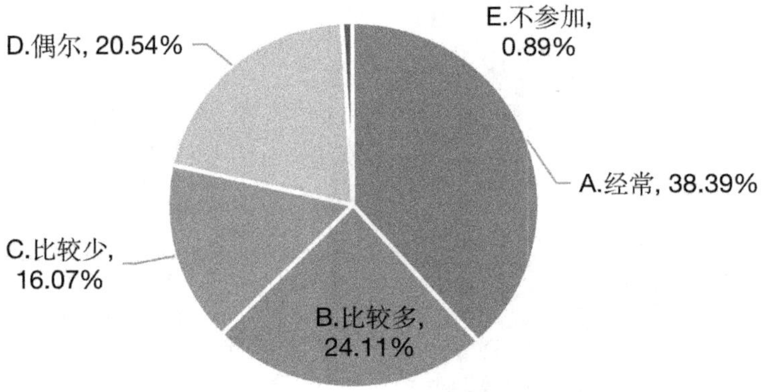

图3 “是否经常和当地同学一起参与第二课堂活动”问卷调查

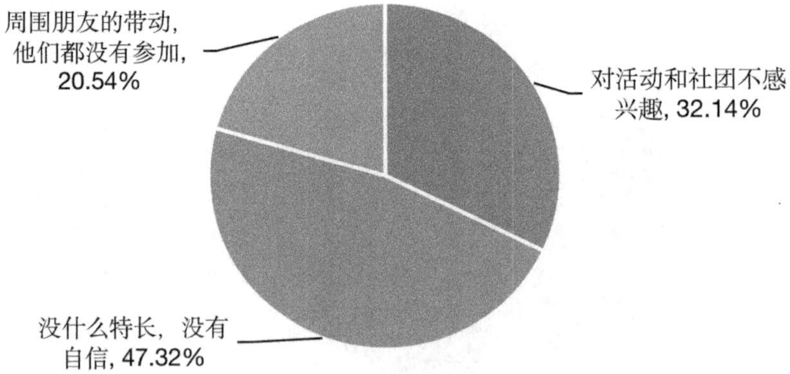

图4 “不想参与社团组织或者第二课堂活动的原因”问卷调查

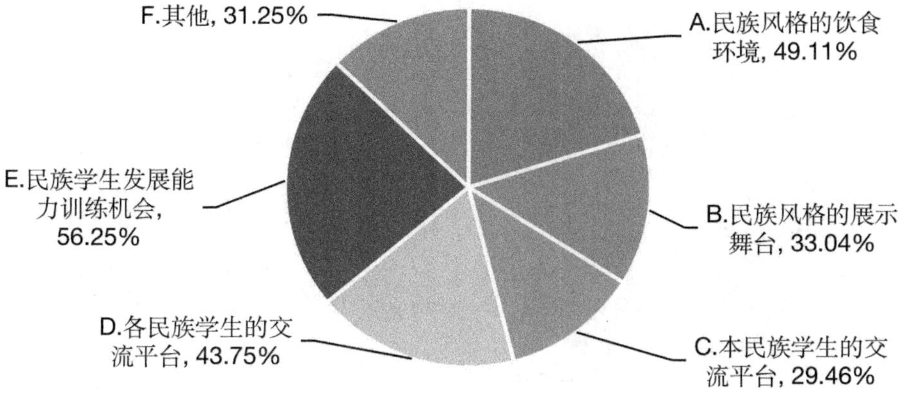

图 5 “您希望您所在的学校应该为少数民族学生发展提供哪些方面的条件”问卷调查

结合调研结果和实际工作开展情况，可见目前少数民族大学生参与现有第二课堂的积极性不高，部分少数民族学生认为学校第二课堂建设内容仍需丰富，少数民族思想政治教育工作没有有针对性地融入第二课堂建设中。虽然部分高校成立了少数民族学生管理工作室，但是仍然以思想教育引领为主，切合新时代少数民族大学生特色的活动以及能够激发学生兴趣的内容略显不足。

（三）少数民族学生思政教育融入高校第二课堂体系建设不完善

高校第二课堂建设日趋被重视，但是目前第二课堂的体系建设仍然缺乏统一规划。第二课堂在高校普遍都是共青团带领学生会、社团等组织开展校园文化活动，辅导员和专职教师的指导作用没有充分体现，部分活动规划缺少系统性、针对性、实效性，与第一课堂培养目标联系不紧密，难于融入整体的育人体系。

根据对天津市部分高校少数民族在校学生的调研发现，53.57%的学生认为和辅导员交流的多，近一半学生认为和辅导员交流不足。访谈和问卷均显示，当少数民族学生在学习上遇到困难时，更倾向于向同学寻求帮助。对于少数民族大学生群体的关心和帮扶，以学业帮扶和物质帮助居多，缺乏对少数民族大学生群体的理想信念教育和长远规划帮助。第二课堂建设的不完善，对于少数民族大学生育人功效的发挥不明显。“您认为跟您的辅导员的交流如何”问卷调查，如图 6 所示。“您在学习上遇到困难时，一般是如何解决的”问卷调查，如图 7 所示。

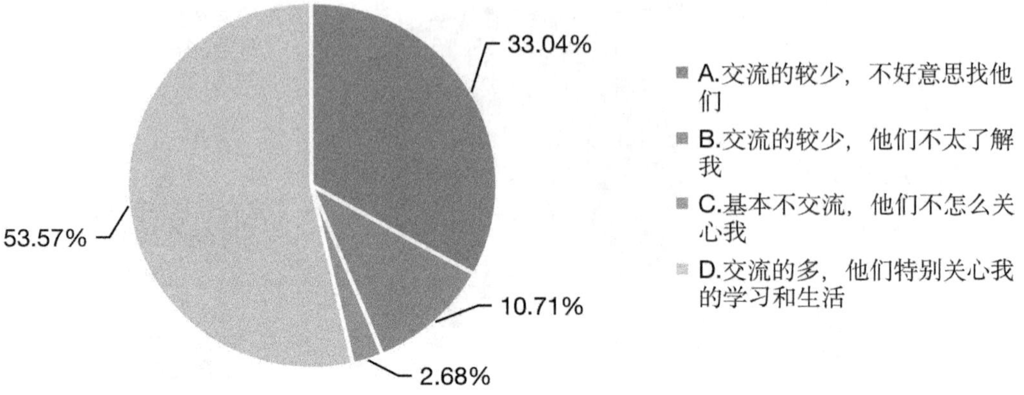

图 6 “您认为跟您的辅导员的交流如何”问卷调查

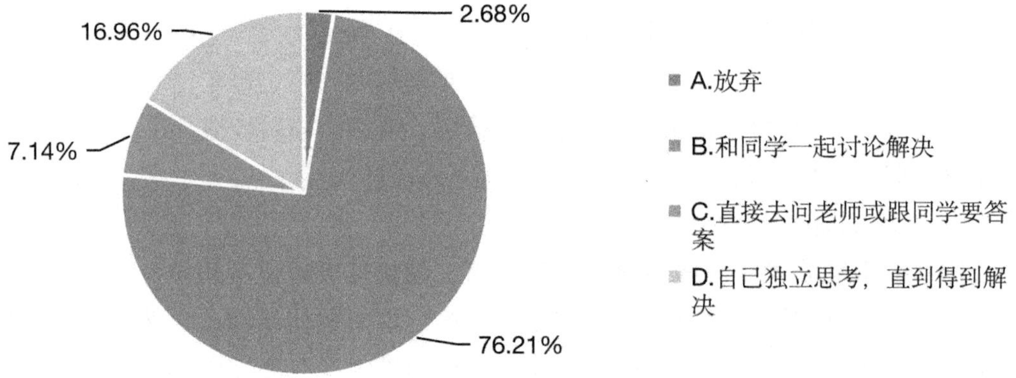

图 7 “您在学习上遇到困难时，一般是如何解决的”问卷调查

（四）第二课堂针对少数民族大学生育人方式传统，效果不佳

高校第二课堂针对少数民族大学生群体的育人方式方法过于简单直接，活动内容缺乏深度和内涵，对学生的吸引力不足。社团或者组织中少数民族学生负责人培养力度不够，各类活动未能充分激发学生兴趣；思想政治教育内容没有有效立足高校现有少数民族学生的实际需求，部分高校第二课堂建设平台不足，跨学院跨专业联动不多，学生仅仅接触本年级、本专业学生或者老乡，与其他同学的融入不足。“假如幸福感最高是 100 分，您会给现在的大学生活幸福感打多少分”问卷调查，如图 8 所示。“刚上大学和同学交往时，因为什么而出现过误会”问卷调查，如图 9 所示。

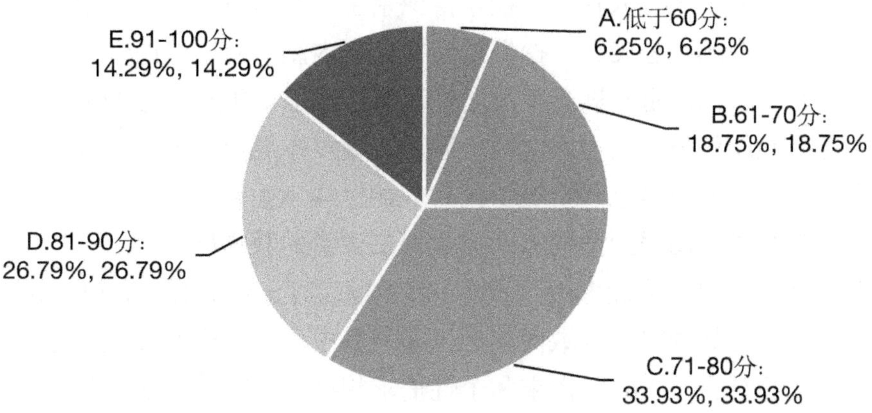

图8 “假如幸福感最高是100分，您会给现在的大学生活幸福感打多少分”问卷调查

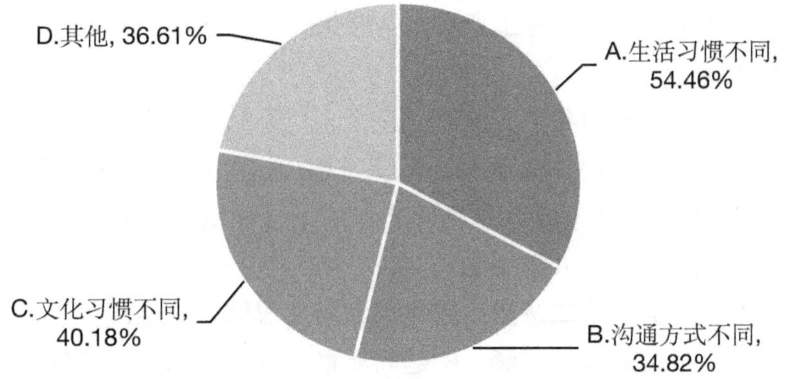

图9 “刚上大学和同学交往时，因为什么而出现过误会”问卷调查

根据对天津市部分高校少数民族在校学生的调研可见，接受调研的学生中近70%低于70分，个别少数民族学生因为生活习惯不同、文化习惯不同以及语言沟通等问题与同学产生误会。访谈显示汉族学生对少数民族学生的了解也不充分，他们认为部分少数民族学生会有“小团体”现象，其他人无法融入。因此，未采取积极有效、创新的方式开展第二课堂活动，思想政治教育的实效就会大打折扣。

三、提升第二课堂对少数民族大学生的育人实效路径

（一）提高认识，构建少数民族大学生第二课堂组织体系

习近平总书记指出：“办好我国高等教育，必须坚持党的领导，牢牢掌握党对高校工作的领导权，使高校成为坚持党的领导的坚强阵地。”高校应该重视第二课堂建设，

充分发挥两个课堂的协同育人作用，在丰富课余生活的同时实现人才培养目标。高校应关注少数民族大学生的兴趣爱好，挖掘校园文化新内涵，从第二课堂建设到组织保障都应足够重视，给予第二课堂开展各类激励性政策，确保学生有足够的积极性，这样第二课堂活动才能有组织保障。通过课堂内外联动、融媒体平台搭建、校内校外合作等多方资源的互联互通，形成全员全程全域协同育人的民族学生管理机制。

（二）创新思路，增强少数民族大学生第二课堂的获得感

高校要创新第二课堂建设思路，重点开展主题教育、文化创意活动、创新创业比赛、社会实践活动等。应鼓励引导少数民族学生参与其中，关注少数民族学生需求，将大型活动和日常活动相结合，将共性需求和个性需求相结合，既要让能力强的学生在大型活动中充分展示提升自我，也要让能力状况一般的学生在基础培训活动中有所进步，最终实现全面提升少数民族学生的参与感和获得感。

（三）循序渐进，优化少数民族大学生第二课堂实施路径

高校要鼓励多元化社团发展，并为每个社团、每个专项活动配备专任教师，使专任教师和学生管理教师形成合力、分工负责，共同保障学生活动的有效开展。建设的全过程要有目标、有成效。

积极宣传第二课堂育人的典型案例和先进个人，总结归纳先进经验，形成良性互动的育人局面。尤其是在少数民族大学生第二课堂建设过程中，要灵活采取“专业教师+共青团+社团”第二课堂活动模式，这样既能保障第二课堂活动的专业化、科学化、层次化，也能真正地使少数民族大学生受益。

（四）丰富内涵，提升第二课堂少数民族大学生思政教育效果

高校应不断丰富第二课堂的内涵，构建高质量、有吸引力、有评价考核机制的第二课堂，提升少数民族大学生的参与率。通过第二课堂提供的多样性活动和成长平台，做好少数民族大学生的理想信念教育，在工作和活动中提升少数民族大学生的语言表达能力、组织服务能力、团队协作能力等综合素质。尤其搭建的跨年级、跨学院交流平台，为少数民族大学生提供了充分沟通、交流、合作的机会，加快少数民族学生对新环境的适应，增进不同民族学生之间的交流，让民族传统文化拥有新的传播途径，同时也能打造多元的校园文化，实现文化育人的目标。

四、结语

综上，根据调研结果发现，少数民族思想政治教育工作借助高校第二课堂建设开展的体系建设仍有待加强。今后，高校要加强协同育人机制的完善，设计合理的第二课堂建设体系，加快第二课堂高质量发展。要充分调动少数民族大学生的主观能动性，确保学生积极融入第二课堂的活动中，在参与的全过程中提升自身能力，形成经验典型，更好地服务少数民族大学生的培养教育工作。

参考文献

[1] 周天一.习近平新时代中国特色社会主义思想进第二课堂的载体创新研究——兼论高职院校思政课与共青团协同育人[J].现代职业教育,2020(50):30-31.

[2] 王多兵.基于思想政治教育第二课堂建设的高校“民汉学生共同体”构建探索与实践[J].教书育人(高教论坛),2019(21):48-49.

[3] 陶晓斌.广西高职院校基于民族文化传承的第二课堂打造路径[J].广西教育,2018(43):70-71.

[4] 王鹏飞.新形势下少数民族大学生思想政治教育工作研究[D].哈尔滨：黑龙江大学,2018.

网络环境下高校辅导员对少数民族学生进行思政教育的路径分析

邢禹
天津职业技术师范大学

当前，网络信息产业的高速发展极大地推动了社会经济发展，互联网技术已经深度融入百姓日常生活中，“手机”作为接收网络信息的移动终端，已经成为人们日常生活中不可或缺的重要物品。作为网络用户中最为活泼的一个群体，青年大学生无时无刻不在接受网络信息，其思想动态、价值观念、行为方式等都在潜移默化中受到网络环境的影响，而少数民族大学生是这一群体中的重要组成部分，如何正确引导少数民族大学生用好网络、用对网络、用准网络，面对网络上良莠不齐的信息时可以准确地进行辨别，不断提升网络信息辨别力，充分发挥现代信息技术优势，不断促进少数民族大学生网络思想政治教育工作质量提升，使其在思想上自觉形成“五个认同”，努力培养其成为新时代社会安定繁荣和中华民族团结有力的践行者和实施者，是当前环境下高校思想政治教育工作中不可忽视的重要课题。

一、少数民族大学生特点分析

受所在区域经济社会发展、教育环境等多方因素的综合影响，部分少数民族大学生存在文化基础较弱、知识架构单薄、自主学习能力较弱的现实问题。

对于来到大城市求学的少数民族大学生而言，还经常面临着经济压力较大的问题。部分学生由于生活费不足，只能通过兼职等方式解决生活问题，从而导致学生在学业上精力投入不够，容易出现学业问题。

少数民族大学生在初到学校时往往由于语言不通、生活习俗等问题与非少数民族学生产生隔阂，因此他们从心理上更倾向于寻求与本民族或少数民族之间的沟通，而忽视了和非少数民族学生之间的交流。

二、网络环境对少数民族大学生的影响

高速发展的网络技术手段深刻地影响着少数民族大学生的日常学习生活。据统计，截至 2020 年 3 月，我国网民规模达 9.04 亿；在线教育用户规模达 4.23 亿，较 2019 年底增长 110.2%，手机网民规模 8.97 亿，在网民群体中，学生占据最大比例，占比为 26.9%。

同时，“井喷式”信息流不断冲击着学生们的视野，网络新媒体凭借日常交流和获取信息的时效性、便捷性和资源的可共享性成为大多数学生的首选。

但在带来便捷的同时，这种高速的信息流也对少数民族大学生的思想状态产生不良影响。值得注意的是，少数民族大学生作为学生群体中较为特殊的一个群体，其思想状态容易受到外界影响，产生波动。西方敌对势力和宗教极端主义分子会将少数民族大学生作为主要的煽动对象，对其散布错误言论，动摇少数民族大学生的思想意识和价值观，这大大增加了辅导员对他们进行理想信念教育的困难，给少数民族大学生的三观教育、社会主义理想信念的坚定带来了前所未有的消极影响。

与此同时，由于少数民族大学生很多都来自偏远地区，在远离家乡的学校这个相对宽松的环境里很容易出现网络成瘾的现象，如沉迷于网络游戏、网络直播等，甚至花重金打赏主播、购买游戏装备的现象也时有发生，少数民族大学生由于涉世不深，对一些网络套路辨别不清，也容易受到网络诈骗，使切身利益受损。

三、网络为少数民族大学生思想教育带来的机遇

全国高校思想政治工作会议的召开对我国少数民族思想政治教育工作提出了新的时代要求，做好民族团结工作是实现中华民族伟大复兴的必经之路。高校少数民族思想政治教育是民族团结教育的重要组成部分，要坚持以习近平新时代中国特色社会主义思想为引领，深入研究新时期相关民族政策的重要性，这不仅是加强中华民族大团结、树立中华民族社会意识的需要，也是深化民族关系研究、帮助少数民族大学生群体坚定社会主义核心价值观体系的重要举措。

网络虚拟媒体平台是理论与实际的联合点。新媒体在其网络技术的孵化下得到了大力推广，凭借其丰富的交融性、突出的个体性、双向的互动性、传播的及时性等优势为思政教育提供了全新的内容与模式。通过网络资源的整合、筛选、分类等系列操作，与学生生活实际结合，为辅导员开展思想政治教育工作提供坚实保障。在网络虚拟环境中，学生与辅导员交流与对话的交互性大大增强。同时，一些网络热门事件与网络热词的有效利用，可大大激发同学们的关注度，从而提高思政教育效率。

四、少数民族大学生思政工作原则

少数民族学生受特殊因素影响，在理想信念、人际交往、学习等方面存在一定差异性。对少数民族大学生开展思政教育，如果采取常规的方式和内容，往往与少数民族学生的认知和感受方式脱节，不易被少数民族学生所接受，且一对多的教育形式难以走进

学生内心。但中华民族伟大复兴、国家的繁荣稳定，均与高校各族学生有不可分割的联系，因此，笔者认为应遵循以下原则开展教育工作。

（1）民族性。独特的民族性是各少数民族精神文化的集中表现，也是各民族赖以生存和发展的重要精神支柱。在针对少数民族大学生群体开展思想政治教育的过程中，要重视其民族性的表现，推动少数民族大学生思想政治教育工作形式多样化发展。

（2）特殊性。不同民族的特殊性是由本民族独特的成长环境和民族语言所导致的，尊重少数民族大学生的风俗习惯，有利于高校对其进行马克思主义民族观和相关民族政策的教育。

（3）统一性。主要是指少数民族思想政治教育目标的统一，也是少数民族大学生与公民身份的统一。对于少数民族大学生来说，不仅拥有民族身份，还拥有国家公民身份。少数民族大学生群体在进入高校后，随着相关思想政治教育工作的开展，身怀民族责任感的他们会更多地思考本民族的发展和未来。

五、少数民族大学生网络思想政治教育优化路径

（一）搭建新平台

利用“互联网+思政教育”新媒体，引导少数民族大学生，铸牢中华民族共同体核心意识，在认同本民族文化“小我”之上，利用好新媒体平台弘扬正能量、传播新时代之声，引导学生紧随党中央的思想风向标，进行主流文化的宣传，利用好班级学院 QQ 群、微信群、微信公众号等媒体平台来开展思政工作，开设民族特色模块，因材施教，将线下实践与线上互动都融入学生日常生活中去，从教育教学、日常生活到理想信念、国家方针政策，实现高效的思政教育信息的共享与交流，在信息传播时把握好时间节点，在呈现学生喜闻乐见的网络思政教育内容的同时，也丰富了新媒体平台下的思政网络文化内涵。

（二）构建新语境

新媒体环境下语言失范、网络诈骗、网络暴力等层出不穷，一些新媒体信息对主流价值观引导起到了一定的阻碍作用。这就要求在新媒体教育的舆论引导中要注重方式方法。少数民族大学生作为青少年，身上同样具备青春期成长的各项特点，他们普遍接受且热衷网络媒体“流量”，因此在思政教育中可以利用由浅入深、由简入繁的引导方式，将抽象内容的具体化，将艰涩生僻的内容通俗易懂化，这样利于广大青少年大学生接受，更便于少数民族大学生理解接受。借鉴学习大众媒体喜闻乐见的方式，形成思政网络教育的特色引导方式并传播传递。还可以从少数民族学生自身独有的特色专长入手，打破原有更多吸引青少年、纯粹以交流或者娱乐为主的媒体内容，将宏观的政策方针、理论

知识潜移默化地融入学生的学习生活和休闲活动中去，将思政教育的课堂传授与线上传播互动相结合，将高校少数民族大学生的思政教育不断优化升级。

六、结语

在风险与机遇并存的新时代背景下，发挥思政教育者的优势，优化少数民族大学生思政教育路径，让思政教育把有意义的思想、行为通过新媒体网络平台不断传播，使其变得更为广泛、更受重视，从而更有效率地引导少数民族大学生辨识风险，规避网络陷阱，让少数民族大学生在新媒体思政教育下拥有满足感、成就感和获得感的同时，更能成长成为社会主义现代化强国得有力建设者。

参考文献

[1] 刘明皞.“互联网 +”时代地方高校少数民族大学生思政课教学改革面临的机遇与挑战[J].贵州民族研究,2018(7):203-207.

[2] 徐达.辅导员网络思想政治教育工作的路径探索和模式研究[J].黑龙江教育学院学报，2019,38(4):31-33.

[3] 姜旭.新媒体对民族院校大学生思想政治教育的影响论析[J].法制博览，2019(36).

[4] 何彦新.新媒体环境下高校民族学生思政工作方法路径完善研究[J].山西青年，2016（4）:65-66.

[5] 李曦．新媒体嵌入少数民族大学生思想政治教育的路径分析[J]．六盘水师范学院学报，2019（10）:98-102.

职业院校少数民族大学生思想政治教育创新策略

薛丽

天津职业技术师范大学

在全国高校思想政治工作会议中，习近平总书记指出，应当将思想政治工作融入教育全过程。这不仅体现了党对思想政治工作的高度重视，也对高校教育提出了新的要求。我国是多民族国家，少数民族是我国人民的重要组成部分。少数民族大学生是少数民族的优秀青年力量，加强其思想政治教育，对提升少数民族素质，维护校园稳定和社会稳定，促进脱贫攻坚，加强民族团结意义深远[1]。职业院校以培养高质量技能人才为己任，思想政治教育举足轻重。职业院校少数民族大学生的成长，对民族地区的繁荣发展有一定的积极作用。这支逐渐成长的重要青年力量，其思想是否成熟、理想信念是否坚定、政治立场是否稳固，都事关民族团结、国家安全稳定。在新形势下，职业院校如何创新少数民族大学生思想政治教育工作，做好少数民族大学生管理服务工作，落实立德树人根本任务，这一问题值得深思。

一、新时代职业院校少数民族大学生思想政治教育的特点

（一）少数民族大学生思想政治教育特殊性

少数民族大学生大多成长于民族地区，地域环境、文化传统相对独特，这就决定了少数民族大学生思想政治教育具有特殊性。独特的文化熏陶，为少数民族大学生的三观发展奠定了基础，对于其民族观、国家观的形成影响深远。初入大学校园，少数民族大学生脱离原有的生活环境，进入陌生的学校，由于在语言、价值取向、生活思维方式、风俗习惯、宗教信仰等方面差异显著，加之与其他学生有不同的成长背景，使得少数民族大学生在日常交往、学习生活方面很难与其他同学联系紧密。

（二）少数民族大学生思想政治教育复杂性

不同民族文化的碰撞和交流使得我国民族文化具有多样性特点，多元价值和思想的碰撞导致了思想教育的复杂性。生活习俗、文化传统的多样性、复杂性都会对少数民族大学生思想产生影响。大学阶段对少数民族大学生思想观念形成至关重要，新时代背景下，通信技术发展迅速，互联网深刻影响少数民族大学生的生活、学习。通信渠道的多

样化意味着少数民族大学生接触多元价值观的渠道更加丰富，网络舆论环境变得更加错综复杂，各种思潮都可能对少数民族大学生的思想产生影响，进而造成了思想政治教育的复杂性。

二、新时代职业院校少数民族大学生思想政治教育存在的问题

（一）未能契合少数民族大学生特点，思想政治教育缺乏精准性和针对性

落实新时代思想政治教育，应契合少数民族大学生特点，注重因材施教、因人施策。具体来看，部分少数民族大学生接受文化教育的条件有限，导致其知识水平不高，知识基础薄弱，动手实践能力较差，学习较为吃力；虽然部分少数民族学生多才多艺，但是对于学校的各类集体活动，他们的参与积极性不高，集体荣誉感不强，这就使得他们脱离集体的情况严重；在生活习惯方面，少数民族大学生基本都保留了本民族的习惯，与汉族学生存在差异，难免存在诸多不便。以上情况都说明了少数民族大学生与汉族大学生存在诸多差异，但在学生管理服务实际工作中，少数民族大学生思想政治教育缺乏差异化处理，思想政治教育工作者仍对汉族学生与少数民族学生采取同样的管理办法，往往忽视少数民族学生的特点和实际情况，不能做到对症下药，缺乏精准性和针对性，思想政治教育效果不明显。

（二）思想政治教育工作者专业素质较低，工作方式保守，缺乏创新

辅导员作为开展大学生思想政治教育的中流砥柱，其专业素质会对少数民族大学生思想政治教育的效果产生直接影响。在职业院校中，少数民族大学生不仅要习得专业知识，更要练就专业技能，这就意味着辅导员应当以更高标准要求自己，积极提升自身专业素质。但在实际工作中，部分辅导员被烦琐的学生日常管理事务所困扰，往往忽视自身专业素质的提升。少数民族大学生具有较强的民族归属感，这对辅导员提出了新的要求，需要有民族文化知识做底蕴[2]。全国高校思政工作会议上，习近平总书记指出新时代思想政治教育工作应遵循“三因”，然而在针对少数民族大学生管理的实际工作中，辅导员存在工作方式保守的顽疾，工作畏首畏尾，“只求工作不出错，不求工作多出彩”，缺乏创新精神。

（三）忽视少数民族大学生心理问题，关爱帮扶不到位

少数民族大学生大多生活在经济欠发达地区，职业院校中部分少数民族大学生家庭经济条件较差，存在家庭经济困难的情况，经济压力较大，物质需求不能得到很好的满足，这会对少数民族大学生的学业和人际关系产生影响。大学时代，学生处在心理比较敏感的时期，少数民族大学生也不例外，甚至有部分少数民族大学生十分在意别人的眼光，不愿意向身边人透露家庭情况，如此一来，其心理极易出现问题。大部分少数民族

大学生的文化知识基础薄弱，进入大学后，学习专业知识和专业技能对于他们来说非常困难，学习吃力带来的挫败感很容易让他们丧失信心，部分少数民族大学生甚至会出现社交逃避现象，不愿意与他人互动交流，长此以往，若不能得到有效的关爱和帮扶，还会对少数民族大学生的价值判断产生影响[3]。虽然职业院校在学生入学时会进行心理情况摸底，但是并没有针对少数民族大学生进行差异化关注，极易忽视少数民族大学生的心理问题。关爱帮扶不到位，也会使其走向深渊。

三、新时代职业院校少数民族大学生思想政治教育的创新策略

（一）优化思想政治教育内容，做到精准施策

职业院校辅导员是工作在思政教育一线的坚定的思想政治教育传播者。为了贯彻执行习近平总书记将思想政治工作贯穿教育教学全过程的要求，辅导员应当强化参与意识，积极学习思想政治知识和其他各类知识，将培养少数民族大学生专业技能与思想教育相结合，优化提升少数民族大学生思想政治教育内容，做到因材施教、精准施策。构建少数民族大学生思想政治教育内容的“多元一体化”模式，尊重少数民族文化，充分考虑民族因素、地域因素、政治因素，结合少数民族地区发展实际、文化特点，在思想政治教育中融入少数民族特色文化，优化思想政治教育的内容，找准特点，对症下药，多进行正面教育，循序善诱，积极引导，激发少数民族大学生的学习热情、生活激情，落实立德树人根本任务，培养优秀的少数民族人才。

（二）加强校园网络文化建设，创新思想政治教育形式

良好的校园文化氛围有利于思想政治教育工作的开展，校园文化建设也是思想政治教育的有效手段之一。职业院校应当将新时代优秀思想融入校园文化建设中，针对少数民族大学生的心理特点，结合其文化娱乐需求，创新思想政治教育内容和形式。少数民族大学生大多具有艺术特长，可以以校园网络文化建设为契机，积极挖掘少数民族优秀文化，并通过微信公众号、微博、抖音等网络媒体渠道积极传播。例如，职业院校在组建社团的过程中，可以利用网络资源让少数民族大学生积极参与进来，鼓励其组建网上艺术文化类社团，帮助少数民族大学生融入校园文化生活，鼓励他们在良好的校园文化氛围中学习知识、增长技能，提升少数民族大学生自信心，将思想政治教育以“润物细无声”的方式浸润人心[4]。当然，辅导员要对校园网络文化进行积极引导，确保校园网络文化的积极向上传播。

（三）关注心理健康，加大关爱帮扶力度，将思想政治教育工作落到实处

只有思想问题认识到位，实际问题才能解决到位。在实际工作中，应当重点落实针对性和实效性。只有通过脚踏实地办实事，将情、理育人结合，才能在提高少数民族大

学生思想政治教育上做到有的放矢。只有积极解决少数民族大学生的实际问题，才能使其感受到老师、学校、社会、党和国家的关爱。职业院校要重点关注少数民族大学生的心理健康情况，将思想政治教育与关爱帮扶相结合，关注少数民族大学生的真实利益诉求，加大对其关爱帮扶的力度，提高工作实效性[5]。可以重点从少数民族大学生的学习、生活和就业创业方面开展帮扶工作。通过课外辅导、学习结对帮扶等形式，帮助少数民族大学生增强学习自信心；在学校奖、助、贷、勤工助学等方面，适当向少数民族学生倾斜，并给予物质帮扶，解决他们的经济困难，为其完成学业保驾护航；引导少数民族大学生树立正确择业观，建立“点对点”就业帮扶机制，促进其实现良性就业。

参考文献

[1] 习近平在全国高校思想政治工作会议上强调 把思想政治工作贯穿教育教学全过程 开创我国高等教育事业发展新局面[N].人民日报,2016-12-09(01).

[2] 黄齐.非民族院校少数民族大学生思想政治教育路径探析[J].大理大学学报,2021,6(1):48-53.

[3] 张楠.立德树人视域下普通高校少数民族大学生思想政治教育工作的提升路径探析[J].湖北开放职业学院学报,2020,33(15):85-86.

[4] 徐冬靖.高职院校少数民族大学生思想政治教育方法及途径的创新[J].湖北开放职业学院学报,2020,33(11):17-18.

[5] 李浩然.全媒体时代少数民族大学生思想政治教育机遇、挑战及路径研究[J].湖北开放职业学院学报,2020,33(13):108-110.

[6] 马金堂,赵永亮.新时代下内地高校新疆少数民族大学生思想政治教育和管理工作的研究[J].吉林广播电视大学学报,2020(10):64-65.

MOOC 背景下提升少数民族大学生基础课自主学习能力的途径研究

彭凯
天津中德应用技术大学

学业指导是高校辅导员职业功能中的一项重要内容，高等教育的发展和变革对这一领域的工作提出了新的要求。MOOC（Massive Open Online Course），即大规模开放在线课程，是一种基于网络、面向大众的新型教育模式，经由 MOOC 平台，遍布在世界各地的学员能够以极其低廉的费用，通过网络获得优质的教学资源和完整的学习体验。MOOC 的诸多优点使其表现出与传统高等教育系统相融合的可能，在高等教育界迅速扩展，并成为研究热点。规模化、网络化、开放性、互动性等典型特征，使 MOOC 具备提升自主学习能力的可行性，能成为支持自主学习的重要手段。

少数民族大学生是高校辅导员工作对象中备受关注的特殊群体，因为语言差异、学习方法、基础教育质量等方面的影响，少数民族大学生在课程学习过程中特别是在低年级时的高等数学、大学英语等基础课学习阶段存在困难。少数民族大学生在高等数学、大学英语等基础课学习现状的相关研究表明，在以汉族文化为主体的学习环境中，少数民族大学生在学习意愿和学习能力等方面的表现要略低于普通大学生。因此，寻找有效方法和手段来帮助少数民族大学生提升基础课自主学习能力，成为高校辅导员学业指导工作的一项重要课题。

一、MOOC 的发展与特征

MOOC 是在开放教育资源运动中发端、在连通主义学习理念下兴起、在行为主义学习理念下繁荣的。在被称为“MOOC 元年”的 2012 年，在线课程平台开始兴起并蓬勃发展，继而在全世界范围内引发了大规模开放在线课程的普及浪潮。经过 10 余年的发展，这些平台汇集了众多一流大学知名学者的精品课程资源，形成了丰富的课程体系，吸引着数以百万计的来自不同国家和地区、不同肤色的学员。MOOC 以其完善的课程结构和丰富的学习系统，在保留传统课程基本要素的基础上，将传统高等教育理念融入全新的教学组织模式当中，契合了当前主流的教与学的行为模式，正在进一步地完善和发展。

MOOC 的名称直接体现了这种在线教学模式的核心，即大规模、开放、在线和课程。大规模是指借助网络技术和信息技术突破了传统课程的内容和容量限制；开放是指课程资源容易获取、学习活动各个环节任何人都可以参与；在线是指学习过程是在网络环境下开展的；课程是指 MOOC 提供系统的课程资源和完整的学习体验。因此，MOOC 具有规模化、网络化、开放性、互动性等典型特征，这些特征为学生自主学习能力的提升创造了有利条件。在此基础上，高校辅导员可以探索对少数民族大学生的学习兴趣、学习信心、学习方法等方面产生积极影响和良好转变的途径，从而提升少数民族大学生基础课自主学习的能力。

二、少数民族大学生基础课学习困难的成因

在高等教育普及化、大众化的发展趋势下，越来越多的少数民族大学生进入普通高等院校学习，成为备受关注的特殊群体，也是高校辅导员工作的重点对象。因为语言差异、学习方法、基础教育质量等方面的因素，少数民族大学生与其他在校大学生在学习表现、综合素质等方面存在差距，理解课程内容有一定难度，从而影响了少数民族大学生的学习效果，同时这也容易造成他们缺乏学习信心，甚至产生厌学情绪。因此，高校辅导员应当着重在学习方面，特别是在大学基础课阶段关注少数民族大学生的适应问题，了解他们在适应过程中遇到的困难，在此基础上采取相应的措施，帮助他们尽快适应大学学习生活，这对帮助他们形成正确的价值观和人生观、形成积极的自我认同具有重要意义。

（1）语言差异导致学习障碍。部分少数民族大学生长期生活和学习在本民族聚居区，由于各种原因，在很长一段时间内是通过本民族的语言接受基础教育的，在初高中才开始接受汉语教育，因此在汉语理解能力和表达能力上都比较薄弱。进入普通高等院校，少数民族大学生置身于汉语背景下，在基础课学习阶段，往往需要将接收到的课程信息转化为本民族的语言，用本民族的语言进行理解和消化，得出结论后转译成汉语信息，再通过基础课对应的思维方式表达出来。普通学生在学习高等数学和大学英语课程时，尚且存在“汉语—数学语言”“汉语—英语”的转换过程，少数民族除了要经历同样的困难外，还要增加一重“民族语言—汉语”的障碍。普通高等院校课程的统一性没有照顾到学习需求的多样性，缺少针对少数民族学生专门开设的课程，因此他们需要克服语言差异造成的学习障碍。

（2）学习方法限制学习成效。在基础课学习过程中，少数民族大学生普遍缺乏良好的学习习惯和科学的学习方法。在一定程度上，课前预习和课后复习环节的缺失源于缺乏契合少数民族大学生需要的教学资源和教学指导。在课堂教学时，少数民族大学生

的学习成效通常会低于普通大学生，如果不在课堂教学之外加以弥补，就不能巩固成果，学业表现就不尽如人意。少数民族大学生往往还缺乏良好的课程参与，因为学习信心不足、害怕出错误等原因不敢在课程教学环节中积极主动地与任课教师交流，任课教师没有办法有针对性地对其进行差异化辅导。因此，改进学习方法是提升少数民族大学生基础课自主学习能力的迫切需要。

(3) 基础教育影响知识储备。近年来，少数民族地区基础教育质量有了很大提升，但部分地区还存在师资力量薄弱、教学设备简陋等问题，与其他地区更高水平的师资配置和完善的多媒体教学设备相比存在很大差距。在基础教育阶段知识储备的深度和广度上，少数民族大学生通常和普通大学生存在一定的差距，影响在大学基础课学习阶段的知识衔接，造成其学习困难。

因此，解决少数民族大学生基础课学习困难问题，可以从消除语言差异、拓展学习方法、弥补基础教育知识储备等方面着手，MOOC 为普通高等院校提供了采取这些措施的可行性。

三、MOOC 与自主学习能力的培养

MOOC 的学员可以选择适合自己的优质课程，进行反复的观看从而巩固知识要点并加深对学习内容的理解；可以利用与大学课程相匹配的 MOOC 资源进行课前预习和课后复习；还可以提出自己的问题获得任课教师和其他学员的解答并与之探讨问题、交流思想。与传统教学的组织形式相比，MOOC 的诸多典型特征是塑造自主学习方式的重要基础，适用于少数民族大学生积极主动地控制和调节自己的学习。

(1) MOOC 提供了丰富的自主学习资源。规模化不仅意味着学员数量的大规模，也意味着学习资源的丰富性，而且这些资源通常都是由国内外名校的优秀师资专门设计、精心准备的。少数民族大学生的基础课水平偏低，在使用普通的教材、接受统一的教学时存在困难，挂科重修率偏高。而 MOOC 使少数民族大学生不再局限于本校师资和课程状况，可以自主选取采用民族语言进行教学或者与学业水平相匹配的课程进行反复的观看和学习，直到将知识融会贯通为止。如“中国大学 MOOC”平台的“微积分启蒙”“线性代数启蒙”课程，是对高等数学课程进行介绍的课程，既能作为未学习高等数学者的入门课程，也能够帮助正在学习而感到困惑的学生解除迷惑、加深理解。又如英语课学习过程中，少数民族大学生有大量可以选择的起点较低的 MOOC 课程，可以通过其生动有趣、简单易懂的内容渐进式地提高英语水平。

(2) MOOC 提供了便捷的自主学习途径。MOOC 是在网络化环境下开展的，只要具备联网条件，每一个人都可以遵循自己的节奏来开展学习活动，同时获得及时的反馈。

可以使用个人电脑、平板电脑、智能手机等多种智能设备通过客户端或者网页进入到课程学习界面，方便利用碎片化的时间，随时随地地开展学习。网络化提供的便捷还体现在学习的低成本，课程的教材、讲义、题库和参考资料都会上传到平台上供学员免费下载使用，费用仅限于学习时消耗的网费和电费。在电脑和智能手机普及的今天，少数民族大学生能够通过 MOOC 获得便捷的自主学习途径。

(3) MOOC 提供了开放的自主学习环境。开放性有利于少数民族学生接触不同文化，减少学习焦虑、增强学习自信。不管是从地理上还是文化上看，少数民族大学生一般成长在相对封闭的环境中，缺乏对其他文化的认知和理解。一方面，开放的学习环境会聚了全球各个国家和地区的学习者，他们各自拥有不同的文化背景，可以在一起交流思想、探讨问题，碰撞出思维的火花。这对少数民族大学生的基础课特别是大学英语课的学习非常有帮助。另一方面，开放的学习环境吸引了不同层次的学员，少数民族大学生在选择适合自己学业水平的课程后，在与其他学员一同学习的过程中，可以大大避免传统教学环节中容易产生的消极情绪，能够减少学习焦虑、增强学习自信。

(4) MOOC 提供了互动的自主学习体验。MOOC 的教学以对话与协商式的思维引导为教学理念，以学习小组或在线论坛为媒介进行交流、讨论学习，并以协作式的学习方式来完成探索式的学习过程。MOOC 并不像传统课程那样只是灌输知识，而是通过互动性的对话与协商，引导学员在兴趣使然的情况下主动进行探索，注重知识的生成过程。互动的自主学习体验，不仅加强了学员与任课老师之间的交流，也加强了学员和学员之间的交流。学员在讨论区提出的问题既会得到任课教师的解答，也会得到学习同伴的解答，并且答案可能会是多种多样的，能够充分启发提问者的思维。少数民族大学生在基础课学习过程当中出现的害怕提问等缺点，在互动的自主学习体验中也可以得到改正。

四、利用 MOOC 提升少数民族大学生基础课自主学习能力的途径

在 MOOC 蓬勃发展的背景下，高校辅导员应当以开放的心态对其进行了解和学习，从而利用它对学生进行引导和帮助。就利用 MOOC 提升少数民族大学生基础课自主学习能力而言，高校辅导员可以遵循需求调研、资源推荐、过程监督、效果评价的途径来开展工作。

(1) 做实需求调研。高校辅导员可以通过问卷、访谈等调查形式，从少数民族大学生和基础课任课教师两方面获知提升自主学习能力的真实需求。主要考察的因素应当包括基础课学习困难产生的具体原因、现阶段基础课的学业水平、亟待补充的基础知识、需要夯实的课程内容以及感兴趣的学习形式、方法和内容等。通过实事求是的需求调研进行梳理和分类，是做好课程推荐工作的基础。

(2) 做好课程推荐。 由于各种 MOOC 平台的课程资源十分丰富，内容和难度各不相同，少数民族大学生很难作出自己的判断和选择。高校辅导员可以和基础课任课教师合作，结合少数民族大学生的需求初步筛选出若干备选课程，通过试听来对课程的难易度、优缺点作出评议，最终提供一个选择范围，从而保证课程推荐契合少数民族大学生基础课自主学习的真实需求。特别是在有条件的高校，辅导员应当积极推动少数民族师资力量开展 MOOC 资源建设。

(3) 做细过程管理。 为保证自主学习的成效，少数民族大学生基础课的 MOOC 学习必须得到有效的监督，这需要高校辅导员对此实施精细的过程管理。借助 MOOC 平台的各项功能可以掌握学员的学习进度，高校辅导员应当结合学校课堂教学和团学活动的日程安排，为少数民族大学生基础课的自主学习编制出较为详细的学习计划，同时配套以完善的监督机制，确保自主学习取得实效。

(4) 做严效果评价。 利用 MOOC 提升少数民族大学生基础课自主学习能力的效果最终会反映在基础课的成绩上，高校辅导员应严肃认真地研究 MOOC 自主学习的效果，并依据其效果适时地调整策略，使少数民族大学生在利用 MOOC 进行基础课自主学习时能够获得最大的收益。

五、结语

少数民族大学生作为少数民族的精英成员，是民族地区未来建设和发展的重要力量，其基础课学习阶段对适应和融入大学生活至关重要。MOOC 给高校育人工作带来的是挑战，更是机遇，高校辅导员应当与时俱进，在充分了解这一新型教育模式特点和优势的基础上，将其运用到少数民族大学生的学业指导工作当中，提升其基础课自主学习能力，确保少数民族大学生健康成长、全面成才。高校辅导员应当且能够演绎好“教师”这一角色定位，并在学业指导工作当中发挥出重要的作用。

参考文献

[1] 陈肖庚,王顶明.MOOC 的发展历程与主要特征分析[J].现代教育技术,2013,23(11):5-10.

[2] 唐德忠.少数民族大学生的学习适应研究[D].上海：华东师范大学.2010.

[3] 王雅萍.利用 MOOC 特点提高少数民族大学生英语自主学习能力的可行性探索[J].赤峰学院学报(汉文哲学社会科学版),2015,36(7):251.

[4]刘和海,张舒予,朱丽兰.论“慕课”本质、内涵与价值[J].现代教育技术,2014,24(12):7-8.

学生工作中的衣、食、住、行

迪力夏提
天津中德应用技术大学

党的十八大以来，以习近平同志为核心的党中央高度关注民族工作。习近平总书记曾在中央民族工作会议上指出，让各民族在中华民族大家庭中手足相亲、守望相助，多看民族团结的光明面，最关键是搞好民族团结，最管用是争取人心。

大学校园生活多姿多彩，大学生充满朝气与活力，随着辅导员工作的不断深入开展，笔者渐渐意识到大学生思想政治教育工作应该“多点多地开花”，同时学生工作要“接地气”地去开展，发达的电子设备与便捷的互联网络应让思政工作如虎添翼，坚定引领同学们紧紧围绕在以习近平同志为核心的党中央周围，教师的引领很关键。要始终与同学们在一起，并让同学们能够切实感受到来自老师的关爱。在日常的校园生活中，应要善于对同学们衣（着装）、食（校园食堂）、住（学生寝室）、行（操作实践）等进行观察，从而去拓宽校园民族团结教育的新阵地。

一、住

寝室的走访，是很多负责学生工作老师的日常工作，作为一名负责多民族混合教学班级的专职辅导员，笔者分享这个案例是因为受到了所负责的一个毕业班同学的影响。有一天他告诉笔者：“老师，我希望能够换宿舍，我害怕，我没有安全感，我要换宿舍！”这样的疑惑让刚刚走上辅导员岗位的笔者思考了很久，笔者知道担心来自陌生与不了解，在实践过程中，解决同学所提出的这个问题笔者并没有找到捷径。跟同事讨论过后，笔者决定从规章制度入手，为了将影响降到最低，依据学生手册宿舍管理规定，此后，从学生入学起坚持无差别全员查宿以期能够打消疑惑。久而久之，辅导员老师晚间查宿无意间为不同民族的同学开辟了一个能够增进了解的平台，在这里同学们可以共享喜悦，增进了解，打破陌生，或者畅谈自己对于美好未来的向往，甚至可以吐槽表达心中的不满。作为一名辅导员教师，走进宿舍，看到朝气蓬勃的青年，笔者自身也会变得更加年轻，总会想多唠叨一句，就这样一来二去宿舍成为笔者开展民族团结教育的新阵地。即使时间、精力成本会比较高，但从收效来讲这是一个实效性较强的学生管理工作方法。同时，在此过程中笔者也在反思总结，有意识培养多民族的学生骨干，制造机会与平台让同学们在协作共事中获得友谊，收获成长。后知后觉，才恍然大悟，作为一名少数民族辅导员教师，笔者通过努力与实际的付出赢得同学们的信任后再通过自身将更多的同学紧密地团结在一起，现在想想其实师生间的这种来往，既能摸清情况，也能解答疑惑，帮助学生解决实际困难和问题。

二、食

1986年6月，习近平同志在担任中共宁德地委书记期间，在《巩固民族大团结的基础》一文中曾阐述，“民族问题有相当的敏感性和复杂性，千万不能漠视民族事业”。因此，作为少数民族专职辅导员，在开展日常工作当中，要始终坚持与学生站在一起，要加强学习，不断提升业务水平，丰富自己在工作当中的方式方法，避免简单粗暴，单纯追求短期成效，不考虑长远的影响。面对学生群体，在工作的点点滴滴中，时刻保持一种“分内事”的自觉性、一种“放不下”的责任感、一种“往前赶”的主动性。

为了更好促进同学们彼此间的融入，笔者首先从自身开始做起。贴近生活，有一个我们经常会遇到，但是很有可能不被重视的问题：和同事朋友吃饭，选什么餐厅？笔者曾经有过这样的经历，同学聚会时同学们为了班里仅有的几个有特定饮食习惯的同学，专门选择去很远很不方便的清真餐厅。过去我也发现过这样一种趋势，不少有特定饮食习惯的人已经理所当然地认为这是对自己饮食习惯的尊重，当得到尊重时，不去考虑他人的付出，这本身就是一种没有道理的逻辑。尊重应该是相互的，尊重别人才能得到别人的尊重，只有相互尊重才能长久和睦相处。时代在进步，人们的思想也应该随着时代向前进。笔者开始尝试与同事、朋友一起去他们喜欢和喜爱的餐厅吃饭。一开始，笔者的同事、朋友们有疑虑，但随着时间的推移我们发现，其实我们都一样，我们需要的只是向彼此再迈近一步的勇气。也正是这种转变为笔者打开了新的一片天空，让笔者交到了更多来自祖国各地各民族的好朋友。我们是幸运的一代，得到了许多包容、很多的机遇。将来的日子，到了我们的下一代，也一定要将这样的包容发扬光大，坚决不能将狭隘的民族观、婚姻观、饮食观带入我们下一代的生活当中。这样的思想观念，也进入了笔者的工作当中。一个学生提出了一个疑惑，他说他很渴望参军入伍，但是又担心饮食问题。当时，笔者就跟他说进入部队大院，如果你跟战友们连饭都吃不到一起，如若将来，走上战场，你让你的战友如何将后背放心地交给你。后来他告诉笔者，这句话对他产生了很大的触动。后来，他通过部队考核去到山西大同服役，成为一名中国人民解放军陆军，在部队服役期间克服自身困难，成为民族团结的践行者，并因为优异的表现，受到了全省通报表扬。在这之后的日常工作生活中，校园中的清真餐厅不再是我唯一的选择，我开始尝试引领同学们迈出这一步，因为在其他的窗口我依旧找到了我喜欢的黑椒牛肉与西红柿炒鸡蛋。笔者也将我的所思所想与同学们进行了分享，鼓励同学们敢于打破看不见的枷锁，过了一段时间之后我在清真餐外的更多窗口看到了不同民族的同学们坐到了一起，按照自己内心的喜好去选择自己爱吃的食物。问题关键不在于胃，心病解除了，问题就迎刃而解了。

此后笔者也意识到作为一名思想政治教育工作者，在党组织的坚强领导下，要勇敢面对大是大非，要求同学们做到的自己首先要做好，以身作则，敢于主动亮剑发声，做好对同学们的正确引领。新时代的大学生思维开阔、活跃、个性强，因此针对学生群体的日常工作没有绝对的捷径或经验可以套用，难以形成万能的管理教育公式，辅导员的工作需要我们当个多面手，要毅然决然，坚定刚强，也要温柔如远方的家长。

习近平总书记指出："始终坚持全心全意为人民服务的根本宗旨，是我们党始终得到人民拥护和爱戴的根本原因，对于充分发挥党密切联系群众的优势至关重要。我们任何时候都必须把人民利益放在第一位，把实现好、维护好、发展好最广大人民根本利益作为一切工作的出发点和落脚点。"开展党的群众路线教育实践活动，就是要使全党同志牢记并恪守全心全意为人民服务的根本宗旨，密切联系群众，以优良作风把人民紧紧凝聚在一起。每位共产党员都必须通过教育实践活动，牢固树立群众意识，牢固树立为人民服务思想，不断提高一心为民的自觉性，始终与人民群众同呼吸共命运。对于高校辅导员教师来说，学生群体就是"人民群众"，在新的历史条件下坚持群众路线，全心全意为人民服务，坚定立足本职岗位，以实事求是的态度，从同学们最关心最直接最现实的问题着手，脚踏实地为同学们解难事、办好事，将党的教育政策、民族政策扎实落实到各项工作中。习近平总书记曾在中央党校中青年干部培训班开班式上发表的重要讲话中强调，广大干部特别是青年干部要做到信念坚、政治强、本领高、作风硬。总书记的发言为我们指明了努力的方向，打铁还需自身硬，育人先育己，青春是用来奋斗的!

新时代的党员领导干部充分起到了先锋带头作用，抗击新冠疫情、抗击南方强降雨导致的洪灾、对口帮扶困难群众，都能见到他们熟悉的身影，他们用实际行动践行共产党人为人民服务的初心。脚踏实地，美丽校园中，还有许多个阳光向上的青年等待着我们去播种、守护与成长。仰望星空，新时代的中国青年要在学习中增长知识、锤炼品格，在工作中增长才干、练就本领，以真才实学服务人民，以创新创造贡献国家。百年恰是风华正茂，与人民群众同呼吸共命运，以优异的成绩向中国共产党成立100周年献礼。

大学生民汉同住人际关系研究

杨昊昱
天津理工大学

大学生的成长和发展必然离不开与他人的交往，宿舍是大学生最直接参与的人际交往场所，宿舍人际关系是一种最直接最重要的人际关系，宿舍人际关系质量对大学生在校生活有重要影响。我国是多民族国家，在校大学生也都来自全国各地，来自各个民族，这也就存在着各民族、各地域间生活习俗、语言交流等方面的差异，从而成为影响大学生民汉同宿人际关系的因素之一。大学生民汉同住人际冲突的处理是否及时、妥当，不仅关系到高校学生管理的质量，而且对大学生的学习生活和健康成长有着深远的影响。

在以往的研究中对民汉同住有着不同的表述，本研究认同“民汉合住”的表述，即少数民族学生与汉族学生共同居住在同一个宿舍，大家共同生活学习，以促进各民族学生相互接触、相互交流、相互学习，从而建立相互信任、相互依存的深厚感情（李燕萍，2017），更加表明了民汉同住的学生之间存在的互动联系。大学生民汉同住人际关系研究框架图，如图 1 所示。

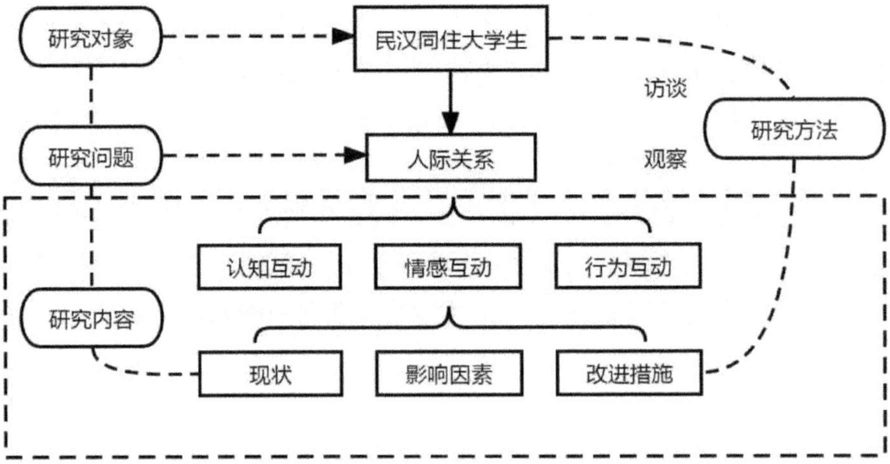

图 1 大学生民汉同住人际关系研究框架图

一、大学生民汉同住人际关系的现状

人际关系是在人们物质和精神交往过程中产生、发展和建立起来的人与人之间的关系，是社会关系的表现形式，由行为、情绪、认识 3 个相互联系的成分组成。宿舍人际关系是大学生的一种特殊的人际关系，是其在校期间与室友在宿舍里交往互动中形成的心理关系（杨荣，2005）。本研究中的民汉同住人际关系是指：在校期间共同生活学习的少数民族学生与汉族学生，通过认知、情感、行为的交往互动而形成的一种直接的联系。

通过对民汉同住的汉族、少数民族大学生的访谈，可以了解到无论是汉族学生还是少数民族学生，他们对大学生民汉同住人际关系都有着积极的评价。从高中到大学的环境变化，从高中生到大学生的角色变化，汉族学生和少数民族学生在进行人际交往时都还保留着之前的习惯，交友的范围也主要以自己民族的学生为主，正是因为民汉同住，他们有机会近距离地接触到不同民族的文化，随着汉族学生和少数民族学生之间进行的人际交往越来越多，他们逐渐建立起良好的人际关系，促进了相互之间的学习，更有利于促进民族团结。民汉同住的汉族大学生认为民汉同住更有助于他们去理解、尊重别人。在少数民族学生看来，通过民汉同住不仅可以提高自己的语言交流水平，还可以锻炼自己的人际交往能力，同时还加深了民汉学生之间的感情。从个人、民族、社会的角度来看，实行大学生的民汉同住，是一种成功的高校学生管理实践，对于少数民族学生来说，他们可以从汉族学生身上学习到很多超越民族的东西，在汉族同学的影响下，他们也能够提高自己的人际交往能力，为民族间的相容相知打下了坚实的基础。无论是汉族学生还是少数民族学生，他们都是民汉同住人际关系的受益者。

二、民汉同住的大学生之间知情行的互动关系

大学里课程安排不像高中时期那么密集，学生们的时间安排也比较自由，正因如此，大学生和舍友的相处时间是最长的，宿舍成为大学生人际交往的一大阵地，他们一起上课，一起吃饭，一起休息，一起参与到彼此的生活之中，那么对于民汉同住的大学生而言，他们在长期的共同生活学习过程中，有哪些认知、情感、行为之间的互动？这些互动与民汉同住人际关系有怎样的密切关联？具体的表现方式有何特点？民汉同住的学生彼此产生了怎样的情感互动？了解民汉同住的大学生之间的知情行互动关系有着重要的意义。

（一）民汉同住大学生在学习上的互动

汉族学生对少数民族学生在学习上的帮助作用很大，汉族学生比少数民族学生对汉语的理解能力更强，而且汉族学生也会在学习生活中主动帮助少数民族学生。同一个专业的民汉同住大学生会有更多的学习上的互动。总体而言，民汉同住的汉族学生对少数民族学生在学习上的帮助要多一些，民汉同住大学生关于学习的互动质量更多受到少数民族学生学习态度的影响，汉族学生通常会主动和少数民族学生进行学习上的互动。

（二）民汉同住大学生在生活上的互动

在与少数民族同学相处的过程中，汉族学生能够表现出包容心，这源自于他们在日常生活中的互帮互助。其实在所有的民汉同住宿舍中都会产生这样的相互关系，相互帮助不仅仅是当舍友遇到困难和麻烦时才会发生，而是会渗透到生活的细节之中，汉族学生在和少数民族学生朝夕相处的过程中，逐渐地了解少数民族学生的日常生活习俗，能够在生活互动中照顾到少数民族舍友，无论是汉族学生还是少数民族学生，他们都会积极主动地进行生活上的互动，能够毫不吝啬地向舍友提供帮助、照顾舍友，也会在自己有困难时接受舍友的帮助，民汉同住大学生之间生活上的互动，与他们交往时间长短并没有太明显的关系，但是随着彼此之间互动的增多，他们之间的互动更加深入。

（三）民汉同住的大学生的情感联系

大学生活就像一张网，民汉同住大学生之间的互动就像是这张网上的沙石,在人际交往中会发生各种各样的碰撞,会有难以避免的摩擦。而他们之间的情感则会通过这张网，在磕磕碰碰中沉淀下来，成为柔软的细沙落在他们的心中,填满民汉同住大学生心中的缝隙,使他们彼此之间的情感变得更加充实。民汉同住大学生在互帮和互助的过程中，付出和收获是相等的，有些学生甚至会觉得他们收获的要更多。从大家有感而发的话语中，我们能感受到民汉同住大学生之间深厚的舍友情，因为有舍友的朝夕相伴，他们不再有离家的忧伤，他们在有困难的时候不会感到无助，他们一起学习、一起努力、共同进步，舍友的陪伴，让他们的大学生活充满温馨。

通过描述民汉同住大学生之间的知情行的互动，具体呈现了民汉同住大学生在学习、生活中互帮互助的情景，从民汉同住大学生在这些互动之中得到的收获分析出：民汉同住大学生之间的互动次数越多、时间越长、层次越深，他们之间的感情就越好；同时人际关系质量的好坏和民族并没有太大关系，关键在于品德修养、个人素质等方面；汉族学生在交往中并不会将少数民族学生标签化，民汉学生之间的相处是平等的。

三、大学生民汉同住人际关系的影响因素

民汉同住的大学生可能来自不同的地区，他们有着不一样的成长经历和不同的价值观，更重要的是他们来自不同的民族，多元的文化对民汉同住人际关系会产生怎样的影响？大学生民汉同住人际关系的因素除了学生个人因素，还有怎样的外部因素？只有弄清真正影响大学生民汉同住人际关系的关键因素，才能对构建和谐的大学生民汉同住人际关系提出对策。

（一）影响汉族大学生民汉同住人际关系的因素

民汉同住的汉族大学生在大学阶段人际交往的范围要比高中时期更广，他们也会更

积极主动地进行人际交往。正是因为汉族学生这样的人际交往态度，他们会和舍友进行更多的互动。对少数民族的了解程度考验着他们的民汉同住人际关系，他们对少数民族充满了好奇，也渴望进行不同文化的交流，虽然他们缺乏和少数民族交往的经验，可能在民汉同住人际交往的过程中存在一些矛盾，发生过争执，但是汉族学生都会尊重少数民族学生，他们和少数民族舍友互动的次数越多、时间越长、层次越深，他们之间的感情就越好。汉族学生对少数民族语言和风俗的了解程度与他们的人际关系成正比。

（二）影响少数民族大学生民汉同住人际关系的因素

在汉族同学的影响下他们也能够提高自己的人际交往能力，为民族间的相容相知打下了坚实的基础。民汉同住大学生关于学习的互动质量更多受到少数民族学生学习态度的影响，汉族学生通常会主动和少数民族学生进行学习上的互动。民汉同住大学生之间生活上的互动与他们交往时间长短并没有太明显的关系，但是随着彼此之间互动的增多，他们之间的互动更加深入，他们不仅会在一些琐碎的事情上相互帮助，甚至会相互倾诉不开心的事，分享开心的事。对于少数民族学生而言，他们在大学时期虽然不断提高自己的汉语沟通交流能力，但是因为没有在学习语言的最佳时期学会熟练地使用汉语，加之性格对沟通交流也会造成影响，同时如果不及时提高自己普通话水平，可能会愈发导致沟通不畅。

四、构建和谐民汉同住人际关系的建议

大学生民族团结是构建社会主义民族关系的重要组成部分，是思想政治教育的基础。而民汉合宿是民族团结的重要举措，更是实现民族团结的重要途径。通过近几年的努力，民族地区高校“民汉合宿”工作的推行在各大高校也取得了显著成果。但在积极实施的过程中，民汉合宿无论是从学生自身、宿舍文化及宿舍制度上都出现了不同程度的问题。因此，采取一定的有效措施显得尤为重要。为构建大学生民汉同住和谐的人际关系，提高他们的人际关系质量，提出以下建议。

（一）民汉同住大学生之间要加深彼此之间的了解

汉族学生要主动地了解少数民族舍友的风俗习惯，宗教信仰，避免谈论到少数民族禁忌的话题，尊重少数民族舍友的风俗习惯；同时少数民族学生也应该了解汉族学生和自己在生活习惯上的差异，理解舍友的日常行为；学校应该开展介绍少数民族、宣传民族团结的活动，借助各种渠道和方法，帮助少数民族学生树立自信，掀开少数民族神秘的面纱，让汉族学生进一步了解少数民族学生，促进民汉学生之间的互动。

（二）提高交往技能，树立自信，进行有效的沟通

民汉同住的少数民族学生在日常交流沟通中要树立自信心，敢于表达自己的想法，

多用汉语进行交流，在和汉族学生的交流沟通中主动提高自己的语言表达能力，要抓住语言的最佳学习时期学会使用汉语进行交流；汉族学生要理解少数民族学生在语言上的差异，不去猜测少数民族学生的话语里包含着怎样的情感，而要弄清楚他们的话和态度的本义是什么。

（三）宿舍管理工作规范化、合理化

学校在安排民汉同住宿舍时要将同学院、同班级、同专业的学生分配到同一宿舍，要协调民族学生和汉族学生的比例，对待民汉学生要一视同仁，不搞特殊，不区别对待。

参考文献

[1] 李燕萍,柴晓军,等.基于SPSS的民汉合住模式与大学生成长影响因素分析[J].语言与翻译,2017(1):90-94.

[2] 杨荣.大学生宿舍人际关系现状调查——以池州师范专科学校为分析案[J].池州师专学报,2005(6):147-150.

[3] 成园园,范宏民.民族地区高校民汉合宿的问题与对策分析[J].高校后勤研究,2017(3):36-38.

浅谈基于思想政治教育的高校少数民族学生社团建设

麦地努尔·阿布都热依木
中国民航大学

一、高校里少数民族学生社团的建设背景

习近平总书记在2019年于北京主持召开的学校思想政治理论课教师座谈会上强调指出，思想政治理论课是落实立德树人根本任务的关键课程。少数民族大学生是推动我国边疆地区未来发展，实现中华民族伟大复兴、全民族共同繁荣的重要力量，对他们进行有效的思想政治教育，事关民族地区的发展和国家的繁荣稳定。由于少数民族大学生独特的民族文化成长背景，其在生活方式、思维习惯和价值观念上与非少数民族大学生存在很大差异。因此，高校思想政治教育工作需要根据少数民族大学生的实际情况，进行个性化、差异化、有针对性的教学。此时，关键是研究如何检视和完善思政教育的方式方法，以提高各高校少数民族学生对思想政治教育的有效接受是关键。

在党的十九大报告提出建设教育强国，发展素质教育，培养德智体美劳全面发展的社会主义建设者和接班人的时代要求背景下，相对“满堂灌”的传统教育方式，高校社团作为第二课堂的主要载体，对于将思想政治教育的着眼点由传统的注重教师施教过程向大学生受教过程转变，重视学生在思政教育中的角色和地位具有课堂活动无可替代的功能。“思想政治教育环境对人的思想政治品德、价值观念的影响不仅靠强制手段，而主要靠潜在的渗透来实现。”

二、高校少数民族学生社团的育人功能

（一）坚持显性教育与隐性教育相统一

少数民族学生思想政治教育形式上需要做好谋划，精心设计。可利用高校学生社团愉悦性、开放性、间接性的特点进行隐性教育，以期提高少数民族学生思想政治教育的针对性和有效性。

（二）对适应性的影响

少数民族大学生离开熟悉的民族文化成长环境，进入相对陌生的内地高校，在与同伴的交往、情感交流以及社会适应方面存在一个循序渐进的过程。高校可以通过学生组

织为少数民族大学生营造良好的氛围，帮助其更快更好地度过心理适应和学习适应阶段。

（三）促进各民族学生之间的深层次交流，营造和谐稳定校园

高校目前的思想政治教育中缺乏灌输优秀政治思想、弘扬中国文化、推动少数民族与汉族之间互动交流铸牢中华民族共同体意识等方面的内容。高校少数民族学生社团要担负起实施“多元文化整合教育”的任务。其目的是继承各民族优秀文化遗产，加强各民族间的文化交流，促进民族大家庭在经济上共同发展，在文化上共同繁荣，在政治上相互尊重、平等、友好、和睦相处，最终实现各民族大团结。

（四）传承弘扬民族传统文化

作为宣传中华民族文化的重要途径，社团可以通过举办系列活动来为全校师生提供一个了解各民族文化的广阔平台，增强全校师生的中华民族共同体意识。在社团建设中，积极探索构建中华优秀传统文化融入大学生思想政治教育的实践方式，营造传承弘扬优秀传统民族文化的校园文化氛围，加强各民族大学生思想政治教育的实效性和针对性。优秀传统民族文化融入大学生思想政治教育的目标是汲取、挖掘传统民族文化中有益的思想观念、道德意识、文明素养、价值规范，通过喜闻乐见、具有广泛参与性的方式推广开来，潜移默化地影响少数民族乃至各民族学生的思想方式和行为方式，提升他们的基本素养，帮助他们形成符合社会需要的价值观念。

（五）对综合素质提高的影响

第二课堂的绝大部分内容是在丰富多彩的活动和生动的实践中完成的，在教育过程中除了应提高多方面的知识和技能，还可以充分调动学生的情感、意志，激发学生的兴趣和潜能。积极、健康、向上的社团文化有利于大学生个性的全面和谐发展，对大学生的素质养成具有重要的影响。

（六）对就业的影响

社会是个大课堂，是培养学生职业能力的大本营和源泉。学生社团利用自身优势，积极为社团成员创造与社会联系的机会，开拓社团与社会交往的渠道，最后实现帮助学生由学校顺利走向社会、服务社会的目的。少数民族学生社团可利用其成员的优势，积极开展文艺汇演、公益活动、志愿服务、科技、文化、卫生“三下乡”活动，深入农村、企业、社区等开展服务，在服务社会的过程中，极大地提高学生适应社会的能力。

三、建设少数民族大学生社团应当遵守的原则、完善的内容及对策

（一）加强党团组织对社团的领导

建设少数民族学生社团的目的在于以社团的形式做好学生的思想政治教育，加强对社团开展工作的领导是能否发挥好教育阵地作用的关键。首先，党团组织要在思想上坚

定不移地明确政治方向，把握好社团发展活动开展的方向。有意识有目的地对社团开展的活动进行引导、管理，要在立足于正确指导思想、配合国家教育方针政策的前提下，有意识地开展一些促进民汉同学交流，提高少数民族大学生综合素质，推动其理想信念教育、“五个认同”、“三个离不开”、中华民族共同体意识等各类活动的开展。

（二）强化社团组织建设和干部培养

说到组织建设，首先要有一个具备民族传统文化素质，民族学、教育学知识储备，以及思想政治教育指导能力的社团指导教师。与此同时，完善的制度建设是学生社团得以正常发展的保障，少数民族学生社团应制定适合多民族学生共同参与的规章制度。此外，在社团建设中要加强对社团骨干成员的培养，培养其参与活动、服务同学的意识和能力，利用学生干部的力量，以点成面。

（三）营造开放多元的社团交流环境

开放性和多元化是社团组织的基本属性，少数民族学生社团吸纳了各民族的学生，更应该营造开放和多元的交流环境。通过“走出去，请进来”的办法，增加和不同类型社团之间的交流学习，让优秀的社团之间彼此增加更多的交集。

（四）提升活动品质

要将活动层次由娱乐消遣上升到成才立业，要设置更多能吸引少数民族学生参与的题材。另外，社团活动的开展要进行充分的展示，并可利用少数民族同学多才多艺的特征，让社团活动走出学校、走向社会。

（五）推进新媒体宣传和实地学习

通过微信公众号、抖音、哔哩哔哩等新媒体平台，做到活动开展前有通知公告，活动结束时有新闻图片展示。要带学生走出去，在实践中丰富学生的情感体验，进一步增强内涵的深刻理解。

四、结语

少数民族学生的思想政治教育工作事关社会稳定、民族团结及国家可持续发展。因此，需要我们不断拓宽工作思路，完善、调整传统思想政治教育方式方法，提高思想政治教育的科学化、规范化、系统性、针对性和有效性。

参考文献

[1] 习近平主持召开学校思想政治理论课教师座谈会强调 用新时代中国特色社会主义思想铸魂育人 贯彻党的教育方针落实立德树人根本任务[N].人民日报,2019-03-19(01).

[2] 阿布都卡依木·艾海提，西仁古·阿不来提，徐晓峰.对少数民族大学生思想政治教育的几点思考[J].教育教学论坛，2020(51):76-77.

[3] 张丽丽. 中央民族大学社团文化研究[D].北京：中央民族大学，2010.

[4] 许欣.中华优秀传统文化融入研究生思想政治教育路径探索——以北京工商大学研究生社团建设为例[J].北京教育(德育)，2017(Z1):86-88.

[5] 焦红超，赵森浩.学生社团促进少数民族大学生社会化功能的完善对策[J].佳木斯职业学院学报，2018(10):181.

[6] 李丹,李全胜.浅谈学生社团对新疆少数民族大学生思想政治教育发挥的作用[J].科技资讯,2010(28):174.

高职院校少数民族大学生就业困境与路径探索——基于就业指导的案例分析

热依拉·努尔
天津海运职业学院

2020年9月，习近平总书记在第三次中央新疆工作座谈会上指出，发展是新疆长治久安的重要基础，并作出“优先发展教育事业”的指示。根据教育部最新统计数据，近年来普通专科学校少数民族学生人数持续上升，2019占比达10.24%，可以说内地新疆籍少数民族大学生（下文简称“少数民族大学生”）是推进新疆社会经济持续发展的重要人力资源，其思想政治教育、就业指导等相关工作不仅关乎新疆的地区发展，更关乎国家各民族团结、和谐发展的大好格局。

在社会高速发展和就业方式急剧变化、形势较为严峻的就业背景下，少数民族大学生就业压力较大。本文基于学校邮轮乘务管理专业学生艾某的就业指导个案分析，围绕少数民族大学生就业心理、就业困境，以及造成这些困境的原因，深入剖析少数民族大学生就业指导工作中的现存问题，并提出极具针对性的缓解对策。

一、高职院校少数民族毕业生就业困境

艾某，男，是学校邮轮乘务管理专业2017级学生，他自身能力较强，在校表现良好，曾获系英语口语比赛二等奖，在校期间考取船员证，使自己具备了邮轮乘务行业所要求的基本业务能力，并且曾在美国皇家加勒比邮轮公司海洋赞礼号邮轮实习，可以说是品学兼优的学生。毕业后根据邮轮乘务专业的特点，艾某将求职意向集中在邮轮行业，但是他的求职过程并非一帆风顺，也在求职过程中经历信心满满—着急、焦虑—失落、灰心甚至“佛系”求职的心态转变。作为他的就业指导老师，笔者亲历他在校、求职的完整过程，也对少数民族毕业生就业过程中的困境有了相对清晰的认识，同时对高职院校针对少数民族的就业指导工作有了更为深刻的反思。通过与艾某的多次交流、沟通和文献资料的学习，笔者发现在求职过程中少数民族学生存在一些普遍的困境。

（一）就业范围相对狭窄

在与艾某的交流中笔者发现，与内地的同学相比，少数民族大学生的就业选择较为集中，虽然高职院校旨在培养专业技能型人才，但大部分少数民族大学生在求职过程中

都会报考企事业单位的行政、文职工作，而不是和自己的专业培养相对应的专业技能类岗位，这就极大限制了他们的就业选择，在原本就严峻的就业形势下，找到他们意向中的工作就更为困难，很多同学反映就业选择太少，感觉自己“毕业即失业”。

（二）在求职过程中易产生消极心态

虽然就业压力对每个人来说都是客观存在的，但据笔者与同学们的交流发现，部分少数民族大学生相比内地的同学在求职过程中心态更为消极，面对工作机会更容易产生自卑、胆怯、不敢尝试的心理。不难得知，原本就较为狭窄的就业选择，再加上部分学生因为语言交流困难、专业基础较差等方面的原因不够自信，在面对竞争时更容易产生挫败感，继而躲避竞争。

（三）个人能力与用人单位需求之间的不匹配

在与多位辅导员老师的交流中，笔者发现少数民族学生在班级中成绩大多处于中下水平，特别是在英语、计算机等专业课程中表现不佳，又因普通话水平较低学起来比较吃力。部分同学平时在课堂上表达能力相对较差，久而久之便不愿意在课堂上表现自己。和同学交往不多，在同龄人中会显得更加拘束、内敛。然而，企业招聘都希望自己的员工具备扎实的专业基础、优秀的表达能力和人际交往能力，这就使得部分少数民族大学生在求职过程中屡屡受挫，主要是其个人能力和用人单位需求之间的不匹配所致。

二、高职院校少数民族毕业生就业困难的成因

（一）对就业环境发展状况的消极预测

行业发展状况是影响少数民族学生就业的客观要素之一，高职学校学生的专业和工作对应性较强，因此更易受行业发展的影响。对就业环境和行业发展状况的清楚认知可以帮助学生合理评估自己的就业和个人预期发展，并及时调整求职策略，但是对就业环境发展状况的消极预测，则会打击学生的求职积极性，给学生带来不必要的心理压力和消极情绪。以邮轮行业为例，2020 年新冠疫情暴发对邮轮行业影响较大，国内天津、上海、广州等地港口停航，包括嘉年华、皇家加勒比、地中海和诺唯真在内的全球四大邮轮集团也相继停止营运。在这种就业背景下，受限于自身社会阅历和人生经历，对社会经济发展状况缺乏整体认知的学生往往容易对就业环境发展状况作出消极预测；因此出现焦虑、慌张的心理。2020 年艾某也曾一度怀疑自己的专业选择，甚至想转变就业方向，从事和自己专业无关的传媒行业。在和艾某的沟通中，笔者发现他最主要的问题是基于不完整的行业发展信息，冲动地作出职业选择转变的决定。

（二）择业观念相对保守

笔者发现少数民族大学生的择业观念相对来说比较保守，究其原因，主要是受新疆

社会经济产业发展状况及家庭氛围的影响，部分学生的择业心态还处于“公职至上”的阶段。对民营企业工作机会和创新创业持保留态度，这不仅使学生接受的专业培养和用人单位的需求之间出现不匹配，也加剧了专业教育资源浪费的情况。

除了社会和家庭的影响因素外，这种较为保守的择业观念的形成也有学生自身职业规划不够明晰和学校就业指导不够精准的原因。还有新疆客观发展基础影响和学生认知差异的原因，部分少数民族大学生对内地的就业环境、自身职业发展的认识存在一定偏差，在校期间并未形成明晰的职业规划，导致毕业前夕骤然面对就业压力容易出现躲避、茫然、无助、盲从社会主流的心理。少数民族大学生群体的特殊性决定了针对他们的就业指导内容的差异性，虽然部分研究对少数民族大学生就业心理展开了个性化的调查分析并提出有针对性的建议，但现有条件下，受限于学校师资人数配置和对少数民族大学生心理的准确把握，学校的就业指导工作进行过程中指导内容不精确的情况时有发生。

（三）自身能力培养意识薄弱

由于区域位置、发展历史、社会经济文化等方面的客观原因，少数民族大学生基础知识水平相比内地学生较低，虽然近年来国家通过“西部大开发战略”“对口援疆计划”等举措大力发展西部教育，提升少数民族学生受教育水平，但消除英语、计算机等专业技能方面的差距还需要一定时间的积累。艾某就读的邮轮乘务管理专业对学生英语水平要求较高，刚入学时笔者在与他的沟通中得知他在英语口语方面存在较大的困难，在了解本专业对英语能力的要求后，他下决心加强自己的英语能力。在任课老师的帮助下，艾某从最初的音标发音开始重新学习，校园里总能看到他戴着耳机大声练习英语口语的身影。宝剑锋从磨砺出,梅花香自苦寒来。经过不懈努力，毕业前夕艾某的英语水平已经得到大幅提升，在系英语口语比赛中获得二等奖，极大地提升了自信心，加强了自我认可。但也有部分学生，在面对自己能力不足、与他人差距较大的情况时，便产生消极、挫败的心理，甚至开始自暴自弃，对学习产生抵抗情绪，这种时候尤其需要我们积极发现问题，给予格外关注，适时进行疏解。

三、缓解高职院校少数民族大学生就业困境的路径探索

现有关于缓解高职院校少数民族大学生就业困境的路径探索的研究已经相对完善，往往从对策实施主体（包括学校、用人单位、学生等）、对策实施层次（如国家层面的教育改革、社会层面的校企合作和学校改革）以及对策要素类别（如文化、习俗、社会观念等）几个方面提出对策建议，但是，基于工作实践，结合行为决策理论，笔者认为针对少数民族大学生的就业辅导工作兼具综合性、专业性和复杂性，对高校辅导员综合能力要求较高。如何在现有的社会、经济和就业条件下，加强高职院校少数民族大学生

人才管理，做好思想政治教育和就业指导工作是一项长期任务，需要将工作内容划分成阶段性的工作，结合学生实际诉求和工作需要作出对学生来说最“令人满意”的工作安排。所以在本文研究中按照高职院校学生的学习过程，笔者将就业指导工作划分为初入学时、在校期间和毕业前夕3个阶段，根据阶段特点整理工作侧重点，以期就业指导工作成效最大化。

（一）初入学时——加强思想政治教育工作，增强学生适应性

思想政治教育工作是高校辅导员工作的重中之重，对于少数民族大学生来说，初入学时的思想政治教育工作的作用又尤为重要。对于大部分少数民族大学生来说，大学期间是初次来到内地，接触更为多元的社会文化，感受不一样的生活习惯。学生在新奇之余首次面临语言、生活习惯和交流沟通等方面的障碍，可能会出现挫败、压力、自我否定等消极心理，需要我们及时关注。另外，他们从较为封闭的校园环境中走入大学，对社会了解甚少，判断能力相对较弱，如果不及时进行思想政治教育，可能会迷失努力方向，放松对自己的要求。所以在入学初期，增强学生思想教育工作是工作重心。

除了常规的主题学习活动、班级会议、思想交流汇报等方式之外，充分考虑现在年轻人的社交和娱乐喜好，适当拓宽思想政治教育工作渠道，采取“线下+线上”、“校园+家庭”的方式开展工作，更易走进学生内心，和学生建立信任。合理利用“信号”原理，如利用抖音、微信小视频、朋友圈等渠道，通过文字、图片、视频等方式向学生传递教育信号，为学生塑造阳光、积极、正面的工作形象，吸引学生主动靠近老师，及时了解学生心理动态，发现学生面临的困难，予以帮助、解决。

（二）在校期间——增强专业能力素养，提高就业竞争力

学生在校期间的就业指导工作主线是在做好思想政治教育工作的基础上，使学生具备相应的专业能力素养，具体实施路径从以下3个方面进行：

1.树立正确择业观

对于高职院校的少数民族大学生来说，毕业之后的发展选择主要是就业，笔者认为在校期间辅导员工作的一个重要内容是积极引导、帮助学生树立合理正确的择业观念。

在具体工作中，面对少数民族大学生对内地就业环境不熟悉、不了解的情况，首先要做的就是通过专业讲座、主题讨论等方式帮助学生更为清楚地了解当前社会的经济发展状况，各产业发展大致情况，以及本专业就业情形。当然，改变观念并非一朝一夕的工作，高职院校的培育方式为学生提供了丰富的实习资源，可以帮助少数民族大学生亲身体验本专业的工作内容与职责要求，拉近他们和社会之间的距离。如艾某就是在校期间确定了自己的就业意向，并且为之付出了辛勤努力。除此之外，在现有实习资源的基础上可以尝试探索更为多样化的实践方式，在锻炼学生能力的同时拓宽学生对社会的认知。同时，向少数民族大学生传达最新的政策文件内容，帮助他们实时掌握国家层面的产业规划动态，以便他们及时调整自己的发展规划。对于有创新、创业想法的学生，则在讲解目前创业友好的社会大环境的基础上，给予最大限度的支持，消除少数民族大学生不敢创新，害怕创业的消极心态。

2.关注专业能力培养

针对少数民族大学生自身能力培养意识薄弱的问题，在校期间要重点培养少数民族大学生目标管理的意识，根据就业要求匹配相应的专业能力素质，发挥他们学习的主观能动性。

首先，引导学生根据就业要求作出时间规划，按照计划时间表安排在校期间的整体课业任务和个人技能提升。专业能力培养需要学校、老师和学生三者密切合作，共同发力。在学校层面，针对少数民族大学生可能出现的专业基础较弱、个人能力有待提升等问题，合理设置相应的培训课程，如专门针对少数民族大学生的语言、专业课程辅导，充分发挥学生党团员的力量进行“结对互助”，帮助少数民族学生尽快缩短和同学之间的距离，更好地融入班级、校园的氛围。除此之外，可以从学分设置和拓展能力等方面进行适当改革，对学生所要具备的专业能力提出明确要求，提高学生培养专业能力的意识。老师层面的工作主要围绕专业能力培育和就业指导工作跟进两方面展开。对少数民族大学生现有的学习、生活问题给予更多关注，根据学生的个体差异设计有针对性的补充内容，帮助少数民族大学生树立学习信心，丰富其知识储备。在就业指导方面则根据学生的年龄特点、性格、个人能力、就业意向等要素的评估结果，精确指导内容，科学为其制定相应的求职策略。学生在校期间以发挥主观能动性为主。欲得他助，必先自助，如果没有自我了解、自我评估、自我进步的意识，那再好的老师、再完善的机制都无法充分发挥其价值。

3.毕业前夕——拓宽就业渠道，缓解消极心态

（1）合理评估就业环境，缓解消极心态。毕业前夕就业指导工作的第一步是帮助学生合理评估本专业的就业环境，消除学生盲目的恐惧和不必要的担忧。还是以艾某为例，在他被新冠疫情影响求职而对本专业的学习产生怀疑时，笔者曾为他分析邮轮行业发展。虽然 2020 年因为新冠疫情暴发，行业发展缓慢，不过从整体来看，发展前景颇为乐观。比如沿海地区有十多个城市都已经有国际邮轮中心的建设规划，这一行业未来发展空间较大。目前邮轮产业链下游具有旺盛需求，业内仍然具有较大人才缺口。结合当前培养和发展状况分析结果，人才总量以及人才结构显然都不能满足发展的现实需要，他们这种专业的业务人才大有用武之地。并且，我国强有力的防控措施大体上已经使疫情得到控制，多个省市采取了发放消费券、鼓励连休等措施以刺激旅游市场。相信应对邮轮行业的整体低迷，有关部门也会出台相应的措施。在与艾某就行业整体发展进行深入交流后，他的心态发生转变。师者,传道授业解惑也，我们的作用不仅在三尺讲台，更要帮助学生塑造健康、积极的心态和长远的眼光。

(2) 校企合作，拓宽就业渠道。由于高职院校的就业对象主要是企业，针对部分用人单位对少数民族大学生持有刻板印象、对其专业能力有所顾虑的问题，需要学校积极响应国家政策部署，促进校企达成合作，拓宽少数民族大学生就业渠道，优化其就业环境。首先要求学校提高学生就业服务意识和服务质量，在企业和少数民族大学生之间建立信息中介平台，对接企业需求。其次，在完善学生个人能力评估体系的基础上，发挥学校宣传信息优势，充分展示少数民族大学生真实风采，消除用人单位的顾虑。

参考文献

[1] 吴明远,赵佳佳,吴程倩,等.COVID-19 对邮轮行业发展影响研究——以公主号邮轮为例[J].中国水运,2021(1):28-30.

[2] 廖丽金,刘余勤,魏金婷,吴艾卿.内地高校新疆籍少数民族学生思想政治教育的现状与实践路径——基于上海 8 所高校的工作状况调研[J].东华大学学报(社会科学版),2020,20(4):386-390.

[3] 刘军.内地高校新疆籍少数民族学生就业研究[J].中国大学生就业,2018(18):38-42.

[4] 陈炳权,林丽霞.内地新疆少数民族大学生就业难题及对策分析[J].山东农业工程学院学报,2020,37(2):75-77.

[5] 张海庆,王耀.提升少数民族大学生就业能力的对策研究[J].内蒙古财经大学学报,2019,17(6):111-114.

[6] 王宁.高职院校少数民族学生管理工作的难点与策略[J].农家参谋,2020(22):253-254.

新时代高校加强民族交往交流交融必须把握的几个问题

孙熙烛[1]　吴星辰[2]
1.天津轻工职业技术学院　2.天津市社会主义学院

2014年，习近平总书记在参加全国政协十二届二次会议少数民族界委员联组会时强调："国家的统一，人民的团结，国内各民族的团结，这是我们的事业必定要胜利的基本保证。正确认识和处理民族关系，最根本的是要坚持民族平等，加强民族团结，推动民族互助，促进民族和谐。我们要坚持各民族共同团结奋斗、共同繁荣发展的主题，深入开展民族团结宣传教育，牢固树立汉族离不开少数民族、少数民族离不开汉族、各少数民族之间也相互离不开的思想观念，打牢民族团结的思想基础。"同时习近平总书记从"全面推进中华民族共有精神家园建设""推动各民族共同走向社会主义现代化""促进各民族交往交流交融""提升民族事务治理体系和治理能力现代化水平""坚决防范民族领域重大风险隐患"等方面提出明确要求，这对于推动新时代党的民族工作高质量发展具有重大指导意义。

一、交往是交流和交融的前提

我国自古以来就是统一的多民族国家，最早的关于少数民族的记载可以追溯到商、周时期，包括服饰以及情感和思维方式等。这是各民族交往交流交融很好的历史和现实基础。从世界范围来看，不同的国家、地区、民族的文化样态千差万别，但细细梳理，总能找到相互影响的印记。同样，我们的高校思想政治工作其实可以理解到细致入微的交融和文化的连接，值得我们注意的是，必须把不同民族、不同文化之间的交往交流交融，提高到人类社会发展规律的高度来认识和把握。

二、新时代处理民族关系的新思路

（1）创新各民族交往交流交融的桥梁和平台。城镇化进程中，特别是在少数民族聚居区域，社区服务大厅要设立专门的少数民族办事窗口、服务指南等，为初来乍到不懂普通话的人员提供帮助，还应举办普通话培训班等活动，此外，立足社区，创设惠民议事平台，邀请少数民族群众直接参与社区惠民议事会，共同参与民主管理、民主监督、民主决策；创新各种培训模式，必须利用互联网办电子商务公益培训，邀请社会主义学院专家学者到社区进行共识教育，不仅帮助少数民族群众更好地适应新的市场环境，还要在思想上把广大少数民族群众凝聚在党的周围；邀请律协、民主党派、政协委员、青联委员中的法律学者、知名律师，进行社区共建，组织少数民族群众学习法律知识，邀请律师为他们提供法律咨询。同样作为高校，我们也要借助社会扶助力量，抢抓难得机遇，利用优势，克服困难，积极创造条件，促进民族地区经济发展与社会的进步，为推进民族团结、边疆安宁提供坚强的物质基础保障。

(2) 在法定节假日，开展突出民族元素的社区（校区）活动。笔者认为这是加强各民族交往交流交融重要的创新载体和方式之一。参加节日活动，体验节日文化，是增进民族感情的重要渠道。围绕展示民族传统文化，展现少数民族和民族地区风采为主题，让各民族群众有更多机会参与节日活动，共度佳节，共享欢乐，大大增进了民族感情。通过参与活动，亲身体会到民族团结一家亲的浓郁情谊，促进了民族文化的自觉，提高了群众对传统节日的重视、认同，各民族交往更加频繁，交流更加深入，为不断交融创造了有利条件。

(3) 政府高度重视，发挥媒体宣传功能。意识形态工作是党的一项极端重要的工作。各级党委、政府要高度重视“交往交流交融”模式创新，符合城镇化进程中的本土特色，结合地域自身优势，组成各部门一起联动，精心组织谋划，统筹安排，制订统一的活动方案。高校党委和宣传部门通过媒体协力合作，周密部署，结合高校特色和师生们的需求，多方联动，举办有本地域特色、有民族特色的文体活动，活动形式贴近群众，活动内容丰富多彩，且不断创新。同时，发挥媒体宣传功能，唱好“民族交往交流交融”的校歌。加强宣传教育范围巩固和扩展，尤其是对学生、干部、少数民族群众，各族各界党外代表人士，甚至每个社会公民；加强宣传教育内容，不断丰富创新，尤其加强马克思主义民族理论、党的民族政策、民族基本知识、民族团结进步典型事例和生动实践等的宣传。同时高校还要加强教育形式的创新，利用媒体宣传、专题培训、主题活动、表彰奖励、创建带动等多种模式。必须在用好发展这把钥匙的同时，把思想教育这把钥匙用得更好。

(4) 坚持弘扬以爱国主义为核心的民族精神。推动树立全民族特别是青少年的爱国意识，保持一代接一代传承、弘扬下去。要结合时代的要求，把践行社会主义核心价值观作为构筑各民族共有精神家园的发展方向，要在全社会、各民族中大力宣传和培育，推动形成思想自觉和行动自觉，真正做到内化于心、外化于行。同时，要注重从少数民族文化中汲取营养。如少数民族文化崇尚自然、爱惜生灵、各族相亲、敬重长者、讲求道义、信守承诺等，这些理念，要加强提炼、阐发、弘扬，为培育和践行社会主义价值观提供更多文化养分。推动形成中华文化一体的新格局，增强对中华文化的集体认同，才能为推进民族团结进步提供强大的精神力量支持。

（5）牢牢把握意识形态工作领导权和话语权，坚决用法律捍卫民族团结。各级党委政府和统战、民族、宗教、公安、安全等相关部门积极应对、妥善处置，坚持正确的政治方向，站稳政治立场，坚定宣传党的理论和方针政策，坚定宣传中央重大工作部署，坚定宣传中央关于形势的重大分析判断，坚决同党中央保持一致，坚决维护中央权威，有效维护团结稳定的大局。同时还要学会用法律来保障民族团结，用法治思维和法治方式来调整和规范民族关系，稳步提高民族事务治理法治化水平。切实用法律保障民族团结、推进社会和谐稳定。

总之，创新民族交往交流交融的方式方法，其目的是把党和国家的民族政策有效宣传到位，纵观我国历史，我国各民族有几次大的融合过程，各民族经过诞育、分化、交融，最终形成了 56 个民族，造就了我国各民族在分布上的交错杂居、文化上的兼收并蓄、经济上的相互依存、情感上的相互亲近，形成了你中有我、我中有你、谁也离不开谁的多元一体格局。从统一战线学视域出发，充分证明了中华民族共同体的形成是各民族长期交往交流交融的结果。各民族在祖国的这块热土上，在长期的共同的生产、生活过程中，不断交往交流交融，最终形成了你中有我、我中有你的一体多元的、具有中国特色、有本地域特点的生产方式、生活方式和文化形象。这是历史的必然，是时代的要求，是民族团结的结果，是不以人的意志为转移的。

三、新时代民族关系的优化路径探析

在统一战线视域下探索城镇化进程中民族交往交流交融的新实践背后的政治历史和经验总结是我们探究的两个重要方面，也是在中央民族工作会议后如何准确地贯彻会议精神亟待解决的问题。习近平同志指出，做民族工作，说到底是做人的工作；民族团结，说到底是人与人的团结。做好民族工作关键在党、关键在人。民族工作是中国特色解决民族问题正确道路开拓创新的载体。做好民族工作是民族事务部门的责任，也是全党、全社会的责任。特别是民族区域自治地方的各项工作都与国家统一和区域自治、民族因素和区域因素紧密相关，都要全面贯彻落实党的民族政策。历史经验表明，中华人民共和国的成立、党的民族工作的全面开展，为中国特色解决民族问题正确道路奠定了基石、打开了局面。这是因为我们党有尊重历史、符合国情、顺应人心的正确政策，有忠实贯彻执行这些政策的好干部。习近平同志指出，今天做好民族工作，同样要靠好干部。民族地区条件艰苦、形势复杂、任务繁重，只有做到明辨大是大非的立场特别清醒、维护民族团结的行动特别坚定、热爱各族群众的感情特别真诚，才能担当起党和人民赋予的重任。

（1）坚持党的领导和发展民族区域自治制度。民族区域自治制度汲取了传统中国历代中央政府治理少数民族地区的历史智慧，但又存在着根本的不同，民族区域自治制度是对“大一统”而又“因俗而治”政治传统的超越。民族区域自治制度，作为基本的制度保障，是我国的一项基本政治制度，是中国特色解决民族问题的正确道路的重要内容和制度保障。习近平总书记指出，“我们要坚持党的领导，不忘初心、牢记使命，坚持走中国特色解决民族问题的正确道路，坚持和完善民族区域自治制度，加强党的民族理论和民族政策学习以及民族团结教育，以铸牢中华民族共同体意识为主线做好各项工作，把各族干部群众的思想和行动统一到党中央决策部署上来，不断增强各族群众对伟大祖国、中华民族、中华文化、中国共产党、中国特色社会主义的认同。”传统的行政命令式的手段和传统意义上的社会管理模式均不适用于当今我国的民族管理，对少数民族地区我们就要从政策、财政、人才、项目等方面进行倾斜，以公平为主，而不能只讲效率。坚持和完善民族区域自治制度，有利于进一步实现民族团结，有利于进一步实现边疆安宁，有利于进一步实现国家的长治久安。在城镇化进程中牢牢把握坚持党的领导，坚持政府依法对涉及国家利益和社会公共利益的民族工作进行管理，这是坚持民族交往交流交融的前提和根本保障。

民族区域自治制度的有效实施，需要“三依靠”。即依靠各少数民族干部，依靠少数民族群众，依靠干部和群众同心协力、群策群力、凝心聚力，共同推进民族团结进步与经济社会不断向前发展。实践证明，民族区域自治制度符合我国国情，在维护国家统一、领土完整，在加强民族平等、促进民族地区发展、增强中华民族凝聚力等方面都发挥了重要作用。因此，我们要坚持和完善这项制度，在实践中促使其充分发挥其他制度不可比拟的优越性，推动更好地实现民族团结、边疆安宁和国家的长治久安。

（2）坚持促进经济社会协调发展。发展是硬道理，是解决一切问题的关键。作为基础的物质保障，在城镇化进程中不断推进民族团结进步。习近平总书记科学解答了少数民族地区的优势，用“四区”来概括其独特优势，即资源富集区、水系源头区、生态屏障区和文化特色区。同时，根据我国大多数民族地区自然条件差、发展起点低、历史欠账多、城乡发展差距明显、与东部地区的发展差距不断拉大的实际情况，将民族地区定性为边疆地区和贫困地区。并且对民族地区加快发展提出了重要指导意见，要求实事求是，因地制宜施策，强调发挥好中央、发达地区、民族地区三个积极性，对边疆地区、贫困地区、生态保护区实行差别化的区域政策，优化转移支付和对口支援体制机制，把政策动力和内生潜力有机结合起来，推动少数民族地区发展。历史告诉我们，发展是实现各民族平等、保障人民根本利益的物质基础，是促进民族团结、实现边疆稳固的物质基础，也是推动实现国家繁荣富强和中华民族伟大复兴的物质基础。

(3) 坚持加强民族团结宣传教育。习近平总书记在中央民族工作会议上指出，“民族团结是我国各族人民的生命线”，“做好民族工作，最关键的是搞好民族团结，最管用的是争取人心。”这是当今开展民族工作的思路遵循。做民族工作，说到底是争取人心的工作，是发挥统战优势的工作。要做到“三落实”，树立正确的思想认识。要把党的民族政策贯彻落实好，要把民族地区改革发展稳定工作落实好，要把民族团结进步事业落实好。树立正确的思想认识，推进民族团结的共识，把“三个离不开”思想贯穿到维护民族团结和祖国统一始终。习近平总书记强调，“大家要行动起来，一起做交流、培养、融洽感情的工作，努力创造各族群众共居、共学、共事、共乐的社会条件，增强各族群众对伟大祖国、中华民族、中华文化、中国共产党、中国特色社会主义的认同，向着伟大理想去奋斗”。需要每个社会公民的自觉学习和践行，更需要社会各方的努力，需要广泛的社会宣传和动员，这就是宣传教育的重要作用。

(4) 坚持发展多元一体中华文化。作为坚实的精神保障，不断推进民族团结进步。中华文化是各民族文化的集大成者，是各民族文化融合的结晶，需要我们深入学习传承和推动创新发展。在各民族交往交流交融的历史进程中，中华民族多元一体格局形成，同时，多元一体文化也在逐步形成，各民族在融合中相互欣赏、相互学习，都对中华文化的形成和发展作出了重要贡献，留下了许多千年流传的佳话。“要在全社会深入开展爱国主义教育、中华民族共同体教育，大力弘扬和践行社会主义核心价值观，大力弘扬中华民族优秀传统文化，坚定不移推行国家通用语言文字教育，构筑各民族共有精神家园。引导各民族群众从祖国的悠久历史、灿烂文化以及中华民族伟大复兴的奋斗历程中汲取精神力量，增强在祖国大家庭团结奋斗的光荣感、自豪感、责任感。”现代社会，我们各民族交流更深，相互借鉴更多，在交融中不断丰富和发展，形成了多元一体的中华文化大格局。在加强中华民族大团结的实践中，增强文化认同是长远和根本任务。文化认同是最深层次的认同，是民族团结之根、民族和睦之魂。文化认同问题解决了，对伟大祖国、对中华民族、对中国共产党、对中国特色社会主义道路的认同才能巩固。

(5) 坚持依法治理维护和谐稳定。作为可靠的安全保障，不断推进民族团结进步。党的十八届四中全会，对全面推进依法治国作出部署，习近平总书记提出的“四个全面”战略布局中也将其列入重要任务加以推进，这对民族工作法治化提出了新要求。我国大部分少数民族聚居地区发挥着重要的安全稳定屏障作用。特别是近年来，敌对势力利用民族、宗教等问题，对我国实施西化、分化图谋，利用民族矛盾或民族纠纷问题制造事端，利用宗教进行渗透活动，使边疆地区的安全稳定面临重要挑战。要学会用法律来保障民族团结，用法治思维和法治方式来调整和规范民族关系，稳步提高民族事务治理法治化水平。要依法处理涉及民族因素的矛盾纠纷，坚持具体问题具体分析，按照事情本来性质作判断，是什么问题就按什么问题处理。

(6) 加大力度培养基层民族宗教工作干部。当前形势下，各类基层工作内容纷繁复杂，人员素质高低不齐。许多客观因素交织起来，制约着基层工作任务的分配，无法做到完全科学、客观。在现实人员编制额度等问题无法回避的情况下，通过党校、行政学院、社会主义学院培训交流审核，适度筛选和鉴别出那些具有较高胜任力特征的干部从事相关工作，而不是由人为主观因素引导。此外，在区县一级基层民委宗教局等相关单位中，可以通过统一的公务员招聘考试，从而更好地鉴别出符合特定工作岗位需求的工作人员。在不远的将来，各级政府基层派出机构配备相应的民族宗教工作干部已经成为一种必然趋势，这也是和我国多民族、多宗教的社会文化发展现状相适应的一种必然调整，所以必须加大对基层民宗干部的培养力度。

我国现有的公职人员培训主要有各级党校、行政学院、社会主义学院三大体系。其培训的模式较为固定，即结合实际社会发展情况和干部成长轨迹，定期安排相应的学习周期和培训课程。在培训内容的安排上，主要是结合时政方针，主观性地安排学习内容。通过本研究发现，提高基层民族宗教工作干部胜任能力的渠道还应包括提高个体的调研能力和人格魅力。尤其是人格魅力这一特质，被传统的培训体系所忽略，今后应在设计的课程中加入相关的内容，从而全面科学地提高干部履职胜任能力。此外，传统的干部教育培训体系中虽然有对个体心理健康等方面的课程设置，但对其重要程度不够重视，通过本研究发现，积极乐观的心理态度不仅能确保基层民族宗教工作干部的全面发展，更对相关工作的顺利开展有不可忽视的重要作用。除了加大培养基层民宗干部力度外，还要建立基层民宗干部的年终评价奖励体系。这需要本课题组进一步加强调查研究。

参考文献

[1] 郝时远.坚定不移走中国特色解决民族问题正确道路[N].人民日报,2015-06-10(7).

论高校培养少数民族学生干部实践路径探究

佐合热·喀斯木
天津职业技术师范大学

一、少数民族大学生干部培养的实践意义

1.服务国家战略、落实民族政策的现实需要

少数民族骨干培养工作是党中央着眼于社会稳定和国家长治久安的重要举措，有利于维护祖国统一，促进民族团结。中共教育部党组于 2017 年 2 月印发《普通高等学校学生党建工作标准》，明确提出，“注重发展边疆少数民族优秀学生党员，在坚持标准的前提下给予倾斜政策”。习近平总书记曾经这样论述过“我们的事业方方面面，千万不能漠视少数民族事业这一重要方面。”而高校作为培养少数民族学生成长成才的重要阵地和为国家、社会培养和造就专业实用型人才重要基地，必须积极贯彻落实民族政策，不断探索提升少数民族学生干部队伍建设工作和学生干部培养的新思路，争取为党和国家培养更多理想信念坚定的少数民族骨干人才。来内地上学的少数民族大学生都是本民族的精英，他们将是民族地区政治、经济、文化、社会稳定的主要力量。因此，在大学生管理服务中，加强对少数民族骨干大学生的培养，打造坚实、可靠的学生骨干队伍具有重要的实践意义。

2.促进民族团结、营造和谐稳定校园的重要手段。

高校作为青年大学生培养的重要基地，做好少数民族学生党团建设和思想政治教育工作，培养一批高水平高素质的少数民族学生干部队伍非常重要，尤其是少数民族学生党员和学生干部。依据这近年的经验，少数民族学生骨干通常是一支政治可靠、道德高尚、能力较强、觉悟较高的人才队伍，他们在少数民族群众中地位高、威望强、影响大，有助于做好老师与学生之间思想、心灵交流的便捷渠道，能够第一时间了解特殊群体学生的最新动态以及需求，让各民族学生在校园中感受到爱。同时，能提高各民族之间的沟通交流、情感表达、文化认同，发挥学生骨干的示范引领作用，增进各民族交往交流交融，实现大团结。

3.高校少数民族学生自身发展的必然需求。

社会在发展，时代在进步，对人才的要求越来越严厉，信息时代与人才竞争更加激烈，对素质、效率和培养制度要求越来越高，少数民族学生步入大学，不仅需要学习科学文化知识，更需要具备较高的政治觉悟、先进的思想品质，提升综合素质。加入社团、

学生会、加入中国共产党，学习党的先进思想和理论，无疑是提升少数民族学生综合素质最好精神食粮。少数民族学生来到内地高校学习，一般以民族或者地区为中心进行学习和交流，狭隘的交流环境会限制学生思考与能力的提升。为了能够让各族学生互相学习、互相交流、共同进步，全方位帮扶各民族学生，我们必须得有一个积极上进的、有理想信念的、有人生目标的、愿为他人服务的一支队伍，这支队伍有我们少数民族优秀团员、学生干部、党员组成，这样一支骨干队伍能够促进高校少数民族学生工作的有效进行，他们也会实际行动感染身边的学生，起到模范带头作用。

二、学生干部的选拔与素质能力要求

1.建立合理科学的选拔机制。

认真贯彻党的干部路线方针政策，从学校实际出发，不断完善工作机制，更好地去适应市场经济和社会发展的需求，帮助学生培养个人目标，要树立个人目标导向实现集体目标的轨道。确立“竞选职位宣传—学生自愿申请—班级民主测评—综合能力展示—竞选”的竞选程序，结合辅导员、上届学生会、普通学生的多方面的意见和评价，从学生的自身素质、学习能力、工作态度、综合素质等多方面进行综合评定，力求全方位、多角度选拔学生骨干。

2.培养创新工作思路，搭建媒体平台。

信息化高速发展的今天，保守的工作思路不适合新时代学生管理工作，作为学生群体骨干军，更应该顺应时代发展，探索新的工作模式，利用学生创新思维来开展学生喜闻乐见的活动。在学生干部的培养管理中有效利用网络资源，搭建网络媒体平台，加强互动与交流，掌握新的技能，能够快速搭建工作效率高，服务水平强的学生队伍。学校要坚持长期性与持续性、个性化与大众化的培训制度，加强教育与引导。

三、高校培养少数民族学生干部教育管理的建议

培养少数民族学生干部是做好少数民族学生思想政治教育工作的重要抓手，对学校和社会的安全稳定有重要保障作用。对他们的培养，要注重思想引领，也要注重其综合素质和实践能力的提升。

1.要加强思想政治教育，强化价值引领意识。

要以理想信念教育为核心，紧紧围绕国家建设发展需要，牢牢把握民族团结教育的政治方向，将把爱国教育、革命精神教育、五个认同教育融入其中，营造和谐的民族交融氛围。充分发挥思政类教育课程的主导作用，同时借助党团校、学生会、社团等活动契机，宣传民族文化及主流价值观念，在少数民族学生中树立榜样引领意识。坚持不懈

开展马克思主义祖国观、民族观、文化观、历史观宣传教育，打牢中华民族共同体思想基础。使学生认识到国家对少数民族以及少数民族学生的关心和爱护，增强其理性爱国意识和民族团结意识。

2.要把党的理论知识学习和实践锻炼相统一，提升少数民族学生干部的综合素质。

这主要包括学习能力、心理素质、沟通和组织能力等。根据少数民族学生的思想成长实际，加强党的理论知识学习和民族政策教育。同时，有意识地对他们提出学习任务、科研任务、团学组织工作任务、社会兼职工作、学生思想工作，另外应当提升综合素质，突破自身的能力，积极贯彻党的教育方针，突出“以人为本”的教育理念，全方位的提升学生骨干的综合素质。首先要提升心理素质，良好的心理素质和健康的心态，可以促使学生干部在处理事务或遇到应急事件时，保持冷静清醒的头脑，临危不乱思路清晰从而做出最佳判断，解决问题。

3.要开展朋辈教育和引导，发挥优秀少数民族学生骨干先锋模范带头作用。

积极开展党员教师结对帮扶少数民族学生工作，从思想、学业、生活、就业等方面进行重点帮扶，把立德树人成效作为检验学校一切工作的根本标准，培养好各民族学生，更好地服务国家战略。在学业上严格要求的同时，真诚帮助学业困难的少数民族学生掌握知识、学到本领、提高技能。生活上，对少数民族学生热情关心，提供贴心服务保障，让其免除后顾之忧，安心做学问。通过少数民族学生干部的榜样力量，引导少数民族学生增强对中华文化的认同和爱国主义情感，将爱校荣校、爱国强国的意识内化于心、外化于行。

高校为少数民族和民族地区培养输送高层次人才，事关构建社会主义和谐社会的全局，更是服务国家战略的必然要求。少数民族学生干部是少数民族青年中的优秀分子，他们的先锋模范作用的发挥将直接关系到党在民族地区的领导和建设，成为推动少数民族和民族地区全面建成小康社会的主要力量。因此提升少数民族学生管理水平显得格外重要，结合学生干部队伍建设的实际，从学校实际出发，积极探索创新在少数民族干部培养方面取得成绩。为少数民族地区培养更多的“工匠之师”，培养更多担当民族复兴大任的时代新人。